教师招聘考试
系列丛书

教综36记

——教育综合高分笔记

良师研究院　组编

中国人民大学出版社
·北京·

图书在版编目（CIP）数据

教综 36 记. 教育综合高分笔记/良师研究院组编. —北京：中国人民大学出版社，2018.10
（教师招聘考试系列丛书）
ISBN 978-7-300-26334-2

Ⅰ.①教… Ⅱ.①良… Ⅲ.①教育学-教师-聘用-资格考试-自学参考资料 Ⅳ.①G451.1

中国版本图书馆 CIP 数据核字（2018）第 230777 号

教师招聘考试系列丛书
教综 36 记——教育综合高分笔记
良师研究院　组编
Jiaozong 36 Ji

出版发行	中国人民大学出版社				
社　　址	北京中关村大街 31 号		**邮政编码**	100080	
电　　话	010 - 62511242（总编室）		010 - 62511770（质管部）		
	010 - 82501766（邮购部）		010 - 62514148（门市部）		
	010 - 62515195（发行公司）		010 - 62515275（盗版举报）		
网　　址	http://www.crup.com.cn				
	http://www.ttrnet.com（人大教研网）				
经　　销	新华书店				
印　　刷	北京昌联印刷有限公司				
规　　格	205 mm×280 mm　16 开本		**版　　次**	2018 年 10 月第 1 版	
印　　张	16.25		**印　　次**	2018 年 10 月第 1 次印刷	
字　　数	462 000		**定　　价**	59.00 元	

前言 Foreword

长大后，我就成了你，才知道那间教室，放飞的是希望，守巢的总是你；才知道那块黑板，擦去的是功利，写下的是真理……

古人云：师者，所以传道、授业、解惑也！人们常赋予教师以"人类灵魂的工程师""太阳底下最光辉、最崇高的职业"。的确如此，学为人师，行为世范，老师们不辞辛劳，不畏严寒，立德树人，唯愿幽谷飞香，桃熟流丹。

在当下，教师成为越来越多青葱学子的职业选择，正因为如此，教师招聘考试竞争也日趋激烈，有些地区，甚至已达到白热化阶段。从各地区历年考试要求及真题来看，教师招聘科目绝大部分都涉及对教育理论基础知识的考查。

教育理论基础知识（以下简称"教综"）考点众多、覆盖面广、综合性强，包含了教育学、心理学、教育心理学、教师职业道德、新课程改革和教育法律法规等相关知识。然而，绝大多数学生对该课程并没有太多的了解和学习，基于此，良师研精覃思、删繁就简，特编此书，帮助考生攻克教综难关，成功圆梦三尺讲台。

本书为行业一线教招名师编写，每一章节均在系统梳理核心考点的基础上，选择重要知识进行详细阐述，对重要考点着重标记，知识内容详略得当，考生可以轻松地掌握每章节的主要知识。为了帮助学生掌握纷繁复杂的教综知识，良师首创教师行业记忆口诀，用 36 句经典口诀，精准而有效地概括教综知识的重点、难点、易错点和易混淆点，解决了考生记不住、记不清、记不牢的难题。

科学合理的方法往往能够起到事半功倍的效果。根据我们多年的教学经验和学生的实际情况，我们认为："看书＋听课＋刷题＋测评"是极为有效而科学的教综复习方法。本书与《教育理论经典——精选 2000 题》（配有良师精讲微视频，扫码即可听课）和《教育综合知识主观题——精选 800 题》相辅相成，构成了一个高效的复习闭环。

三尺讲台，三寸舌，三寸笔，三千桃李；十年树木，十载风，十载雨，十万栋梁。

考编有梦，一卷诗书织锦绣；笔墨无言，三尺讲台写春秋。既然选择了远方，便只顾风雨兼程。用轰轰烈烈的考编，惊艳青春誓言，用扎扎实实的奋斗，温柔韶华流年。

跟随良师，方为良师。此书，将与你共赴考编，因为我们与你一样，会坚守心中这盏希望之灯，挑起孩子们沉甸甸的梦想；树万世之师表，铸不朽之师魂，用爱的火把，点亮民族希望的夜空！

编者

目录 Contents

第一部分　教育学

第二部分　教师职业道德

第三部分　新课程改革

第四部分　教育政策法规

第五部分　普通心理学

第六部分　教育心理学

第一部分
教育学

第一章

教育与教育学

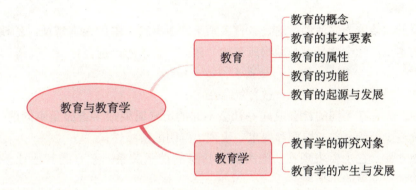

教育与教育学
- 教育
  - 教育的概念
  - 教育的基本要素
  - 教育的属性
  - 教育的功能
  - 教育的起源与发展
- 教育学
  - 教育学的研究对象
  - 教育学的产生与发展

第一节　教育及其发展

一、教育概述

（一）教育的概念

在我国，"教育"最早见于《孟子·尽心上》中的"得天下英才而教育之，三乐也"。

广义的教育：指一切能增进人的知识和技能、发展人的智力和体力、影响人的思想和品德的活动，包括社会教育、学校教育和家庭教育。

狭义的教育：主要指学校教育，是教育者根据一定的社会要求，有目的、有计划、有组织地对受教育者施加影响，促使受教育者朝着教育者所期望的方向发展的活动。

（二）教育的基本要素

1. 教育者

凡是对受教育者在知识、技能、思想、品德等方面起到教育影响作用的人都可称为教育者。学校教育产生后，教育者主要是指学校中的教师和其他教育工作人员。教育者是教育活动的主导者，目的性是教育活动的一个重要特征。

2. 受教育者

受教育者是指受教育的对象，是学习的主体。教育活动是教育者与受教育者双向互动的活动，受教育者也是构成教育活动的基本要素，缺少这一要素，就无法构成教育活动。如果没有受教育者的积极参加并发挥其主观能动性，教育活动将不会有好的效果。

3. 教育影响

教育影响也称教育媒介，包括教育内容和教育手段（教育措施）。

三者关系：教育的三个基本要素是相互联系的。其中，教育者是主导性的因素，是教育活动的组织者和领导者。教育者掌握着教育目的，采用适当的教育内容和手段，创设必要的教育环境，调控受教育者和教育的整个过程，从而促进受教育者的身心发展，使其达到预期的目的。没有教育者，教育活动就不能展开，学习者也不能得到有效的指导；没有学习者，教育活动就失去了对象，无的放矢；没有教育媒介，教育活动就无法实现。

（三）教育的属性

1. 本质属性

教育是有目的地培养人的活动，这是教育区别于其他事物现象的根本特征，是教育的质的规定性，也是教育的本质。社会性是人与动物所谓的"教育"活动的区别。

2. 社会属性

（1）永恒性。只要人类社会存在，教育就存在。

（2）历史性。教育在不同的社会或同一社会不同的历史时期很多方面是不同的。在阶级社会，教育必须反映统治阶级的利益、愿望和要求，表现出鲜明的阶级性。

（3）相对独立性。它主要表现在：教育具有自身的继承关系；教育受其他社会意识形态的影响；教育与政治经济发展的不平衡性。

（4）长期性。十年树木，百年树人。

（四）教育的功能

教育的功能按对象可分为个体发展功能（也称教育的本体功能，是指教育对个体发展的影响和作用）和社会发展功能（也称教育的派生功能，是指教育对社会发展的影响和作用）。

教育的功能按方向可分为正向功能（积极功能）和负向功能（消极功能）。

教育的功能按呈现的形式可分为显性功能（吻合教育活动预期的功能）和隐性功能（非预期功能）。

（五）教育的起源

> **第一记：神话宗教古朱熹，生物本能利沛西，**
> **心理孟禄无意识，劳动凯洛米斯基**

起源学说	主要观点	代表人物
神话起源说	教育体现神（上天）的意志（最古老）	所有宗教、中国朱熹
生物起源说	动物的生存本能（第一个正式学说）	利托尔诺（法）、沛西·能（英）
心理起源说	儿童对成人无意识的模仿	孟禄（美）
劳动起源说	教育起源于劳动	米丁斯基、凯洛夫（苏联）

神话起源说：这种观点产生得最早，广泛存在于古代东西方社会生活中，与宗教有着密切的联

系，认为教育同其他万事万物一样，都是由人格化的神所创造的，教育的目的就是体现神的旨意，使人皈依于神或顺从于天。比如西方的上帝造人、摩西十诫、挪亚方舟，东方的女娲造人。

生物起源说：（1）教育活动不仅存在于人类社会之中，而且存在于人类社会之外，甚至存在于动物界。该学说把动物对小动物的爱护和照顾都说成是教育。（2）人类教育发源于动物界中各类动物的生存本能活动，人类的教育就其本质来说与动物没有不同。教育的生物起源论者把教育的起源归于天生的、像动物本能那样原本具有的生物行为，把教育过程看作按生物学规律进行的本能过程，这就完全否认了人与动物的区别，忽视了教育的社会性作用。

心理起源说：（1）教育起源于儿童对成人无意识的模仿，把全部教育归于无意识状态下产生的模仿行为。（2）原始社会的教育"普遍采用的方法是简单的无意识的模仿"。这种原始共同体中儿童对年长成员的无意识模仿就是最初的教育的发展。心理起源论将全部教育都归因于无意识状态下的模仿行为，而将有意识、有目的的行为排除在教育之外，实际上与生物起源论犯了同样的错误，即忽视了教育的社会性作用。

劳动起源说：教育起源于劳动，起源于劳动过程中社会生产需要和人发展需要的辩证统一。较之生物起源论和心理起源论，劳动起源论认识到了人类教育起源的动因在于人类社会生存和发展的实际需要，揭示了社会性是教育起源的关键所在。但是人类社会生活的内容是丰富多样的，即使是在原始社会，除了劳动经验外，某些集体习惯、行为准则、仪式风俗等也需要通过教育活动来传授给下一代，而这些内容不能纳入（至少不能完全纳入）劳动的范畴。

二、教育的发展历程

> **第二记：公立教育世俗化，义务教育法制化。（公历十一）**

近代教育的特征：（1）公立教育崛起；（2）教育的世俗化；（3）初等义务教育普遍实施；（4）教育的法制化（教育立法）。

> **第三记：教育全民终身化，多元民主现代化。（全民多现身）**

现代教育的特征：（1）教育的终身化；（2）教育的全民化；（3）教育的民主化；（4）教育的多元化；（5）教育技术的现代化。

教育形态	主要特征	记忆方法
原始社会	（1）教育与生产劳动相结合，有原始性；（2）教育与宗教活动相联系，有宗教性；（3）教育对象没有阶级之分，无阶级性	原始宗教无阶级（关键词记忆法）
古代社会	（1）阶级性；（2）道统性；（3）等级性；（4）专制性；（5）刻板性；（6）象征性	阶级道统等刻板专象征
近代社会	（1）公立教育崛起；（2）教育的世俗化；（3）初等义务教育普遍实施（德国）；（4）教育的法制化（立法）	公立教育世俗化义务教育法制化（公历十一）
现代社会	（1）教育的终身化；（2）教育的全民化；（3）教育的民主化；（4）教育的多元化；（5）教育的现代化	教育全民终身化多元民主现代化（全民多现身）

第四记：夏学周义诸子鸣，四书五经书院行。
印度佛婆埃文士，雅典和谐斯军人。

国家			主要内容	知识补充
古代教育（奴隶社会和封建社会）	古代中国	夏商	夏代有了学校教育的形态	瞽宗是商代大学特有的名称
		西周	教育内容是以礼乐为中心的六艺：礼、乐、射、御、书、数	政教合一的官学体系，并有"国学""乡学"之分
		东周	官学衰微，私学大兴	儒墨道法阴阳名，小说医农纵横兵
		汉代	董仲舒：罢黜百家，独尊儒术	汉武帝设太学，汉灵帝设鸿都门学
		宋代	程朱理学《四书》《五经》	宋代书院盛行，有六大书院
		明代	八股文为科考的固定格式	封建社会教育开始衰落
		清代	1905 年科举制被废除	科举制从隋至清存在约 1 300 年
	古印度		教育控制在婆罗门教和佛教中	教育内容：《吠陀》；教师：僧侣
	古埃及		"以僧为师""以（书）吏为师"成为古代埃及教育的一大特征	设置最多的是文士学校；"学为文士"成为奴隶主阶级追求的目标
	古雅典		培养有文化修养和多种才能的政治家和商人	雅典教育注重身心的和谐发展
	斯巴达		培养忠于统治阶级的强悍的军人，重军事训练和政治道德灌输	教育内容单一，教育方法严厉
	欧洲封建教育		教会教育——七艺：三科（文法、修辞、辩证法）；四学（算术、几何、天文、音乐）；骑士教育——七技：骑马、游泳、击剑、投枪、打猎、下棋、吟诗。上述教育都脱离了生产劳动，为封建地主阶级的统治服务	

（一）原始形态的教育

1. 教育与生产劳动相结合，具有原始性

教育还没有从社会生产和生活中分化出来成为独立的社会活动；没有专门从事教育（职业）的人员和相对固定的教育对象、场所、制度等；教育内容和形式贫乏而简单，以口耳相传和模仿为主要手段。

2. 教育与宗教活动密切联系，具有宗教性

原始社会中教育主要是"以巫为师"。教育与原始宗教、仪式密切联系，主要在宗教活动中进行，宗教活动蕴含教育意义。

3. 教育对象没有阶级的区分，具有无阶级性

原始社会没有阶级，人人平等，教育也没有阶级性，教育普及、机会均等，面向全体儿童，体现教育对象的平等性。

《礼记·礼运》：天下为公，选贤与能，讲信修睦。古人不独亲其亲，不独子其子，使老有所养，壮有所用，幼有所长，鳏寡孤独废疾者皆有所养。

（二）古代教育

古代学校教育包括奴隶社会和封建社会的学校教育。

1. 古代中国的教育

（1）夏、商的教育。

据文献记载，我国夏朝就有了学校，称为"庠序"，但尚未得到考古材料的确切证明。

商朝有学校已从甲骨文中得到证实。

（2）西周的教育。

周朝是我国奴隶社会的鼎盛时期。西周以后，学校教育制度已经有了比较完备的形式，建立了典型的政教合一的官学体系。那时的学校分为国学和乡学两类。

西周的国学专门为奴隶主贵族阶级设置。西周的乡学是按照当时的地方行政区域为一般奴隶主和部分庶民子弟设立的，规模比较小，只有小学一级。《学记》中记载："古之教者，家有塾，党有庠，术有序，国有学。"这在一定程度上反映了当时官学体系的情况。

西周的教育内容涉及很多方面，并重视道德教育，以"明人伦"为其核心。《周礼》中记载，大司徒"以乡三物教万民而宾兴之"。所谓"乡三物"即六德、六行、六艺。

"六艺"指礼、乐、射、御、书、数。其中"礼乐"承担着政治宗法及伦理道德规范教育，也是"六艺"的核心内容。

"礼"包括政治、历史和以"孝"为根本的伦理道德教育，包含了整个宗法等级世袭制度、道德规范和仪节。

"乐"类似于综合艺术课，内容广泛，形式多样，包含乐德、乐语、乐舞教育。

"射"与"御"为军事训练课，"射"是指射箭，"御"是指驾车。

"书"与"数"为基础文化课，"书"是指书写文字，"数"是指计算、算法。

（3）春秋战国时期的教育。

1）思想学派。

春秋战国时期，官学衰微，私学大兴。私学始于春秋而盛于战国，派别众多，通常认为私学的首创者是以孔子为代表的一批教育家。其中对教育发展影响最大的则是儒、墨、道、法四家私学。其中儒、墨两家被称为四大私学中的"显学"。春秋战国时期私学的发展是我国教育史、文化史上的一个重要里程碑，促进了百家争鸣盛况的形成。

①儒家学派。

儒家学派的代表人物有孔丘、孟轲、荀况等。

儒家学派由春秋末期思想家孔子所创，是在总结、概括和继承夏、商、周三代尊亲传统文化的基础上形成的一个完整的思想体系。儒家基本上坚持"亲亲""尊尊"的立法原则，维护"礼治"，提倡"德治"，重视"仁治"。儒家思想对封建社会的影响很大，被封建统治者长期奉为正统思想。

②墨家学派。

墨家学派的代表人物是墨子。

社会伦理思想：提出"兼相爱，交相利"，以兼爱为核心，反对儒家的社会等级观念。

教育目的：主张以"兴天下之利，除天下之害"。

政治：主张尚贤（不分贵贱，唯才是举）、尚同（上下一心，为人民服务，为社会兴利除弊）和非攻（反对侵略战争）。

经济：主张节用（尊重前人智慧和经验）、节葬（不把社会财富浪费在死人身上）。

思想：主张非命（通过努力奋斗掌握自己的命运）、非乐（摆脱划分等级的礼乐束缚，废除烦琐奢靡的编钟制造和演奏）、天志（掌握自然规律）、明鬼（尊重前人智慧和经验）。

墨者中从事谈辩者，称"墨辩"；从事武侠者，称"墨侠"。

墨家强调纪律严明，"墨者之法曰：'杀人者死，伤人者刑'。"（《吕氏春秋·去私》）

③道家学派。

道家学派的代表人物有老子、庄子、黄老学派等。

道家学派起始于春秋末期的老子，道家所主张的"道"，是指天地万物的本质及其自然循环的规律。《道德经》中说："人法地，地法天，天法道，道法自然"，就是关于"道"的具体阐述。

道家学派提倡自然无为，提倡人与自然和谐相处，认为一切任其自然，便是最好的教育。

④法家学派。

法家学派的代表人物有李悝、商鞅、申不害、慎到、韩非等。

法家是先秦诸子中对法律最为重视的一派。法家主张以法治国，"不别亲疏，不殊贵贱，一断于法"。

2) 教育思想。

①孔子的教育思想。

孔子是中国古代最伟大的教育家和思想家，以他为代表的儒家文化对中国文化教育的发展产生了极其深远的影响。孔子的教育思想在《论语》中有充分的反映：

● 关于教育的地位与作用："性相近也，习相远也"。

● 关于教育的对象："有教无类""民可使由之，不可使知之""中人以上，可以语上，中人以下，不可以语上也"。

● 关于教育的目标："礼贤下士""举贤"。（士：德才兼备的人）

● 关于教育内容：道德教育和知识教育，主要是"六经"（《诗》《书》《礼》《易》《乐》《春秋》）。

● 关于教学："因材施教""不愤不启，不悱不发""学而不思则罔，思而不学则殆"。

● 关于教师："学而不厌""诲人不倦""其身正，不令而行，其身不正，虽令不从"。

②《学记》中的教育思想。

《学记》是《礼记》中的一篇，一般认为是战国末期思孟学派的著作，是中国教育史上和世界教育史上一部最早、最完整的教育专著，被称为"教育学的雏形"。全文仅有1 200多字，却对先秦的教育理论和教育实践作了相当全面的总结和概括，论述了教育的作用、目的和任务，以及教育制度、教学内容、原则和方法，也谈到教师及师生关系。

第五记：政教启发循序进，长善救失教学长。（《学记》的教育思想）

《学记》的教育思想	
"化民成俗，其必由学""建国君民，教学为先"	指出了教育与政治的关系
"道而弗牵，强而弗抑，开而弗达"	启发式教学
"学不躐等""不陵节而施"	循序渐进的原则
"教也者，长善而救其失者也"	长善救失的原则
"故学然后知不足，教然后知困"	教学相长的观点
"教必有正业，退息必有居"，藏息相辅	课内与课外相结合，相互补充

③稷下学宫。

稷下学宫是战国时期齐国的一所著名学府，是战国时东方的文化教育中心，也是诸子百家学术争鸣的中心场所，因其建立于齐国都城临淄的稷门之下而得名。作为一个教育机构，稷下学宫虽然是齐国官办的，但它实际上又是由许多私学组成的，因此，稷下学宫更像是一所私学联合体。稷下学宫前后历时150年之久，创办之早、历时之长、规模之大，在中国教育史上是罕见的。

（4）汉及其以后封建社会的教育。

汉武帝采纳了董仲舒提出的"罢黜百家，独尊儒术"的建议，实行了思想专制主义的文化教育

 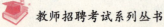

政策和选士制度，对后世产生了深远的影响。

宋代以后，程朱理学成为国学，儒家经典被缩减为《四书》《五经》。

四书：《大学》《中庸》《论语》《孟子》。

五经：《诗经》《尚书》《礼记》《周易》《春秋》。

《四书》《五经》作为教学的基本教材和科举考试的依据，科学技术和文学艺术的内容不再是科举的内容，知识分子的毕生精力都用在了经书的背诵上。

明代以后，八股文被规定为科举考试的固定格式，不仅社会思想受到钳制，而且在形式上的创造性也被扼制。一直到光绪三十一年（1905），科举制度再也不能适应社会发展的要求，清政府才下令"废科举、开学堂"。

2. 古代西方的教育

（1）古代印度的教育。

教育权利：古代印度宗教权威至高无上，教育控制在婆罗门教和佛教手中。

指导思想：婆罗门教的教条。

教育内容：婆罗门教的经典《吠陀》。

唯一教师：婆罗门教的僧侣。

教育活动：主要是背诵经典和钻研经义。

婆罗门教有严格的等级规定，把人分成四个等级。处于最高等级的是僧侣祭司，他们受到最优良的教育；其次是刹帝利，为军事贵族；再次是吠舍种姓，仅能从事农工商业；最低等级的是首陀罗种姓，他们被剥夺了受教育的权利，识字读经被认为是违反了神的旨意，可能被处死。上述前面两个种姓是天然的统治者。

（2）古代埃及的教育。

据文献记载，埃及在古王国末期已有宫廷学校，它是法老教育皇子皇孙和贵族子弟的场所。古代埃及设置最多的是文士学校。文士精通文字，能写善书，执掌治事权限，比较受尊重。许多文士设立私学，招收生徒，同时也有传授天文、数学、医学等实用知识的文士学校。"学为文士"成为一般奴隶主阶级追求的目标。"以僧为师""以（书）吏为师"成为古代埃及教育的一大特征。农民、奴隶子弟没有受教育的权利。

（3）古代希腊的教育。

古希腊是西方文明的起点，同时也是近代西方教育的源头。

古风时代的希腊主要有两种类型的城邦教育制度，即古雅典教育和古斯巴达教育。古雅典教育的目的是培养有文化修养和多种才能的政治家和商人，注重学习者身心的和谐发展，教育内容比较丰富，教育方法也比较灵活。古斯巴达教育的目的是培养忠于统治阶级的强悍军人，强调军事体育训练和政治道德灌输，教育内容单一，教育方法也比较严厉。

古风时代斯巴达教育与雅典教育的比较

城邦	斯巴达教育	雅典教育
教育体制	教育完全由城邦负责	城邦重视教育，但并不绝对控制
教育类别	武士教育	公民教育
教育目的	培养英勇果敢的军人	培养政治家和商人
教育内容	以军事教育和道德教育为主	多样化的教育内容
总体评价	形式单一，程度较低	形式多样，程度较高

教会教育和骑士教育：欧洲的封建社会，宗教成了封建制度的精神支柱和统治人民的工具，统治阶级内部形成了僧侣封建主和世俗封建主两个阶层，因而出现了教会教育和骑士教育。骑士教育

主要采取家庭教育的形式，其培养目标是：剽悍勇猛、虔诚上帝、忠君爱国、宠媚贵妇。

（三）文艺复兴后的欧洲教育

14世纪以后，欧洲产生了资本主义的萌芽并很快发展起来，新兴的资产阶级为了谋取经济利益和政治地位，以复兴古代希腊和罗马的文化为借口，掀起了反对封建文化、创造资产阶级文化的文艺复兴运动。这场运动以人性反对神性，以科学理性反对蒙昧主义，以个性解放反对封建专制，以平等友爱反对等级观念，重视现实生活，肯定现实生活的幸福和享乐，反对禁欲主义，对当时和后世的教育产生了重大影响。

（四）近代教育

16世纪以后，世界进入近、现代社会。火药、造纸术、印刷术、指南针从中国传入西方，为世界的军事和交通带来了大发展的机遇；哥伦布发现新大陆，极大地激发了人们的想象热情；18世纪蒸汽机的发明，带来了人类历史上的第一次工业革命，手工劳动、作坊生产被现代机器大工业所取代，从而引发了社会制度、思想观念和生活方式的巨大变化，也引起了教育的巨大变化。这种变化特别表现在近代教育的特点上：

（1）国家加强了对教育的重视和干预，公立教育崛起。

（2）初等义务教育普遍实施。

（3）教育的世俗化。

（4）重视教育立法，以法治教。

（五）20世纪以后的教育

20世纪以后的教育呈现以下特点：

（1）教育的终身化。这是对将人一生分为学习阶段和学习结束后阶段的否定。终身教育是指人的一生应该是一个不断学习的过程，永远和接受教育联系在一起。这一理念的提出者保罗·朗格朗被称为"终身教育之父"。

（2）教育的全民化。所有人受教育，特别是适龄儿童都进入小学，所有中青年都脱盲。

（3）教育的民主化。这是对教育的等级化、特权化、专制性的否定。

（4）教育的多元化。这是对教育的单一性和统一性的否定，是培养目标、办学形式、管理模式、教学内容、评价标准等的多元化。

（5）教育技术的现代化。

第二节　教育学及其发展

教育学是研究教育现象和教育问题、揭示教育规律的一门科学。教育学的根本任务是揭示教育规律，教育问题是推动教育发展的内在动力。

一、教育学的萌芽阶段

萌芽阶段的教育学还没有从哲学、伦理学、政治学中划分出来形成一门独立的学科，只表现为零星的教育思想和教育观点。

国家	人物	教育思想与贡献
古代中国	孔子	《论语》是世界上最早有关教育的文献；"有教无类""因材施教""学而优则仕""不愤不启，不悱不发"，学和思的关系
	墨子	兼爱、非攻；强力而行；亲知、闻知、说知
	老子	主张"绝学"和"愚民"；"复归"人的自然本性，顺其自然
	《学记》	最早、最完整的教育专著，被称为"教育学的雏形"
古代西方	苏格拉底	将教育分为讽刺、定义、助产三阶段，称为产婆术（引导学生自己进行思索，自己得出结论，为启发式教学奠定了基础）
	柏拉图	著《理想国》，其中提出"哲学王"的概念
	亚里士多德	百科全书式学者，主张教育要适应儿童的年龄特征，进行和谐发展
	昆体良	西方教育史上第一个专门论述教育问题的教育家，他的《雄辩术原理》（又名《论演说家的教育》）是西方第一本教育专著

（一）苏格拉底的教育思想

苏格拉底在历史上被称为"在西方教育史上有长远影响的第一位教育家"。他的主要教育思想如下：

（1）智慧（知识）即道德：苏格拉底认为道德并非与生俱来的，只有经过良好的教育，才能够基于正确的判断作出正确的道德行为，因此，教育的首要任务是道德培养。

（2）苏格拉底教学法：在长期的教学实践中，苏格拉底形成了以问答、诘难、诱导为特征的谈话式教育方法，后人称之为"苏格拉底教学法"。由于苏格拉底曾把教师比喻为"知识的产婆"，因此有人将这种方法称为"产婆术"。"苏格拉底教学法"由讥讽、助产、归纳和定义四个步骤组成，即在谈话中，通过不断地追问与辩难，迫使受教育者意识到自己的谬误，进而从具体形象中找到事物的共性和本质，并上升为一般概念。

（二）柏拉图的教育思想

（1）代表作：《理想国》和《法律篇》。

（2）教育目标和主要任务：培养和造就哲学家（哲学王）。

（3）创办阿卡德米（Academy）学园。

（4）确立"四艺"（算术、几何、天文、音乐理论）的课程体系。

（5）重视女子教育。他认为在承担国家和社会事务方面，女子与男子是平等的。

（三）亚里士多德的教育思想

亚里士多德是古希腊一位百科全书式的学者。

（1）灵魂论。人的灵魂由营养的灵魂、感觉的灵魂和理性的灵魂三部分组成。灵魂论的论述为教育必须包括体育、德育和智育提供了人性论上的依据。

（2）教育阶段理论。第一时期为0～7岁，主要施以体格教育；第二时期为7～14岁，相当于初等教育阶段，以情感道德培养为主；第三时期为14～21岁，属于中高等教育阶段，教学与科研相结合，分班授课。

（四）昆体良的教育思想

昆体良是古罗马最有成就的教育家，是西方教育史上第一个由国库支付薪金的雄辩术教师，也是西方世界第一个专门论述教育问题的思想家。

（1）代表作：《雄辩术原理》，是古希腊、罗马教育理论和实践的总结，也是古代西方第一部教

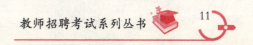

育专著。

（2）教育目的：培养"善良的、精于雄辩的人"。

（3）教学组织形式：最早提出分班教学的初步设想，极力主张实行集体教学的组织形式。这是班级授课制的萌芽。

二、教育学的创立阶段

在教育学的创立阶段，教育问题已经成为一个专门的研究领域，有了科学的研究方法，出现了系统的教育学著作，产生了专门的教育研究机构。

> 第六记：培根归纳新工具，夸美泛智教学独。
> 康德大学论教育，卢梭爱弥自然孤。
> 裴斯教育心理化，绅士洛克白板出。
> 杜威学活经民主，赫尔三中四阶书。

人物	著作	教育观点
培根（科学归纳法第一人）	《新工具》	英国哲学家，近代实验科学鼻祖，其《论科学的价值和发展》（1623）首次把教育学作为一门独立的科学提出；经验化教学、科学归纳法
夸美纽斯（教育学之父）	《大教学论》	（1）《大教学论》使教育学成为一门独立形态的学科；近代第一本教育学专著。 （2）在此书中提出了"泛智教育"的思想，主张"把一切事物教给一切人"。 （3）教育适应自然、学制系统、班级授课制
康德	《康德论教育》	（1）在大学哲学课中开讲教育学，他是将教育学作为一门学科在大学里讲授的第一人。 （2）"人是唯一需要教育的动物"
卢梭	《爱弥儿》	（1）教育思想被称为教育史上的"哥白尼式的革命"。 （2）自然主义教育思想：核心是归于自然，即教育遵循儿童的自然天性，培养身心和谐发展的人。 （3）卢梭把一个人受的全部教育分为三类：自然的教育、人的教育和事物的教育
洛克	《教育漫话》	（1）第一次将教育分为体育、德育、智育三部分。 （2）"白板说"，认为人的心灵如同白板，观念和知识都来自后天。 （3）提出了完整的"绅士教育"理论
裴斯泰洛奇	《林哈德与葛笃德》	第一个明确提出"使人类教育心理学化"的主张，认为教育科学应该建立在人的心理活动规律的基础上
赫尔巴特（科学教育学之父、传统教育学代表人）	《普通教育学》	（1）《普通教育学》（1806）被公认为是第一部具有科学体系的教育学著作，标志着教育学已开始成为一门规范的、科学的学科。 （2）第一个提出要使教育学成为科学，并认为应以伦理学和心理学作为教育学的理论基础。 （3）传统教育三中心："教师中心""课堂中心""教材中心"。 （4）四段教学法：明了、联想、系统、方法。 （5）提出"教育的最高目的是道德"。 （6）提出教学的教育性原则
杜威（实用主义哲学的集大成者）	《民主主义与教育》	（1）现代教育理论的代表，强调儿童在教育中的地位，是儿童中心主义的代表人物，与传统教育（赫尔巴特）的旧三中心论针锋相对（儿童中心、活动中心、经验中心——新三中心论）。 （2）主要观点：教育即生长、教育即生活、教育即经验的改造。 （3）学校即社会、从做中学、教育无目的论、五步探究教学法

 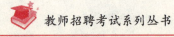

三、教育学的多元发展阶段

教育分科，第一个分化出来的是教学领域，第二个是教育管理，第三个是教育研究。20世纪主要的教育学流派有以下几个：

（1）实验教育学：采用自然科学定量研究的方法，以德国的拉伊、梅伊曼为代表。

（2）文化教育学：也称精神科学教育学，以德国的狄尔泰、斯普朗格和利特为代表。

（3）实用主义教育学：以美国杜威和克伯屈为代表。

（4）马克思主义教育学：克鲁普斯卡娅的《国民教育与民主主义》是最早以马克思主义为基础探讨教育学问题的著作；1939年凯洛夫主编的《教育学》阐述了全面发展的教育目的，提出了一套比较严格和严密的教学理论。该书被公认为世界上第一部马克思主义的教育学著作。我国教育家杨贤江的《新教育大纲》是我国第一部马克思主义的教育学著作。

（5）批判主义教育学：当代西方教育理论界占主导地位的教育学流派。

四、当代教育学理论的新发展

（一）布卢姆

1956年美国心理学家布卢姆制定出教育目标的分类系统，把教育目标分为认知目标、情感目标、动作技能目标三大类。这种分类方法可以帮助教师更加细致地去确定教学的目的和任务。

（二）布鲁纳

1963年美国的教育心理学家布鲁纳出版了《教育过程》这本著作，他主张"无论选教什么学科，务必使学生理解该学科的基本结构"。重视学生能力的培养，提倡发现学习。布鲁纳的教育思想对于发展学生能力具有积极意义，但他忽视学生的接受能力，主张儿童提早学习科学的基本原理是不易推行的。

（三）赞可夫

赞可夫著有《教育与发展》，提出"教学与发展"教学理论以高难度进行教学的原则；以高速度进行教学的原则；使学生理解学习过程的原则；使全体学生都得到一般发展的原则。

（四）苏霍姆林斯基

苏霍姆林斯基被称为"教育思想泰斗"，他的书被称为"活的教育学""学校生活的百科全书"，他所领导的帕夫雷什中学被列为世界上著名的实验学校之一。他著有《给教师的一百条建议》《把整个心灵献给孩子》，主张和谐教育，认为学校教育的理想是培养全面发展的人。

（五）巴班斯基

巴班斯基是苏联教育家，著有《教学过程最优化——一般教学论方面》《教学、教育过程最优化——方法论基础》《教育学》。

（六）瓦根舍因

瓦根舍因是德国教育实践家，范例教学法创始人，与布鲁纳和赞可夫并称为课程现代化的三大代表人物，著有《范例教学原理》，创立了范例教学理论。

中国近现代教育思想

教育家	教育思想
蔡元培	(1) 毛泽东评价"学界泰斗，人世楷模"。 (2) 五育并举：军国民教育、实利主义教育、公民道德教育、世界观教育和美感教育。 (3) "思想自由，兼容并包"
黄炎培	(1) 我国职业教育的先驱，提倡大职业教育。 (2) "敬业乐群"
晏阳初	(1) 中国平民教育家和乡村建设家。 (2) "四大教育"（文艺教育、生计教育、卫生教育和公民教育）、"三大方针"（学校式、家庭式和社会式）、"化农民"和"农民化"思想
梁漱溟	(1) 在中国发起过乡村建设运动。 (2) 创造新文化，救活旧农村
陶行知	(1) 提出生活教育理论，认为"生活即教育"。 (2) 主张"社会即学校"。 (3) 主张"教学做合一"。 (4) 强调"道德是做人的根本"。 (5) 毛泽东称颂他为"伟大的人民教育家"，宋庆龄赞誉他为"万世师表"
陈鹤琴	提出了"活教育"理论，重视科学实验，主张中国儿童教育的发展要适合国情，符合儿童身心发展规律；呼吁建立儿童教育师资培训体系

 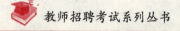

第二章
教育的基本规律

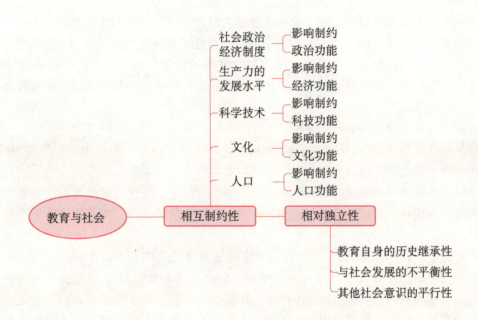

教育与社会 ── 相互制约性 ── 相对独立性

相互制约性：
- 社会政治经济制度 ── 影响制约 · 政治功能
- 生产力的发展水平 ── 影响制约 · 经济功能
- 科学技术 ── 影响制约 · 科技功能
- 文化 ── 影响制约 · 文化功能
- 人口 ── 影响制约 · 人口功能

相对独立性：
- 教育自身的历史继承性
- 与社会发展的不平衡性
- 其他社会意识的平行性

第一节　教育与社会发展

作为一种有目的地培养人的社会活动，教育的发展受社会政治经济制度、生产力水平、科学技术和文化传统的影响，并对这些因素的变化产生反作用。

一、教育与生产力

教育受生产力发展水平的限制，同时又对生产力发展起促进作用。

如果教育跟不上生产力发展要求，则经济发展将因人才欠缺受到影响；反之，如果教育发展超过了生产力的承受能力，占用过多的人力、财力，也会阻碍经济的发展。

社会生产力制约教育的发展	教育的经济功能
教育事业发展规模和速度	教育是劳动力再生产的重要手段
人才的培养规格和教育结构	教育是科学知识再生产的最有效形式
教学内容、教学方法和教学组织形式	教育是科技创新的重要基础

理解：生产力的发展水平制约着人才的培养规格和教育结构。

生产力发展的水平对培养人的规格提出了一定的要求，要求受教育者必须具有某种程度的文化水平和生产上所需的知识技术，生产力的发展也必然会引起教育结构的变化。设立什么样的学校、专业，各级各类学校间的比例如何，各种专业间的比例如何……都受生产力发展水平和产业结构的制约。学校教育结构必须反映经济的技术结构和产业结构的发展变革。这样，教育在为生产培养的人才在总量、类型和质量上才能满足生产力发展的需求，否则，即使培养的人才在总量上有富余，但仍会出现结构性失调。

理解：生产力的发展促进着教学内容、教学方法和教学组织形式的发展和改革。

生产力的发展促进着科学技术的发展和更新，也必然促进着教学内容的发展与更新。教学方法和教学组织形式的变革也是一样，都是以生产力的发展为前提条件的。

理解：教育是劳动力再生产的重要手段。

人是生产力中最基本的因素，通过教育可以使人掌握一定的科学知识、生产经验和劳动技术，即把可能而尚未掌握科学技术的劳动力变为掌握科学技能的现实的劳动力，从而形成新的生产力，提高劳动生产率，促进社会生产的发展。随着科学技术的发展，脑力劳动在生产中的比重越来越高，劳动生产率的提高主要依靠劳动者科学技术水平的提高和生产工具的改进，因而教育对促进生产力发展的作用越来越大。

理解：教育是科学知识再生产的手段。

（1）科学包含在生产力中，科学知识在未用于生产之前，只是一种意识形态的潜在的生产力，要把潜在的生产力转化为人能掌握并用于生产的现实生产力，必须依靠教育。

（2）通过教育使前一辈所积累的科学知识得以继承和发扬，并且通过教育可以高效能地扩大科学知识的再生产，使科学知识得到普及，使先进的生产经验得到推广，进而使劳动生产率提高，促进生产力的发展。

人力资本理论：1960年12月，美国经济学家舒尔茨所做的"人力资本投资"的讲演，被称为人力资本理论创立的"宪章"。人力资本理论的核心概念是"人力资本"，它指的是人所拥有的诸如知识、技能及其他类似的可以影响从事生产性工作的能力，它是资本的形态，因为它是未来薪水和报酬的源泉；它是人的资本形态，因为它体现在人的身上，属于人的一部分。人力资本与物质资本相比，在现代经济中，前者常常是更具关键性的因素。

教育优先发展：教育优先发展又称教育超前发展或教育先行，是指社会用于发展教育的投资要适当超越于现有生产力和经济发展水平而超前投入，教育发展要先于或优于社会上其他行业和部门而先行发展。

二、教育与政治经济制度

教育与政治经济制度是相互制约的关系，一定的社会经济制度影响和制约着教育，而教育也对社会经济制度产生一定的积极影响和作用。

政治经济制度决定教育的性质	教育的政治功能
决定着教育的领导权和受教育权	培养所需要的人才
决定着教育目的和教育体制	传播思想、形成舆论，作用于政治经济制度
决定着教育内容的取舍	促进民主化进程
注意：社会政治经济制度发展的根本动力是生产力与生产关系的矛盾运动	

（一）政治经济制度对教育的制约

政治经济制度对教育的制约主要体现在政治对教育的性质、宗旨、领导权、受教育权以及教育内容、教育结构和教育管理体制的制约上。

（1）政治经济制度制约着教育的性质、宗旨和目的。一定的教育具有什么样的性质是由那个社会的经济政治制度的性质决定的，而且教育的发展变革也受制于社会经济政治制度的发展变革。教育目的是一个社会的经济政治制度对教育所提出的主观要求的集中体现，它直接反映着统治阶级的利益和发展。

（2）政治经济制度制约教育的领导权。在人类社会中，谁掌握了生产资料，谁掌握了政权，谁就支配着精神生产的资料，掌握着教育的领导权。

（3）政治经济制度制约受教育权。在一个社会里，让哪些人受教育、达到什么程度、受什么样的教育、教育的结果如何，都是由社会的经济政治制度决定的。

（4）政治经济制度制约教育内容、教育结构和教育管理体制。为了实现不同的教育目标，不同社会经济政治条件下的教育有着不同的教育内容。

由此可见，教育的性质、宗旨、领导权与受教育权，乃至教育的内容、结构与管理体制都是受社会的经济政治制度所制约的。因此，在阶级社会里，"超阶级"或"超政治"的教育是根本不存在的。

（二）教育对政治经济制度的影响

（1）教育通过传播一定社会的政治意识形态，完成年轻一代的政治社会化。政治社会化是指引导人们接受一定的社会的政治意识形态，形成适应于一定社会政治制度的政治态度和政治认同感，以及积极参与政治、监督政治的政治习惯与能力的过程。

（2）教育通过造就政治管理人才，促进政治体制的变革与完善。

（3）教育通过提高全民文化素质，推动国家的民主政治建设。

（4）教育还是形成社会舆论、影响政治时局的重要力量。

此外还要认识到，教育对社会政治的作用有两个不同的结果。当教育反映先进阶级的利益时，教育对社会的发展起到推动作用；当教育反映落后阶级的利益时，教育就对社会的发展起到阻碍作用；当教育服务于某阶级时，就对某阶级的政治具有巩固、促进和维护作用，同时对对立阶级起到阻碍、削弱、瓦解的作用。

三、教育与科技

科学技术对教育的影响，首先，它表现为对教育的动力作用；其次，科学的发展为教育的发展指明方向，预示结果，引导教育遵循着科学的轨道前进。

现代教育发展的根本动因是科技进步

科技水平直接标志着教育发展的程度	科技功能对教育的影响
第一次工业革命——提出了普及初等教育	（1）能够改变教育者的观念。
第二次工业革命——提出了普及初级中等教育	（2）能够影响受教育者的数量和教育质量。
第三次工业革命——提出了普及高级中等教育	（3）能够影响教育的内容、方法和手段。
信息革命——提出了高等教育大众化	（4）科学技术影响教育技术

教育的科技功能：教育能完成科技知识的再生产；教育推进科学的体制化；教育具有科学研究

 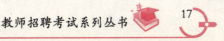

的功能；教育促进科学技术成果的开发利用。

四、教育与文化

第七记：选择传承融创新（选创融传）

教育与文化

文化对教育的作用	教育的文化功能
文化对教育具有价值定向作用	教育能够传承文化
文化发展促进学校课程的发展	教育能够改造文化（选择、整理、提升文化）
文化影响教育目的的确立	教育能够传播、交流和融合文化
文化影响教育内容的选择	教育能够更新和创造文化
文化影响教育教学方式的使用	注意：教育是一种特殊的文化现象

广义的文化：指人类在社会生产实践和社会生活实践过程中所创造的一切物质财富和精神财富的总和。

狭义的文化：指社会意识形态及与之相适应的制度和组织的结构。

教育与文化的相互依存、相互制约的关系：文化与教育既有相互依存、相互制约的一面，又有相互依存、相互制约过程中变化与发展的一面。教育与文化在相互依存、相互制约的过程中，不断地按照各自的运动规律运动、变化和发展。

（一）学校文化

1. 界定

学校文化不仅包括学校全体成员共同遵循的一些观念和行为，而且也包括部分成员共同遵循的观念和行为；学校文化既可能会给学校预定教育目的达成带来积极的意义，也有可能妨碍教育目的的达成；学校文化的核心是学校各群体所具有的思想观念和行为方式，其中最具有决定作用的思想观念是价值观念。学校文化是指学校全体成员或部分成员习得且共同具有的思想观念和行为方式。

2. 学校文化的特性

学校文化是一种组织文化；学校文化是一种整合性较强的文化；学校文化以传递文化传统为己任；校园文化是学校文化的缩影。

学校文化包括物质文化、制度文化、精神文化，其中学校的精神或观念文化是校园文化的核心。校风是学校中物质文化、制度文化、精神文化的统一体，是经过长期实践形成的。校风一旦形成，往往会代代相传，具有不易消散的特点。

（二）学生文化的特征

1. 学生文化具有过渡性

学生文化是介于儿童世界和成人世界的一种文化现象，是学生从儿童迈向成人的一种过渡性产物。它一方面表现为与成人相异的一些价值观念和行为方式，反映出其要求自主、独立的需求；另一方面，它受教师引导及家长的影响，也在一定程度上认同成人的价值观念。

2. 学生文化具有非正式性

学生文化往往是在学生的日常相互交往中形成的共同的价值观念和行为方式，它通过学生结为

  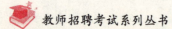

一个群体而表现出来。同时，它对学生所形成的影响也是非正式的。学生文化中蕴含着学生群体的价值和规范，这些文化构成一种环境，影响着处于这种文化情境中的每一个学生，使得学生在不知不觉中习得这种文化。

3. 学生文化具有多样性

学生文化的类型多种多样，可能会因为种族、民族等特征，结成一个相对独立的文化群体，也可能会因共同的社会经济背景而形成独特的社会阶层文化；性别、年龄等的差异，也会表现出不同的文化特征。

4. 学生文化具有互补性

从整个学校文化来讲，学生文化作为一种独特的文化类型，与学校文化之间具有互补性。从学生文化的不同类型和样式上来讲，年龄文化、性别文化、同伴文化等，也是在发挥各自作用的同时纠结在一起互为补充的。

五、教育与人口

人口是社会生态的基础，是连接个体与社会的桥梁。教育的个体功能要转化成政治、经济功能，首先要通过提高人口素质来实现。

（一）人口对教育的影响和制约

（1）人口的数量和增长制约着教育事业的规模、速度。
（2）人口的质量影响着教育的质量。
（3）人口的结构影响着教育的发展。
（4）人口的流动也影响着教育的发展。

（二）教育对人口的功能

（1）减少人口数量，控制人口增长。
（2）改善人口素质，提高人口质量。
（3）使人口结构趋于合理化，有助于人口迁移。

六、教育的相对独立性

所谓教育的相对独立性，是指作为社会一个子系统的教育，具有自身的特点和规律性，对政治经济制度和生产力具有能动的作用。

教育的相对独立性表现在以下方面：
（1）教育对社会的作用具有能动性。教育受到社会各方面因素的制约与影响，但同时教育也能够促进社会各方面的发展，这就是教育对社会的作用具有能动性的表现。
（2）教育具有自身的质的规定性。教育是有目的地培养人的活动，而不是其他任何一种社会活动。
（3）教育具有历史继承性。它包括：教育内容的继承、教育方式的继承、教育理论与教育经验的继承。
（4）教育与社会发展具有不平衡性。教育的发展与社会存在的发展并不完全是同步的。教育的发展依赖于社会存在的发展，这是从根源上和发展的总趋势上说的，是从主导方面来讲的。但在一定阶段，教育发展的某些方面或某些环节，会表现出与社会生产力和政治经济制度的发展不平衡的现象。

需要注意的是，一定不能把教育的相对独立性理解为绝对独立性。

第二节　教育与人的发展

一、个体身心发展的含义

个体身心发展是指作为复杂整体的个体在从生命开始到生命结束的全部人生过程中，不断发生的变化过程，特别是指个体的身心特点向积极的方面变化的过程。

促进人的身心发展是教育的直接目的。

人的身心发展包括以下两个方面：

（1）生理的发展，包括身高和体重的增加、骨骼构造的变化、神经组织的变化等。

（2）心理的发展，包括认知和意向两方面的发展，认知的发展是指感知、记忆、思维等方面的发展；意向发展是指需要、兴趣、情感、意志等的发展。

二、身心发展的动因

第八记：霍尔高尔格塞尔，董孟威尔弗洛德（内发论代表人）

动因	代表人物	主要观点
内发论 （遗传决定论）	孟子	性善论（"恻隐、羞恶、辞让、是非"四端）
	弗洛伊德	认为人的性本能是最基本的自然本能
	威尔逊	把"基因复制"看作决定人的一切行为的本质力量
	高尔顿	个体发展及个性品质早在基因中就已决定
	格塞尔	强调成熟机制对人的发展的决定作用
	霍尔	（复演说）"一两的遗传胜过一吨的教育"

第九记：墨子荀找洛华生（墨子寻找落花生）（外铄论代表人）

动因	代表人物	主要观点
外铄论 （环境决定论）	荀子	认为"性本恶"，主张教育"化性起伪"
	洛克	"白板说"，认为人的心灵犹如一块白板
	华生	"行为改变说"
	墨子	人性如素丝，染于苍则苍，染于黄则黄
辐合论 （二因素论）	施泰伦	发展等于遗传和环境之和
	吴伟士	人的发展等于遗传和环境的乘积
多因素相互作用论 （共同作用论）	辩证唯物主义认为，人的发展是个体的内在因素（如先天遗传的素质、机体成熟的机制、个体的主观能动性等）与外部环境（外在刺激的强度、社会发展的水平、个体的文化背景等）共同作用的结果	

内发论强调身心发展是由自身的需要决定的，强调人的内在因素具有不可替代的作用。内发论忽略了外在因素对人的影响，忽略了环境、人的能动性以及教育等的作用。

外铄论强调身心发展主要依靠外在的力量，强调教育的价值，对教育的作用持乐观的态度，关注的重点是学习。但外铄论者走向了另一个极端。

三、个体身心发展的一般规律

个体的身心发展遵循某些规律，这些规律制约着我们的教育工作。遵循并利用这些规律，可以使教育工作取得良好的效果；反之，则可能事倍功半，甚至挫伤学生。

第十记：个别差异互补整，顺序阶段不平衡。

个体身心发展规律	表现	遵循该规律的教育要求
顺序性	个体身心发展是一个由低级向高级，由量变到质变的过程	教学循序渐进，拔苗助长、陵节而施都违背了该原则
阶段性	不同年龄阶段的学生的身心发展具有不同的发展特征和任务	教育工作中不能"一刀切""一锅煮"
不平衡性	个体身心发展的同一方面的发展速度在不同的年龄阶段和不同方面都是不平衡的	把握施教的关键期，视时而教
互补性	生理和生理之间的互补、生理和心理之间的互补	要长善救失、扬长避短
个别差异性	性别差异、不同个体同一方面的发展速度和水平之间的差异、不同个体不同方面存在差异、不同个体具有不同的个性心理倾向	因材施教；弹性教学内容；组织兴趣小组
整体性	学生是一个整体的人	着眼于学生的整体性，促进学生的一般发展

（一）教育要适应年轻一代发展的顺序性，循序渐进地促进学生身心的发展

儿童从出生到成人，他们的身心发展是一个由低级到高级、由量变到质变的连续不断的过程，具有一定的顺序性。教育要适应年轻一代发展的顺序性，循序渐进地促进学生身心的发展。

（1）身体的发展：从上到下、从中间到四肢、从骨骼到肌肉。

（2）心理的发展：由机械记忆到意义记忆、由具体思维到抽象思维、由一般情感到复杂情感。因此，我们在对年轻一代进行教育时，必须遵循由具体到抽象、由浅入深、由简到繁、由低级到高级等顺序逐渐进行。

（二）教育要适应年轻一代身心发展的阶段性

阶段性是指个体在不同的年龄阶段表现出身心发展不同的总体特征及主要矛盾，面临着不同的发展任务。不同发展阶段之间不是独立的，而是相关联的，上一阶段的发展水平影响下一阶段发展方向的选择。因此，教育要适应年轻一代身心发展的阶段年龄特征和主要矛盾。

（三）身心发展的不平衡性要求教育要抓住关键期

个体发展的不平衡性表现在两个方面：首先是同一方面的发展速度在不同年龄阶段的变化是不平衡的。例如，青少年的身高和体重有两个生长的高峰期，第一个高峰期在出生后一年，第二个高峰期为青春发展期。其次是不同方面发展的不平衡性。在生理方面，神经系统、淋巴系统成熟在

先，生殖系统成熟在后。在心理方面，感知成熟在先，思维成熟在后，情感成熟则更晚。

根据个体身心发展阶段性的特点，心理学家提出了发展关键期或最佳期的概念。所谓关键期，是指身体或心理的某一方面机能和能力最适宜于形成的时期。在这一时期，对个体某一方面的训练可以获得最佳成效，并能充分发挥个体在这一方面的潜力，错过了关键期，训练的效果就会降低，甚至永远无法补偿。

（四）身心发展的互补性，培养全面和谐发展的人

互补性反映了人的身心发展各个组成部分的相互关系。首先，机体某一方面的机能受损甚至缺失后，可通过其他方面的超常发挥得到补偿；其次，人的心理机能和生理机能之间也具有互补性。

人的身心发展的互补性要求教育者首先要帮助全体学生，特别是生理或心理技能方面有障碍、学业成绩落后的学生树立起信心，相信他们可以通过某方面的补偿性发展达到一般正常人的水平；其次，要帮助学生学会发挥优势，长善救失，通过自己的精神力量的发展达到身心的协调。

（五）教育要适应年轻一代身心发展的个别差异性，做到因材施教

年轻一代在兴趣、爱好、意志、性格等方面也存在个别差异，教育要适应年轻一代身心发展的个别差异性，做到因材施教，使每个学生都能迅速地、切实地提高。

总结：教育适应年轻一代身心发展规律，并不等于迁就学生身心发展的现有水平，而是从学生身心发展规律的实际出发，善于向他们提出经过他们努力能够达到的要求，促进他们的身心发展，不断提高他们身心发展的水平（维果茨基的最近发展区理论）。

四、影响身心发展的因素及作用

影响因素	作用	过分夸大
遗传	（1）遗传素质为人的发展提供了可能。 （2）遗传素质为人的发展提供了生理基础。 （3）遗传素质的成熟制约身心发展的水平及阶段。 （4）遗传素质的差异是造成个体间差异的原因之一	遗传决定论 高尔顿：《遗传的天才》 霍尔 董仲舒
环境	（1）为个体的发展提供了多种可能，包括机遇等。 （2）环境是推动人发展的动力。 （3）人在接受环境影响和作用时有主观能动性	环境决定论 荀子、洛克、华生
学校教育	主导作用	教育救国论
主观能动性	（1）个体的能动性是在人的活动中产生和表现出来的。 （2）个体的能动性是人的发展的内在动力。 （3）个体的能动性影响人的自我设计和自我奋斗。 个体在与环境之间相互作用中所表现出来的个体主观能动性，是促进个体发展从潜在的可能状态转向现实状态的决定性因素	

第十一记：教师调控培养人（教师通过协调和控制各种因素来育人）

学校教育起主导作用的原因如下：

（1）学校教育是一种有目的、有计划地培养人的活动（育人）。

（2）学校有专门负责教育工作的教师，效果相对较好（教师）。

（3）学校能有效控制和协调影响学生发展的各种因素（调控）。

学校教育起主导作用的表现如下：

（1）对个体发展作出社会性规范。

（2）具有加速个体发展的特殊功能。

（3）对个体发展的影响有即时价值和延时价值。

（4）具有开发个体特殊才能和发展个性的功能。

第三章

教育目的与教育制度

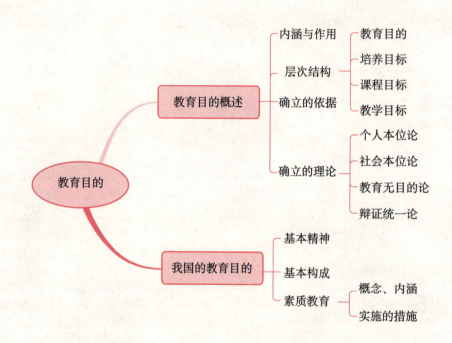

第一节　教育目的

一、教育目的概述

（一）教育目的的概念

教育是有目的地培养人的活动，教育目的可以说是人们对教育活动的一种设计。

广义的教育目的是指人们对受教育者的期望，即人们希望受教育者通过教育在身心诸方面发生什么样的变化，或产生怎样的结果。

狭义的教育目的是指国家或社会对把受教育者培养成为什么样的人才的总的要求。

教育目的是教育的出发点和归宿，它贯穿于教育活动的全过程，对教育活动具有指导意义。

（二）教育目的的功能

1. 导向功能

教育目的为教育对象指明了发展方向，预定了发展结果，也为教育者指明了工作方向和奋斗目标。

2. 选择功能

人类社会发展至今，可供学生学习的知识经验繁多复杂，需要培养的技能技巧多种多样，需要发展的智力能力方方面面。有了教育目的，就为教育内容的选择确定了基本范围，保证了教育能够科学地对人类丰富的文化作出有价值的取舍。同时，教育目的也为选择相应的教育途径、方法和形式提供了依据。

3. 激励功能

教育目的是对受教育者未来发展结果的一种设想，具有理想性的特点，这就决定了它具有激励教育行为的作用。

4. 评价功能

教育目的既为教育活动指明了方向，是衡量和评价教育实施效果的根本依据和标准，又为检查和评价教育活动的质量提供了衡量尺度和根本标准。评价学校的办学方向、办学水平和办学效益，坚持教育教学工作的质量，评价教师的教学质量和工作效果，检查学生的学习质量和发展程度等工作，都必须以教育目的为根本标准和依据进行。

（三）教育目的的层次结构

1. 国家教育目的

这是对受教育者的总的要求，它规定了把受教育者培养成什么样的人，是培养人的质量规格标准。

2. 各级各类学校的培养目标

这是教育目的的具体化，是根据各级各类学校的任务确定的对所培养的人的特殊要求。

3. 相关学科的课程目标

这是根据教育宗旨和教育规律而提出的具体价值和任务指标，是课程本身要实现的具体目标和意图。

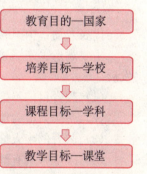

4. 教师的教学目标

这是教育者在教育教学的过程中，在完成某一阶段工作时，希望受教育者达到的要求或产生变化的结果。教学目标是微观层次的教育目的，是一切教育活动的基础，具有很强的操作性。

补充以下易混淆的概念：

（1）教育目的与教育方针。

教育方针是教育工作的宏观指导思想，是总的教育方向，它是教育目的的政策性表达。教育方针包括三个组成部分：教育性质和教育方向、教育目的、实现教育目的的基本途径和根本原则。其中，教育目的是教育方针中的核心和基本内容。

（2）教育目的与培养目标。

培养目标是教育目的的具体化，是结合教育目的、社会要求和受教育者的特点制定的各级各类教育的培养要求。基础教育的培养目标是为人的全面发展奠定基础，高等教育的培养目标则是培养各种专门人才。

培养目标必须依据教育目的来制定，不能脱离教育目的，而教育目的又必须通过各级各类学校、各专业的培养目标来体现和落实。一个国家的教育目的是唯一的，而培养目标却是多种多样的。

二、教育目的确立的理论

第十二记：夸福裴斯孟卢洛（个人本位）
梁孔斯宾赫尔柏（社会本位）

价值取向	核心观点	代表人物
个人本位论	主张确定教育目的应从人的本性、本能需要出发，使人的本性和本能得到高度发展	孟子、卢梭、洛克、夸美纽斯、福禄贝尔、裴斯泰洛齐
社会本位论	主张确定教育目的应该从社会需要出发，社会需要是确定教育目的的唯一依据	孔子、斯宾塞、涂尔干、孔德、梁启超、柏拉图和荀子等
教育无目的论	主张"教育即生活"的无目的教育理论，教育过程就是教育目的	杜威
辩证统一论	主张教育是培养人的活动，教育目的要考虑人的身心发展的各个要素	马克思

（一）个人本位论

代表人物：中国的孟轲和国外的卢梭、洛克、夸美纽斯、福禄贝尔、裴斯泰洛齐等。

主要观点：主张确定教育目的应从人的本性、本能需要出发，使人的本性和本能得到高度发展。

（1）教育目的不是根据社会需要制定的，而是根据个人发展需要制定的。

（2）一个人应为他自己受教育，而不是为社会需要受教育。

（3）教育的个人价值高于社会价值，个人决定社会，而不是社会决定个人。

（4）人生来就有健全的本性和本能，教育目的就是使这种本性和本能顺利地得到发展。

（二）社会本位论

代表人物：中国古代的孔子和国外的斯宾塞、涂尔干、孔德等。

主要观点：主张确定教育目的不应该从人的本性需要出发，应该从社会需要出发，社会需要是确定教育目的的唯一依据。

（1）个人的发展有赖于社会，没有社会需要就谈不上个人的教育和发展。

（2）教育除社会目的之外，没有其他目的。

（3）教育成果只能以社会功能来衡量。

这种教育目的观十分重视教育目的的社会制约性，是值得肯定的。但完全否认教育目的对个体的依存，否认教育对象对教育目的的影响，则是不可取的。

（三）教育无目的论

代表人物：美国的实用主义教育家杜威。

主要观点：主张"教育即生活"的无目的教育理论。认为教育就是社会生活本身，是个人经验的不断扩大积累，教育过程就是教育目的，教育之外再没有什么教育目的。

（四）辩证统一论

这是马克思主义的教育目的论。它主张教育是培养人的活动，教育目的要考虑人的身心发展的各个要素。给予个体充分发展的自由，并予以高度重视，但不是抽象地脱离社会和历史来谈人的发展，而是把个体的发展放在一定的历史范围之内，放在各种社会关系中考察。

三、制定教育目的的依据

（1）教育目的要反映生产力和科技发展对人才的需求。
（2）教育目的要符合社会政治经济的需要。
（3）教育目的要符合受教育者的身心发展规律。
（4）教育目的体现了人们的教育理想。
（5）我国确立教育目的的理论依据是马克思关于人的全面发展学说。

所谓人的全面发展，是指人的劳动能力，即人的体力和智力的全面、和谐、充分的发展，还包括人的道德的发展和人的个性的充分发展。

四、我国的教育目的

（一）我国教育目的的内容精神实质

1. 基本点

《中共中央国务院关于深化教育改革全面推进素质教育的决定》（中发〔1999〕9 号）中对我国的教育方针做了如下表述："实施素质教育，就是全面贯彻党的教育方针，以提高国民素质为根本宗旨，以培养学生的创新精神和实践能力为重点，造就'有理想、有道德、有文化、有纪律'的、德智体美等全面发展的社会主义事业的建设者和接班人。"

2. 基本精神

> **第十三记：德智体美劳个性，社会建设接班人。**

（1）要培养的人是社会主义事业的建设者和接班人，因此，要坚持政治思想道德素质与科学文化知识能力的统一。
（2）要求学生在德智体美劳等方面的全面发展，要求坚持脑力与体力两方面的和谐发展。
（3）适应时代要求，强调学生个性的发展，培养学生的创造精神和实践能力。
补充：教育目的一般包括两个方面，即为谁培养人、培养什么样的人。

（二）我国教育目的的理论基础

社会主义教育目的是以马克思主义关于人的全面发展学说作为其理论基础的。马克思的人的全面发展学说正确揭示了人的发展规律。该学说内容丰富，其要点如下：
（1）分工和私有制造成了人的片面发展。
（2）现代大工业生产要求人的全面发展。
（3）资本主义的绝对矛盾限制了人的全面发展。
（4）共产主义社会将使人的全面发展得以实现。

（5）教育与生产劳动相结合是造就全面发展的人的途径和方法。

（三）素质教育

1. 概念

素质教育是依据人的发展和社会发展的实际需要，以全面提高全体学生的基本素质为根本目的，以尊重学生的主体性和主动性、注重开发人的智慧潜能、形成人的健全个性为根本特征的教育。

2. 素质教育的内涵与特征

素质是指人在先天生理的基础上，受后天环境以及教育的影响，通过个体自身的学习、努力和社会实践，养成的比较稳定的身心发展的基本品质。概括起来，素质有遗传性、多样性、个体差异性、相对稳定性和可塑性等基本特征。

（1）素质教育的基本内涵及实质。

《中共中央国务院关于深化教育改革全面推进素质教育的决定》（以下简称《决定》）中指出：实施素质教育，就是全面贯彻党的教育方针，以提高国民素质为根本宗旨，以培养学生的创新精神和实践能力为重点，造就"有理想、有道德、有文化、有纪律"的、德智体美等全面发展的社会主义事业的建设者和接班人。这里揭示了素质教育的基本内涵和教育目的。《决定》明确指出，要以培养学生创新精神和实践能力为重点实施素质教育。《决定》赋予新时期素质教育以新的内涵。

素质教育的实质是：通过教育改革，真正实现"两全"的目标，即全面贯彻党的教育方针、全面提高教育质量，使我们的教育面向每一所学校、每一个学生和学生的每一方面发展，把以淘汰、选拔为主的应试教育变成基础性、普及性、发展性的教育。素质教育的核心和灵魂是学生创新能力的培养，或者说创新教育是素质教育的核心和灵魂，而不是与素质教育平行或并列的一种教育。

> **第十四记：全体学生、全面发展、个性发展、创新精神和实践能力**
> **（个性两全为重点）**
> **全体个性创实践，五育并举促全面（个性两全创实践）**

（2）素质教育的基本特征。

1）素质教育是面向全体学生的教育。

素质教育必须面对全体学生，对每一个学生负责，要为每一个学生的素质发展创造必要的、起码的条件。素质教育强调面向全体学生，使每名学生都有发展的机会，并且都能够得到充分发展。

2）素质教育是全面发展的教育。

全面发展的教育目的决定了全面发展教育的整体内容，德育、智育、体育、美育、劳动教育是全面发展教育的基本组成部分。

①德育。

德育是培养学生正确的人生观、世界观、价值观，使学生具有良好的道德品质和正确的政治观念，形成学生正确的思想方法的教育。

小学在德育方面的要求是：帮助学生初步了解马克思主义的基本观点和具有中国特色社会主义理论；热爱党，热爱人民，热爱祖国，热爱劳动，热爱科学；建立民主和法制的意识，养成实事求是、追求真理、独立思考、勇于开拓的思维方法和科学精神；形成社会主义的现代文明意识和道德观念；养成适应不断改革开放形势的开放心态和应变能力。

②智育。

智育是传授给学生系统的科学文化知识、技能，发展他们的智力和与学习有关的非认知因素的教育。

小学在智育方面的要求是：具有阅读、书写、表达、计算的基本知识和基本技能；了解一些生活、自然和社会常识；初步具有基本的观察、思维、动手操作和自学的能力；养成良好的学习习惯。

③体育。

体育是授予学生健康的知识、技能，发展他们的体力，增强他们的自我保健意识和体质，培养参加体育活动的需要和习惯，增强其意志力的教育。

小学在体育方面的要求是：初步养成锻炼身体和讲究卫生的习惯；培养学生对体育运动的兴趣；具有健康的身体。

④美育。

美育是培养学生健康的审美观，发展他们鉴赏美、创造美的能力，培养他们的高尚情操与文明素养的教育。

小学在美育方面的要求是：第一，提高学生感受美的能力，即对自然、社会中存在的现实美，对艺术作品的艺术美的感受能力。提高学生感受美的能力，从根本上说是提高人的整体性的精神素养。第二，培养学生鉴赏美的能力，即具有美学的基础知识，具有分辨美与丑、文与野、优与劣的能力，具有区分美的程度和种类的能力，懂得各种类型美的特性与形态的丰富性，领悟美所表达的意蕴和意境，从而达到"物我同一"的审美境界，并使人格与性情得到陶冶。第三，形成学生创造美的能力。创造美的能力既包括艺术美的创造，也包括生活美的创造。形成学生创造美的能力是美育的最高层次的任务。

⑤劳动技术教育。

劳动技术教育是引导学生掌握劳动技术知识和技能，形成劳动观点和习惯的教育。

小学在劳动技术教育方面的要求是：初步学会生活自理；会使用简单的劳动工具；养成爱劳动的习惯。

总之，德育、智育、体育、美育、劳动技术教育关系密切，相互促进，相互制约，在人的全面发展中缺一不可。因此，为了培养社会主义事业的建设者和接班人，我们要坚持政治思想道德素质与科学文化知识能力的统一；要求学生在德、智、体等方面全面发展，要求坚持脑力与体力两方面的和谐发展；要求所培养的学生能适应时代要求，要强调学生个性的发展，培养学生的创造精神和实践能力。

3. 素质教育是促进学生个性发展的教育

素质教育是全面发展的教育，是从教育对所有学生的共同要求的角度来看的。强调全面发展并不排斥个性发展，促进学生个性的全面和谐发展是现代教育思想重要的内容之一。

素质教育强调要把学生的全面发展与个性发展结合起来，既充分重视学生共性的发展，对学生的基本方面的发展有统一要求，在此基础上重视学生的个别差异，做到因材施教，为优秀人才的脱颖而出创造条件。在出人才的问题上，要鼓励和支持冒尖，鼓励和支持当"领头雁"，鼓励和支持一马当先，这不是提倡搞个人突出、个人英雄主义，而是合乎人才成长规律的必然要求。必须坚决克服用"一个模子"来铸造人才的倾向。

4. 素质教育是以培养创新精神为重点的教育

创新精神是一个民族进步的灵魂，是国家兴旺发达的不竭动力，作为国力竞争基础工程的教育，必须培养具有创新精神和创新能力的新一代人才。

（1）创新精神不仅是一种智力特征，更是一种人格特征、一种精神状态。

创新能力离不开智力因素，更需要大量具体的知识积累，但创新能力绝不仅仅是智力活动，它是一种发现问题、积极探求、积极进取的心理倾向，是一种积极改变自己并改变环境的应变能力。

（2）创新精神与创新能力相辅相成。

创新精神是创新能力发展的内在动力，并引导创新能力发展的趋向。社会的快速发展和科技的飞速进步要求每个人必须具备创新精神和创新能力，以适应多样和多变的社会。因此，培养创新精神和创新能力已成为教育活动的根本追求，成为素质教育的核心内容。

（3）重视创新能力的培养，也是现代教育与传统教育、素质教育与应试教育的根本区别所在。

素质教育与应试教育的对比

区别点	应试教育	素质教育
教育对象	主要面向少数学生，忽视大多数学生	面向全体学生
教育目的	偏重知识传授，忽视德育、体育、美育等方面	德、智、体、美、劳全面发展
能力培养	只重视技能训练，忽视能力培养	重视各种能力的培养
教学方法	死记硬背和机械重复训练为主，课业负担过重	启发式、探索式教学
学生评价	筛选性评价，以考试成绩作为衡量唯一标准	发展性评价，评价方式多元
教学内容	教学内容较难，过于偏重学科体系，忽视了综合性及应用性内容，脱离了实际生活等	教学内容结合学生经验，联系实际，重视综合
师生关系	师道尊严	尊师爱生、民主平等
根本区别	选拔性考试	培养性考试

第二节　学校教育制度

一、教育制度的概念

教育制度是指一个国家各级各类实施教育的机构体系及其组织运行的规则。它包括相互联系的两个基本方面：一是各级各类教育机构与组织；二是教育机构与组织体系赖以存在和运行的一套规则。现代教育制度的核心部分是学校教育制度。

学校教育制度简称学制，是指一个国家各级各类学校的教育系统，它具体规定各级各类学校的性质、任务、入学条件、修业年限以及它们之间的关系。一般而言，学校教育制度由三个基本要素构成，即学校的类型、学校的级别和学校的结构。

二、建立学制的依据

（1）学校教育制度的建立首先取决于社会生产力发展的水平和科学技术发展的状况。

（2）学校教育制度的建立受社会制度的制约，反映一个国家教育方针的要求。

（3）学校教育制度的建立还要考虑到人口状况。

（4）学校教育制度的建立要依据青少年儿童的年龄特征。

（5）学校教育制度的建立要吸取原有学制中的有用部分，参照外国学制的经验。

三、学校教育制度在形式上的发展

学校教育制度经历了从非正式教育到正式非正规教育，再从正式非正规教育到正规教育的演变

  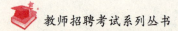

过程。正规教育的主要标志是近代以学校系统为核心的教育制度，又称制度化教育。

以制度化教育为参照，之前的教育都归为前制度化教育，之后的则称为非制度化教育。因此教育制度的发展经历了从前制度化教育到制度化教育再到非制度化教育的过程。

形式	内容
前制度化教育	前制度化教育始于与社会同一的人类早期教育，终于定型的形式化教育，即实体化教育
制度化教育	近代学校系统的出现，开启了制度化教育的新阶段。制度化教育主要是指正规教育，制度化的教育指向形成系统的各级各类学校。中国近代制度化教育兴起的标志是清朝末年的"废科举，兴学校"
非制度化教育	库姆斯等人陈述的非正规教育的概念、伊里奇所主张的非学校化观念都是非制度化教育思潮的代表。 提出构建学习化社会的理想正是非制度化教育的重要体现。 非制度化教育的理想是"教育不应再限于学校的围墙之内"

（一）前制度化教育

前制度化教育始于与社会同一的人类早期教育，终于定型的形式化教育，即实体化教育。

教育实体的出现，意味着教育形态已趋于定型。教育实体的产生是人类文明的一大进步，它属于形式化的教育形态。它的形成或多或少具有以下特点：（1）教育主体确定；（2）教育对象相对稳定；（3）形成系列的文化传播活动；（4）有相对稳定的活动场所和设施等；（5）由以上因素结合而形成的独立的社会活动形态。当形式化的教育实体的特点比较稳定并形成教育的简单要素时，教育初步定型。因此，教育实体化的过程是形式化的教育从不定型发展为定型的过程。

（二）制度化教育

近代学校系统的出现，开启了制度化教育的新阶段。从 17 世纪到 19 世纪末，各资本主义国家纷纷建立起近代学校教育系统，大致说来，严格意义上的学校教育系统在 19 世纪下半叶已经基本形成。教育实体从简单到复杂、从游离状态到形成系统的过程，正是教育"制度化"的过程，学校教育系统的形成，意味着教育制度化的形成。制度化教育主要指的是正规教育，也就是指具有层次结构的、按年龄分级的教育制度，它从初等学校延伸到大学，并且除了普通的学术性学习以外，还包括适合于全日制职业技术训练的许许多多专业课程和机构。从这一定义中我们可以发现，制度化的教育指向形成系统的各级各类学校。

中国近代制度化教育兴起的标志是清朝末年的"废科举，兴学校"，以及颁布了全国统一的教育宗旨和近代学制。中国近代教育完备的学制系统产生于 1902 年的《钦定学堂章程》（又称"壬寅学制"）以及 1903 年的《奏定学堂章程》（又称"癸卯学制"）。

正规教育主要指学校教育，包括全日制和半工半读等多种形式。1995 年颁布施行、2015 年第二次修正的《中华人民共和国教育法》第 17 条规定："国家实行学前教育、初等教育、中等教育、高等教育的学校教育制度。国家建立科学的学制系统。"

（三）非制度化教育思潮

非制度化教育是相对于制度化教育而言的，它针对的是制度化教育的弊端，但又不是对制度化教育的全盘否定。非制度化教育相对于制度化教育而言，改变的不仅是教育形式，更重要的是教育理念。库姆斯等人陈述的非正规教育的概念、伊里奇所主张的非学校化观念都是非制度化教育思潮的代表。提出构建学习化社会的理想正是非制度化教育的重要体现。

（四）现代教育制度发展趋势

由于社会生产力水平的不断提高，新的动力资源的开发和科学技术的巨大进步，给现代社会经济、政治、军事、文化带来了一系列的急剧变化。为了适应这种急剧变化，无论是发达国家还是发展中国家，都在进行学校教育制度改革，大致有以下五大趋势：加强学前教育及其与小学教育的衔接；提早入学年龄，延长义务教育年限；普通教育和职业教育朝着综合统一的方向发展；高等教育的类型日益多样化；终身教育受到普遍重视。

四、学制的形成与发展

第十五记：英法双轨苏分支，美国单轨易普及

（一）欧美现代学制的建立

现代学制最早出现在欧洲。学校的类型不断增加，体系不断完善，到 19 世纪末时，现代学制逐步形成。

现代学制有以下三种类型。

1. 西欧的双轨制

以英国的双轨制为典型代表，法国、西德等欧洲国家的学制都属于这种学制。18、19 世纪时，在社会政治、经济发展及特定的历史文化条件影响下，由古代学校演变来的、带有特权痕迹的学术性现代学校和新产生的、供劳动人民子女入学的群众性现代学校，都同时在西欧得到了比较充分的发展，于是就形成了欧洲现代教育的双轨学制，简称"双轨制"。双轨制一轨自上而下，其结构是大学（后来也包括其他高等学校）—中学（包括中学预备班）；另一轨从下而上，其结构是小学（后来是小学和初中）—职业学校（先是与小学相连的初等职业教育，后发展为和初中相连的中等职业教育）。

双轨制有两个平行的系列。这两轨既不相通，也不相接，最初甚至也不对应，因为一轨从中学开始，一轨只有小学，这样就剥夺了在群众性小学上学的劳动人民子女升入中学和大学的权利。后来，群众性小学发展到了中学，才有了初中这个相对应的部分。欧洲国家的学制都曾是这种双轨学制。

2. 美国的单轨制

美国的现代学制最初也是双轨制，但美国历史与欧洲资本主义国家的历史发展不同，因此，学术性的一轨没有充分发展，群众性的新学校迅速发展起来，从而开创了从小学直至大学、形式上任何儿童都可以入学的单轨制。这种学制有利于教育的普及，在形式上保证了任何学生都可以由小学而中学直至升入大学。

3. 苏联的"Y"型学制

"Y"型学制又称"中间型学制"，这种学制既有上下级学校间的相互衔接，又有职业技术学校横向的相互联系，形成了立体式的学制。从形态上来看，我国现行学制是从单轨学制发展而来的分支型学制。

（二）旧中国学制的建立

第十六记：壬寅制定癸卯实，壬戌新美壬子资

年份	学制	别称	内容/特点	参考国家
1902 年	壬寅学制	《钦定学堂章程》	虽制定但没颁布实施；年限长	日本
1903 年	癸卯学制	《奏定学堂章程》	第一个正式颁布实施的学制	日本
1912 年	壬子癸丑学制		第一个具有资本主义性质的学制，充实了自然科学的内容	
1922 年	壬戌学制	六三三制、新学制	规定小学六年，初高中各三年	美国

（三）新中国的学制沿革

1. 我国现行学制的结构

层次结构：我国现行学制包括幼儿教育、初等教育、中等教育和高等教育四个层次。

类别结构：我国现行学制可划分为基础教育、职业技术教育、高等教育、成人教育和特殊教育五大类。其中我国的基础教育包括学前教育和普通中小学教育。

2. 我国现行学制的类型

制度类型：五四制、六三三制、九年一贯制。

形式类型：全日制、半日制和业余制。

（四）我国当前的学制改革

第十七记：优先育人改创新，提高质量促公平（先人改革促提高）

2010 年 5 月，教育部发布的《国家中长期教育改革和发展纲要（2010—2020 年）》和《深化教育体制改革工作重点》中提出，今后十年我国教育改革发展要贯彻"优先发展、育人为本、改革创新、促进公平、提高质量"的二十字方针，即把教育摆在优先发展的战略地位，完善中国特色社会主义现代教育体系；把育人作为教育工作的根本要求，尊重教育规律和学生身心发展规律；把改革创新作为教育发展的强大动力，健全充满活力的教育体制；把促进公平作为国家基本教育政策，保障公民依法享有平等受教育的机会；把提高质量作为教育改革发展的核心任务，为国民提供更加丰富的优质教育。

五、义务教育

（一）义务教育的概念

义务教育是以法律形式规定的，适龄儿童和青少年必须接受的，国家、社会、学校和家庭必须予以保证的带有强制性的国民基础教育。

（二）义务教育的特征

义务教育具有普遍性、强制性和免费性的特征。义务教育的战略任务是均衡发展。

 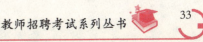

（三）义务教育的起源与发展

16 世纪欧洲宗教改革运动中，新教国家为推行宗教教育，提倡广设教育。

1619 年，德意志魏玛邦公布的学校法令规定，父母应送其 6～12 岁子女入学，否则政府可强迫其履行义务。此为义务教育的开端。

英、法、美等资本主义国家大多在 19 世纪 70 年代后实行义务教育。

根据联合国教育、科学及文化组织的有关统计资料，到 20 世纪 70 年代末 80 年代初，已有近 60 个国家实施义务教育。各国实施义务教育的年限长短，大体是由该国的经济发展水平和文化教育程度决定的。

中华人民共和国成立后，初期起临时宪法作用的《中国人民政治协商会议共同纲领》及以后正式颁行的国家宪法中，都明确规定公民有受教育的权利和义务。

1985 年 5 月 27 日公布的《中共中央关于教育体制改革的决定》中指出，义务教育，即依法律规定适龄儿童和青少年都必须接受，国家、社会、家庭必须予以保证的国民教育，为现代生产发展和现代生活所必需，是现代文明的一个标志。

1986 年 4 月 12 日，第六届全国人民代表大会第四次会议通过《中华人民共和国义务教育法》，其中规定：国家实行九年制义务教育。要求省、自治区、直辖市根据本地区经济、文化发展状况，确定推行义务教育的步骤。该法于同年 7 月 1 日起施行，这是中华人民共和国成立以来最重要的一项教育法，标志着中国已确立了义务教育制度。2015 年 4 月 24 日第十二届全国人民代表大会常务委员会第十四次会议修正了《义务教育法》。

（四）《义务教育法》的立法依据与宗旨

1.《义务教育法》的立法依据

我国《义务教育法》的立法依据可以概括为以下两个方面：

（1）我国《宪法》中有关公民受教育的基本权利和义务的规定以及国家发展社会主义教育事业原则的规定是制定《义务教育法》的法律依据。

（2）我国现阶段社会主义建设与发展的实际需要、现阶段发展教育的现实条件是制定《义务教育法》的现实依据。

2.《义务教育法》的立法宗旨

《义务教育法》第一条规定："为了保障适龄儿童、少年接受义务教育的权利，保证义务教育的实施，提高全民族素质，根据宪法和教育法，制定本法。"由此可以看出《义务教育法》的立法宗旨。

六、终身教育

"终身教育"这一术语是 1965 年在联合国教科文组织主持召开的成人教育促进国际会议期间，由联合国教科文组织成人教育局局长保罗·朗格朗正式提出的。

终身教育并不是一个教育体系，而是建立一个体系的全面的组织所根据的原则，这个原则又是贯穿在这个体系的每个部分的发展过程之中。对于终身教育比较普遍的看法是，终身教育是"人们在一生中所受到的各种培养的总和"，它指开始于人的生命之初，终止于人的生命之末，包括人发展的各个阶段及各个方面的教育活动。它既包括纵向的一个人从婴儿到老年期各个不同发展阶段所受到的各级各类教育，也包括横向的从学校、家庭、社会各个不同领域受到的教育，其最终目的在于"维持和改善个人社会生活的质量"。

终身教育的三个基本术语：终身、教育、生活。

终身教育的特点：终身性、全民性、广泛性、灵活性和实用性。

 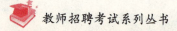

第四章

教师与学生

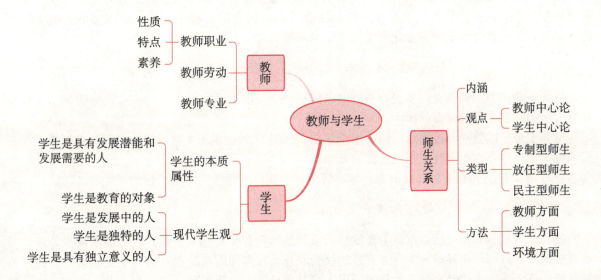

第一节　教师

一、教师的概念

教师，是传递和传播人类文明的专职人员，是学校教育职能的主要实施者。教师是学校教育工作的主要实施者，其根本任务是教书育人。

广义概念：凡是对人产生积极影响的人都可称为教师。（孔子曰：三人行，必有我师。）

狭义概念：是指实施学校教育，培养青少年一代的专门人员。

二、教师职业的产生与发展

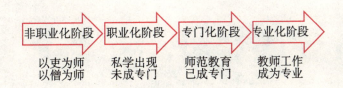

（一）教师职业的非专门化阶段

教师职业是伴随教育的产生而产生的。早在人类社会初期，教师还没有形成独立职业的时候，就存在着教的活动。我国古籍所载的伏羲氏教民以猎、神农氏教民耕种的传说，表明原始社会早期时，原始部落的首领或有生产经验的人承担了教师的职责。原始社会生产与生活中的观察模仿，原始教育中的庠序、青年之家等，都是长者为师、能者为师。

奴隶社会时期，当教育从生产劳动与日常生活中分离出来，产生了专门的教育机构——学校后，虽然有了专门从事教育活动的教师，但由于承担教师职责者多是吏或僧侣（"以吏为师""僧侣为师"），教师是一种社会官吏或僧侣兼做的工作，故由此确定，在学校产生后一个相当长的历史阶段里，教师并不是专职的，教师职业也没有成为一种独立的社会职业，教师更没有经过专业教育机构的专门训练。

从奴隶社会文化下移而兴起的私学或书院的教书先生与讲学的学者，虽以教书为谋生手段，但也只是因其掌握较多的文化知识，并不具有从教的专业技能。从奴隶社会到封建社会，社会的总体教育程度很低，能够接受教育的人数受阶级社会等级制度所限而极为有限，私学虽有，但为数不多。因此，当时教师职业的专业化程度很低，从事教师职业的人也屈指可数。

（二）教师职业的专门化阶段

教师职业由兼职到独立的发展，一方面原因是社会发展推动的结果，另一方面原因则由于社会发展所带来的独立师范教育的诞生。

世界上最早的独立师范教育机构产生于法国。1681 年，法国天主教神父拉萨尔创立了第一所师资训练学校，这是世界上独立师范教育的开始。

1897 年，盛宣怀在上海开办南洋公学，设立师范院，这是我国师范教育的开端。

（三）教师职业专业化培养模式多元化阶段

进入 20 世纪 60 年代后，世界主要发达国家的基础教育普及基本完成，教师需求总量萎缩，质量要求提高，教师职业逐渐成为令人羡慕的社会职业。在多种因素的相互作用下，独立设置的师范教育机构逐渐减少，曾经在训练教师的历史上起过举足轻重作用的师范院校逐渐并入文理学院，教师的培养任务改由综合大学的教育学院或师范学院承担。以独立设置的师范院校为主体的师范教育体系开始被师范院校、综合大学等多种教育机构共同参与教师培养的教师教育体系所取代。

中国的师范教育自中华人民共和国成立以来一直都是以独立师范院校为主体形式的发展模式。但在 21 世纪，由于中国经济的迅速发展，普及教育对教师质量提高的迫切要求以及用人市场的自由选择机制，都客观上要求改革现存封闭定向的师范教育体制，取而代之的将是一个发展模式多元并存的过渡时期。在这个不会太长的过渡时期里，中国的教师培养将主要来自三种模式：独立设置的师范院校、综合性的以培养教师为优长的大学、综合大学的教育学院或师范学院。

三、教师职业的性质

《中华人民共和国教师法》规定："教师是履行教育教学职责的专业人员，承担教书育人、培养社会主义事业建设者和接班人、提高民族素质的使命。"这一界定包含了两个方面的内容：教师职业是一种专门的职业，教师是专业人员；教师是教育者，教师职业是促进个体社会化的职业。

> 教师是太阳底下最崇高、最优越的职业。
>
> ——夸美纽斯

四、教师职业的角色

（一）教师职业的特点

教师职业的最大特点在于职业角色的多样化，具体见下表。

教师职业角色	角色阐述
传道者角色	"道之所存，师之所存也"；人类灵魂的工程师（传递社会道德、价值观）
授业解惑者	知识的传授者，帮助学生解除学习中的疑惑，启发智慧
示范者角色	教师不仅以科学的教育方法塑造学生，还要以言行影响感化学生
研究者角色	不断学习，不断更新自己的知识结构
朋友或知己	教师要在学习、生活、人生等方面给予学生指导，与学生分享忧伤与快乐
管理者角色	教育教学活动的设计者、组织者和管理者

（二）教师职业角色的更换

（1）教师是学生学习的促进者。当前学生的学习方式正在由传统的接受式学习向探究式、研究式学习转变，这就要求教师必须从传授知识的角色向教育促进者的角色转变。

（2）教师应该是教育教学的研究者。教师不仅是教学者，还应该是教育教学的研究者，要精通教学理论和分析教学理论，并可以独立完成教育行动研究。

（3）教师是课程的开发者和研究者。教师要开发教育资源，包括开发校外和校内的教育资源；教师要根据实际情况调整课程进度和结构；教师还要有设计教学活动的能力。

（4）教师应是社区型的开放教师。随着社会的发展，学校教育与社会的联系更加密切，教师的教育不再局限于学校、课堂，教师不仅是学校的教师，而且是社会的一员，所以教师应是开放型教师。

（5）教师应该是终身学习的践行者。

五、教师的职业形象

（1）教师的道德形象。教师的道德形象被视为教师的最基本的形象。
（2）教师的文化形象。教师的文化形象是教师形象的核心。
（3）教师的人格形象。教师的人格形象是学生亲近或疏远教师的首要因素。

六、教师的职业素养

教师素养是指教师旨在养成胜任教师职业所需的各种素质而进行的自觉、持续的修习涵养过程及综合发展水平。它包含两层基本含义：一是指教师为获得职业劳动所需的基本素质所进行的修习涵养活动；二是指教师为胜任职业劳动所应当具备或已经具备的各种素质的综合发展水平。它具体包括：道德素养、知识素养、能力素养、心理素养、身体素养。

第十八记：身心能知道。（身体、心理、能力、知道、道德）

（一）道德素养

（1）思想素养：包括科学的世界观、积极的人生观、崇高的职业理想。

（2）政治素养：包括教师应把马克思主义作为工作的理论基础、教师要以科学的态度对待马克思主义、教师应自觉地树立共产主义的奋斗方向。

（3）职业道德素养：是一定社会或阶级对教师职业行为的基本要求，是教师在职业活动中必须遵循的道德规范和行为准则。

《中小学教师职业道德规范》（2013 年修订）

（一）爱国守法。热爱祖国，热爱人民，拥护中国共产党领导，拥护社会主义。全面贯彻国家教育方针，自觉遵守教育法律法规，依法履行教师职责权利。不得有违背党和国家方针政策的言行。

（二）爱岗敬业。忠诚于人民教育事业，志存高远，勤恳敬业，甘为人梯，乐于奉献。对工作高度负责，认真备课上课，认真批改作业，认真辅导学生。不得敷衍塞责。

（三）关爱学生。关心爱护全体学生，尊重学生人格，平等公正对待学生。对学生严慈相济，做学生良师益友。保护学生安全，关心学生健康，维护学生权益。不讽刺、挖苦、歧视学生，不体罚或变相体罚学生。

（四）教书育人。遵循教育规律，实施素质教育。循循善诱，诲人不倦，因材施教。培养学生良好品行，激发学生创新精神，促进学生全面发展。不以分数作为评价学生的唯一标准。

（五）为人师表。坚守高尚情操，知荣明耻，严于律己，以身作则。衣着得体，语言规范，举止文明。关心集体，团结协作，尊重同事，尊重家长。作风正派，廉洁奉公。自觉抵制有偿家教，不利用职务之便谋取私利。

（六）终身学习。崇尚科学精神，树立终身学习理念，拓宽知识视野，更新知识结构。潜心钻研业务，勇于探索创新，不断提高专业素养和教育教学水平。

（二）知识素养

（1）教师的学科专业素养：精通所教学科的基础性知识和技能；了解与该学科相关的知识；了解学科的发展脉络；了解该学科领域的思维方式和方法论。

（2）教师的教育专业素养：具有先进的教育理念；具有良好的教育能力；教师的教育能力是教师职业的特殊要求；具有一定的科研能力。

（三）能力素养

（1）基础能力素养：智能素养（观察、思维、想象、记忆能力素养）；语言表达素养（表达能力是影响教师教育活动成效的重要因素。语言是教育工作者的重要工具，是传播知识的重要手段。因此，对教师的语言的要求是：首先，要求语言准确、明了，有逻辑性；其次，要求语言富有感情，富有感染力；最后，要求语言富有个性，能体现一名教师的独特风采）。

（2）专业能力素养：教学设计能力；组织管理能力；教育研究能力。

  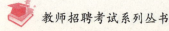

（四）心理素养

它主要包括认知素养、情感素养、意志素养。

（五）身体素养

它是指健康的身心。

七、教师劳动的特点

> **第十九记：复杂创造连广延，群个主示长期间。**

（一）教师劳动的复杂性和创造性

1. 复杂性

教师劳动的复杂性表现在：

（1）教育目的的全面性。

（2）教学任务的多样性。

（3）劳动对象的差异性。

2. 创造性

教师劳动的创造性表现在：

（1）因材施教。

（2）教学方法上的不断更新。

（3）教师需要"教育机智"。

　　教育机智：是教师在教育教学过程中的一种特殊定向能力，是指教师能根据学生新的特别是意外的情况，迅速而正确地作出判断，随机应变地采取及时、恰当而有效的教育措施解决问题的能力。教育机智是教师良好的综合素质和修养的外在表现，是教师娴熟地运用综合教育手段的能力。教育机智可以用四个词来概括：因势利导、随机应变、掌握分寸、对症下药。

（二）教师劳动的连续性和广延性

（1）教师劳动的连续性是指教师劳动在时间上的连续性。

（2）教师劳动的广延性是指教师劳动在空间上的广延性。

（三）教师劳动的长期性和间接性

　　教师劳动具有长期性，是因为教师培养学生的这个过程是一个长期而艰巨的任务，"十年树木，百年树人"就是教师劳动长期性的一个体现。教师劳动具有间接性，是因为教师本身并不直接创造财富，而是通过培养学生来实现，学生创造了财富，间接也等于教师创造了财富。

（四）教师劳动的主体性和示范性

　　教师劳动具有主体性，是因为教师作为整个教学活动的教学主体，本身就是一个教育影响，其一言一行都会在无形之中影响到学生，教师必须将自身的理论知识熟记于心，才可以传授给学生。教师劳动具有示范性，是由于学生具有向师性，教师的言行举止、人格、才学都是学生学习的榜样，这就要求教师做到为人师表、以身作则。

（五）教师劳动方式的个体性和劳动成果的群体性

教师劳动的劳动方式具有个体性，是因为教师的教育教学活动主要是通过一个个教师的个体劳动来完成的，从劳动手段上来看，教师的劳动主要是以个体劳动的形式进行的。教师劳动的劳动成果具有群体性，是因为教师的劳动成果是集体劳动和多方面影响的结果。比如说，一个学生高考考上了重点学校，不能说是某一个教师一个人的劳动成果，而是所有教他的老师的劳动的共同成果。

八、教师威信

（一）教师威信的概念及分类

教师威信是指教师在学生心中的威望和信誉。教师威信有两种：一种是权力威信；另一种是信服威信。应追求后者而非前者。教师威信实质上反映了一种良好的师生关系。

教师威信的结构：人格威信、学识威信、情感威信。

（二）建立教师威信的途径

（1）培养自身良好的道德素质（基本条件）。
（2）培养良好的认知能力和性格特征（必需的心理品质）。
（3）注重良好仪表、风度和行为习惯的养成。
（4）给学生以良好的第一印象。
（5）做学生的朋友和知己。

九、教师专业发展的概念、 阶段和途径

教师专业发展是指教师作为专业人员，在专业思想、专业知识、专业能力等方面不断发展和完善的过程，即教师从专业新手到专家型教师的发展过程。

（一）教师专业发展的途径

（1）教师专业发展的目标：提高专业素质。
（2）教师专业发展的途径：师范教育、新教师的入职辅导、在职培训、自我教育。

（二）教师专业发展的阶段

1. 三阶段发展观

福勒和布朗根据教师所关注的焦点问题，把教师的发展分为三个阶段：关注生存阶段、关注情境阶段、关注学生阶段，每个阶段都有不同的发展特征。

（1）关注生存阶段。处于这一阶段的教师，非常关注自己的生存适应性，他们经常关心的问题是：学生喜欢我吗？同事们怎么看我？领导是否觉得我干得不错等。

（2）关注情境阶段。在这一阶段，教师所关注的是如何教好每一堂课的内容，他们总是关心诸如班级大小、时间的压力和核对材料是否充分等与教学情境有关的问题。

（3）关注学生的阶段。在这一阶段，教师将考虑学生的个别差异，认识到不同发展水平的儿童

有着不同的社会和情感需要。

2. 五阶段发展观

伯林纳认为教育专长的发展过程包括以下五个阶段：

（1）新手阶段。新手阶段是教师获取教学所需知识和技能的阶段。

（2）熟练阶段。在这一阶段中，教师将自己的实践经验与所学的知识逐步联系起来，并能找出不同情景中的一些相似性，而且有关情景知识也在增加。

（3）胜任型阶段。在这一阶段有两个特点：一是对要做的事情有明确的选择。这时个体做事有主次之分，能够依计划办事，有确定的目标，并能选择最合适的方式达到目的。二是在操作某项技能时，能够决定哪些环节是重要的，哪些环节是不重要的，依据经验，他们知道应关注什么、应忽略什么。

（4）业务精干阶段。这一阶段的教师具有较强的直觉判断能力，教学技能接近了自动化的水平，教学行为已经达到了快捷、流畅和灵活的程度。

（5）专家阶段。这一阶段的教师对教学情景不但有直觉的把握，而且能以非分析性、非随意性的方式，理智地作出合适的反应。他们的行为表现流畅、灵活，不需要刻意加工。观察教学情景和处理事务是非理性的，教学技能完全自动化。

发展观	代表人物	核心观点
三阶段发展观	福勒 布朗	根据教师所关注的焦点问题，把教师的发展分为三个阶段：关注生存阶段、关注情境阶段、关注学生阶段，每个阶段都有不同的发展特征
五阶段发展观	伯林纳	认为教育专长的发展过程包括五个阶段：新手阶段、熟练阶段、胜任型阶段、业务精干阶段、专家阶段

第二节　学生

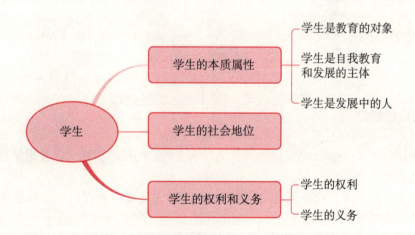

一、学生的本质属性

（一）学生是具有发展潜能和发展需要的人

1. 学生是人

（1）学生是能动的主体。

（2）学生是具有思想感情的个体。

（3）学生具有独特的创造价值。

2. 学生是发展中的人，具有发展的可能性和发展的需要

（1）学生具有与成人不同的身心特点。

（2）学生具有发展的可能性与可塑性，可能性与可塑性转变为现实的条件是个体与环境的相互作用。

（3）学生是具有发展需要的人。

（4）学生具有获得成人教育关怀的需要。

（二）学生是教育的对象

（1）学生以学习为主要任务。

（2）学生在教师的指导下学习。

（3）学生所参加的是一种规范化的学习。

二、现代学生观

现代学生观的主要观点是：学生是独特发展独立人（发展的人、独特的人、独立意义的人）。

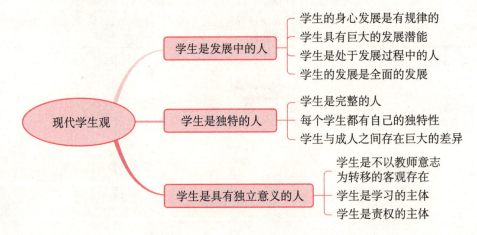

三、学生的社会地位

1989 年 11 月 20 日联合国大会通过的《儿童权利公约》的核心精神，正是出于对青少年儿童的社会权利主体地位的维护。

这一精神的基本原则是：（1）无歧视原则；（2）尊重儿童尊严原则；（3）尊重儿童观点与意见原则；（4）儿童利益最佳原则。

记忆：两个尊重，无关利益。（观点意见无歧视，利益最佳和尊严）

中小学生是在国家法律认可的各级各类中等或初等学校或教育机构中接受教育的未成年公民。

对中小学生身份的定位从以下三个层面进行：

第一个层面：中小学生是国家公民。

第二个层面：中小学生是国家和社会未成年的公民。

第三个层面：中小学生是接受教育的未成年公民。

由此可见，中小学生是在国家法律认可的各级各类中等或初等学校或教育机构中接受教育的未成年公民。

四、学生的权利和义务

（一）学生的权利

学生是权利的主体，享有法律所规定的各项社会权利。许多国家都对未成年学生所享有的权利作了具体的规定。我国作为《儿童权利公约》的缔约国之一，在履行公约的同时，在一系列的相关法律、法规和政策中也对青少年享有的权利作出了特别的规定。如《中华人民共和国宪法》《中华人民共和国婚姻法》《中华人民共和国教育法》《中华人民共和国义务教育法》《中华人民共和国未成年人保护法》等法律中均有相关规定。这些规定中，未成年学生享有以下主要权利。

1. 人身权

人身权是公民权利中最基本、最重要、内涵最为丰富的一项权利。由于未成年学生处于身心发展的关键时期，因此，国家除了对未成年学生人身权进行一般保护外，还对未成年学生的身心健康权、人身自由权、人格尊严权、隐私权、名誉权、荣誉权等进行特殊保护。

（1）身心健康权包括保护未成年学生的生命健康、人身安全、心理健康等内容。如合理安排学习时间和作业量、合理安排学生的体育锻炼、定期组织身体检查；安排有利于学生身心健康的社会活动等。

（2）人身自由权指未成年学生有支配自己人身自由和行动的自由，非经法定程序，不受非法拘禁、搜查和逮捕，如教师不得因为各种理由随意对学生进行搜查，不得对学生关禁闭。

（3）人格尊严权指学生享有受他人尊重，保持良好形象及尊严的权利，如教师不得对学生进行谩骂、变相体罚或其他有侮辱学生人格尊严的行为。

（4）隐私权指学生有权要求私人的、不愿或不便让他人获知或干涉的、与公共利益无关的信息或生活领域，如教师不得随意宣扬学生的缺点或隐私，不得随意私拆、毁弃学生的信件、日记等。

（5）名誉权和荣誉权指学生有权享有大家根据自己日常生活行为、作风、观点和学习表现而形成的关于其道德品质、才干及其他方面的正常的社会评价，有权根据自己的优良行为而由特定社会组织授予积极评价或称号，他人不得歪曲、诽谤、诋毁或非法剥夺。

2. 受教育的权利

受教育权是学生最主要的权利。我国一系列的法律都对此作出了规定。《义务教育法》规定："凡具有中华人民共和国国籍的适龄儿童、少年，不分性别、民族、种族、家庭财产状况、宗教信仰等，依法享有平等接受义务教育的权利，并履行接受义务教育的义务。"

（二）学生的义务

中小学生作为法律的主体，在享有法律规定的各项权利的同时，也必须履行法律规定的各项义务。《中华人民共和国教育法》中规定，学生应尽的义务有：一是遵守法律、法规；二是遵守学生行为规范，尊敬师长，养成良好的思想品德和行为习惯；三是努力学习，完成规定的学习任务；四是遵守所在学校或者其他教育机构的管理制度。

第三节　师生关系

师生关系是指学生和教师在教育、教学活动中结成的相互关系，包括彼此所处的地位、作用和相互对待的态度。学校的教育活动是师生双方共同的活动，是在一定的师生关系维系下进行的。因此，良好的师生关系是教育教学活动取得成功的必要保证。

师生关系从本质上讲是一种人与人的关系。师生关系是教育活动过程中人与人关系中最基本、最重要的关系。

以"师"为中心的代表人物：赫尔巴特。

以"生"为中心的代表人物：杜威。

一、师生关系的构成

（一）教学上的授受关系

（1）从教育内容的角度来说，教师是传授者，学生是接受者。

（2）学生主体性的形成，既是教育的目的，也是教育成功的条件。

（3）对学生指导、引导的目的是促进学生的自主发展。

（二）人格上的平等关系

（1）学生作为一个独立的社会个体，在人格上与教师是平等的。

（2）严格要求的民主的师生关系，是一种朋友式的友好帮助的关系。

（三）社会道德上的相互促进关系

师生关系在社会道德上是相互促进的关系。

首先，师生关系从本质上讲是一种人-人关系，但这种关系在现今的学校教育中被异化为人物关系，使师生关系变得机械而毫无生气。

其次，教师对学生的影响不仅是知识和智力上的影响，更是思想和人格上的影响。

二、师生关系的类型/模式

（1）专制型：这一类型的师生关系模式是以命令、权威、疏远为其心态和行为特征的。

（2）放任型：这一类型的师生关系模式是以无序、随意、放纵为其心态和行为特征的。

（3）民主型：这一类型的师生关系模式是以开放、平等、互助为其主要心态和行为特征的。教师在教室内以民主的方式教学，重视集体的作用，与学生共同计划、共同讨论，帮助学生设立目标，指引学生对照目标进行学习。

三、如何构建良好的师生关系

（一）建立新型的师生观

教育者持有不同的教育观、不同的师生观，会培养出不同的学生。

传统的"师道尊严"的师生关系，在管理上表现为"以教师为中心"的专制型师生关系，必然导致学生的被动性和消极态度，造成师生关系紧张，学生的人格得不到尊重，学生的自主意见与自主思想得不到重视。

（二）树立教师威信

教师的威信包括威望和信誉两部分。教师通过自身高尚的品德、渊博的知识、高超的教学水平

  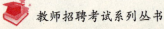

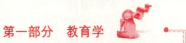

等方面所表现出来的能使人心悦诚服的力量或敬畏的影响力才算是教师的威信。教师要在学生中树立威信，要注意以下方面：

（1）要有良好的人格魅力和高尚的品德修养。

（2）要对学生严格要求。

（3）要拥有渊博的知识和高超的教学技能。

（三）善于和学生交往

作为教师，要深入学生的精神世界，真正做到理解学生、欣赏学生、善待学生。新型的师生关系中，教师和学生在人格上应该是平等的，在交往活动中是民主的。

（四）发扬教育民主，倾听学生的意见

民主与平等的师生关系是提高教育教学质量的需要，也是缩小师生间的心理差距、构建和谐师生关系的需要。每位教师在自己的教育教学实践中，都要有充分的民主意识，虚心听取学生的意见，积极采纳学生的合理化建议。

第五章 课程

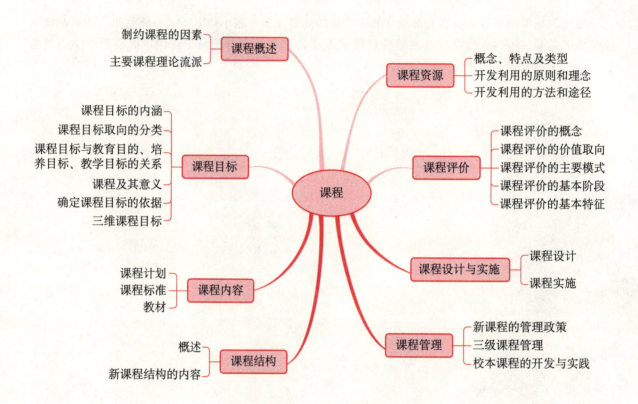

第一节　课程概述

课程是学校教育的基础，课程改革是当代教育改革的核心。

一、课程的概念

"宽著期限，紧著课程"，朱熹第一次使用了"课程"这一概念。从概念上来说，课程有广义和狭义之分。

广义的课程是指学生在校期间所学内容的总和及进程安排。

狭义的课程特指某一门学科。

我们所研究的课程是广义上的，是各级各类学校为了实现培养目标而规定的学习科目及其进程的总和。其一般概念主要涉及：

（1）是某一类学校中所要进行的德、智、体全部教育内容的总和。

（2）不仅包括各门学科、课内教学，也包括课外活动、家庭作业和社会实践活动。

（3）课程兼有计划、途径、标准的含义。它不仅规定了各门学科的目的、内容及要求，而且规定了各门学科设置的程序、课时分配、学年编制和学周安排。

二、课程理论的发展

第一个进入人们视野的真正课程问题，是由斯宾塞于1859年提出的"什么知识最有价值"的问题。这是课程问题明确化的开端。斯宾塞认为："在能够制定一个合理课程之前，必须确定最需要知道些什么东西……必须弄清楚各种知识的比较价值。"他讲究知识的价值，注重人的社会生活对于科学知识的需求，是非常有意义的，但是他把课程仅仅看成科学知识，则有所偏颇。

1902年杜威发表的《儿童与课程》是影响深远的现代课程理论的开创性著作。在书中，杜威用动态的知识观来阐释儿童现有经验与课程之间的联系。

三、课程类型

（一）学科课程与活动课程

按照课程内容的属性，可以把课程分为学科课程与活动课程，学科课程主要是学习间接经验，活动课程则主要是学习直接经验。

1. 学科课程

学科课程主要是从各学科领域中精选的部分内容，按照该领域的逻辑结构构成的知识体系。在教育史上，绝大部分教育家主张学校教育以学科为本，其代表人物是赫尔巴特和斯宾塞，人们称他们为学科课程论者。学科课程论者认为，各学科的知识、体系反映了客观事物的基本规律，学校教育应按照各学科分别组织教学，教学以知识为中心。

学科课程具有以下三方面的显著优点：

（1）学科课程是从各文化领域精选的基本知识，有利于学生的认识水平在短时间内达到历史文化高度。

（2）学科课程能有效地保证学习的逻辑性、系统性和整体性，能深化学生对某一专门领域的认识，培养其专业素养。

（3）学科课程有利于教师的传授，有助于学生学习和巩固知识。

学科课程也有以下明显的缺陷：

（1）学科课程的内容是前人获得的经验，教学过程又主要是课堂讲授，不利于学生对知识和经验产生深刻体验。

（2）学科课程的知识是预先结合各方面因素设定好的，变通性较差，不容易照顾到学生的需要、兴趣和爱好。

（3）学科课程的教学注重知识的积累，关注学生学习的结果，而不重视学生学习过程和学习方法的培养。

2. 活动课程

活动课程是关注学生兴趣、动机和时间，体现学习者中心的一种课程形态。活动课程正式规范

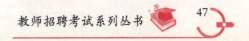

化，并在教育领域真正成为一种重要的课程形态是从杜威开始的。杜威基于自己的经验主义哲学指出："教育就是经验的改造或改组。这种改造或改组，既能增加经验的意义，又能提高指导后来经验进程的能力。"而经验与个体的兴趣紧密相连，杜威区分了学生的四种兴趣类型，并主张学校相应地开设有利于满足学生不同兴趣的活动。杜威的课程理论影响着西方甚至世界的学校教育实践，活动课程此后成为许多国家重要的课程形态。

活动课程具有以下优点：

（1）有利于满足儿童的兴趣、需要，关照儿童的学习心理过程。

（2）有利于加强教育与社会以及学生生活的联系。

（3）有利于学生动手实践能力的培养和问题解决能力的提高。

活动课程也有以下明显的不足：夸大了儿童个人的经验，忽视了知识本身的逻辑顺序，不利于系统的知识学习。

当前，我国新一轮课程改革考虑到过去只是重视学科课程而忽视活动课程的弊端，开始从小学三年级到高中开设综合实践活动，并作为国家课程、必修课程存在。

（二）分科课程与综合课程

按照课程的组织方式，课程可分为分科课程和综合课程。

1. 分科课程

分科课程是从某一学科领域选择知识，并按照学科知识的逻辑结构加以组织的课程形态。分科课程的种类与科学知识分化情况密切相关。

分科课程的优点是比较明显的，它有利于深化学生对某一领域的理解，能够培养学生的专业素养。但其缺点也不可忽视：分科课程不利于培养学生综合的知识素养，同时造成学习任务繁重。

2. 综合课程

综合课程是指打破传统分科课程的知识领域，组合两个或两个以上的学科领域构成的课程。根据综合程度，综合课程可以分为以下几种：

（1）相关课程，就是在保留原来学科独立性的基础上，寻找两个或多个学科之间的共同点，使这些学科的教学顺序能够相互照应、相互联系、穿插进行。

（2）融合课程，也称合科课程，就是把部分科目统合兼并于范围较广的新科目，选择对学生有意义的论题或概括的问题进行学习。

（3）广域课程，就是合并数门相邻学科的教学内容而形成的综合性课程。

（4）核心课程，这种课程是围绕一些重大的社会问题组织内容，又被称为问题中心课程。

上述课程中的前三种课程都是对学科领域的基础性知识进行综合的课程形式，它们打破了原有的学科界限，是旧的学科课程的改进和扩展；核心课程则是以解决实际问题的逻辑顺序为主线来组织教学内容的课程。

综合课程有以下显著的优点：

（1）打破了学科界限，有利于培养学生对事物的整体认识能力。

（2）减少了课程的门类，有利于减轻学生的负担。

（3）从生活、社会的实际出发，具有较强的实践性，有利于培养学生分析问题、解决问题的能力和动手能力。

当前，我国基础教育课程改革根据综合课程和分科课程的特点，建构了新型的课程结构。在1~6年级主要是综合课程，7~9年级采用综合和分科并举的方式，10~12年级主要是分科课程。

（三）国家课程、地方课程和学校课程

根据课程管理、开发主体的不同，课程可分为国家课程、地方课程和学校课程。

1. 国家课程

国家课程是由中央教育行政机构编制和审定的课程，其管理权属于中央级教育机关。国家级课程是一级课程。它编订的宗旨是保证国家确定的普通教育的培养目标和普通教育的世界先进水准，规定学生应掌握的基础知识和基本能力。国家课程的编制往往采用"研制—开发—推广"的开发模式，实施"中央—外围"即自上而下的政策，以确保一个国家所实施的课程能够达到统一、共同的质量。

2. 地方课程

地方课程是指由省、自治区、直辖市教育行政机构和教育科研机构编订的课程，属二级课程。其编订宗旨是补充、丰富国家级课程的内容或编订本地区需要的教材。它既可以安排学科类课程，也可以安排各种活动；既可以安排必修课，也可以开设选修课。地方课程总体上实行"以省为主、分级管理、社会参与"的体制。

3. 学校课程

学校课程也称校本课程，是指在实施国家课程和地方课程的前提下，通过对本校学生的需求进行科学评估，充分利用当地社区和学习的课程资源而开发的多样性的、可供学生选择的课程。学校课程通常以选修课或特色课的形式出现，其开发可分为新编、改编、选择和单项活动设计等。校本课程的开发主体为学校教师，是国家课程的重要补充。

国家课程能体现国家的利益和价值取向，地方课程能兼顾不同地区、政治、文化、经济的多样性，校本课程能满足不同学校的特点和学生多样化的需求。因此，当前世界各国课程改革在三类课程的设置上出现了从一元到多元转化的趋势。

我国在1992年以前只有国家课程，造成各地学校对统一的课程不适应的弊端。1992年开始在高中阶段推行地方课程。这次新课程改革，将课程管理开发权限进一步下放，在基础教育阶段实施三级课程管理方式，构建国家、地方、学校三级课程体系。

（四）基础型课程、拓展型课程、研究型课程

根据课程的任务，课程可分为基础型课程、拓展型课程、研究型课程。

1. 基础型课程

基础型课程注重学生基础学力的培养，即培养学生作为一个公民所必需的以"三基"（读、写、算）为中心的基础教养，是中小学课程的主要组成部分。

2. 拓展型课程

拓展型课程注重拓展学生的知识与能力，开阔学生的知识视野，发展学生各种不同的特殊能力，并迁移到其他方面的学习。例如：教育与拓展学生文化素质的文化素养课程和艺术团队活动，都属于拓展型课程。拓展型课程常常以选修课的形式出现，有较大的灵活性。

3. 研究型课程

研究型课程注重培养学生的探究态度和能力。这类课程可以提供一定的目标、一定的结论，而获得结论的过程和方法则由学生自己组织，自己探索、研究，引导学生形成研究能力与创新精神。

（五）必修课程与选修课程

根据学习的要求，课程可分为必修课程和选修课程。

1. 必修课程

必修课程是指国家、地方或学校规定学生必须学习的课程。

2. 选修课程

选修课程是指学生根据自己的兴趣、学术取向和职业需要而自由选择的课程。在基础教育中，1～6年级和7～9年级的选修课程集中在校本课程，10～12年级选修课程的表现形式则比较多样。

为了有效实施选修课程，当前我国10～12年级教育开始试行学分制度。

分类的依据/标准	课程类型
课程的固有属性	学科（分科）课程、活动（经验）课程
课程的组织方式	分科课程、综合课程
课程设计、开发和管理的主体	国家课程（一级）、地方课程（二级）、校本课程（三级）
课程任务	基础型课程、拓展型课程、研究型课程
课程的实施计划（对学生学习要求）	必修课程、选修课程
课程的表现形式	显性课程、隐性课程（区别：预期性）

四、制约课程的主要因素

（1）一定历史时期社会发展的要求及提供可能（社会需求）。
（2）一定时代人类文化及科学技术发展水平（学科知识水平）。
（3）学生的年龄特征、知识与技能的基础及可接受性（学习者的身心发展需求）。
总的来说，社会、知识、儿童是制约学校课程的三大因素。

五、主要课程理论流派

（一）知识中心课程论

1. 基本观点

知识中心课程论又称学科中心课程论，这一课程流派认为，知识是前人获得的关于世界正确的认识，知识的学习有助于学习者快速地提升自我的认识能力，有效地为未来的生活做准备。因此，学校的课程应该从人类已经获得的各领域的认识中进行选择，并分门别类地加以组织，形成有系统、有逻辑的教学科目。

在教育史上，有代表性的知识中心课程理论有：布鲁纳的结构主义课程理论、巴格莱的要素主义课程理论、夸美纽斯的泛智主义课程理论以及斯宾塞的实用主义课程理论。

2. 评价

优点：按学科中心课程理论编制课程，有利于传授系统的科学知识，继承人类文化遗产；重视学生对知识的系统学习，便于学生对知识的掌握与运用；受到悠久传统的支持，大多数教师对此习惯；课程的构成比较简单，易于评价。

局限：以学科为中心编制课程，容易把各门知识割裂开来，不能在整体中、联系中进行学习；编制的课程完全从成人的生活需要出发，不重视甚至忽视儿童的兴趣和需要，不利于因材施教，容易导致理论与实践脱节，不能学以致用；各学科容易出现不必要的重复，增加学生的学习负担。

（二）学生中心课程理论

1. 基本观点

学生中心课程理论也称儿童中心课程理论，它具有实用性、综合性、实践性等特点，是以儿童的现实生活特别是活动为中心来编制课程的理论，因此，这种课程理论又称活动课程理论。学生中心课程论强调，教育首先要考虑的是学习作为人的基本需要，凸显教育对人的发展功能。因此，学校的课程应该以学习者发展的需要和特征为出发点，以追求人的和谐发展为目标，课程应使人的本

  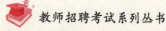

性、人的尊严、人的潜能在教育过程中得到发展。学校课程的选择应从人的需要出发，而不是从学科逻辑出发。

这一流派比较有代表性的理论有以卢梭、裴斯泰洛奇和福禄贝尔为代表的浪漫自然主义经验课程理论、杜威等人的经验自然主义课程理论以及马斯洛、罗杰斯等人的人本主义课程理论。

2. 评价

优点：重视学生学习活动的心理准备，在课程设计与安排上满足了儿童的兴趣，具有很大的灵活性，调动了学生学习的主动性和积极性；强调实践活动，重视学生通过亲自体验获得直接经验，主动去探索，有利于培养学生解决实际问题的能力；强调围绕现实社会生活的各个领域精心设计和组织课程，有利于学生获得对世界的完整认识。

局限性：过分夸大儿童个人经验的重要性，存在很大的片面性，忽视了知识本身的内在逻辑联系与顺序，从而使课程设置有很大的偶然性和随机性，因此不能保证课程教学的连续性和系统性，只能使学生获得一些零碎、片段的知识，不能掌握系统的文化知识，降低了学生的知识水平，教育质量很难保证。因此，从表面上看它旨在发挥学生的主体性，但实质上却限制了学生主体的发展。另外，以儿童为中心，容易轻视教育的社会任务。

（三）社会中心课程论

社会中心课程论又称社会改造主义课程论，以布拉梅尔德为代表。社会中心课程论者认为，学校教育的最终目的是促使学生认识到当前社会的问题和不尽如人意的方面，提升学生反思和批判社会的能力，进而实现教育改造社会的功能。因此，课程的重点应放在当代社会的问题、社会的主要功能、学生关心的社会现象以及社会改造上，应让学生广泛地参与到社会中去，课程不应该帮助学生去适应社会，而是要建立一种新的社会秩序和社会文化。

第二节 课程目标

一、课程目标的内涵

课程目标即课程的预期效果，它直接受教育目的、培养目标的影响，是指导整个课程编制过程最为关键的准则。

课程目标与教育目标、培养目标、教学目标的关系：从教育目标到培养目标再到教学目标，它们是一个紧密联系的统一体，上一层次目标制约着下一层次的目标，而下一层次目标是上一层次目标的落实和具体化。其递进关系是：教育目标→培养目标→课程目标→教学目标。

二、确定课程目标的依据

（一）对学生的研究

学生是课程目标指向的对象，对学生的研究就是要明确教育者期望在学生身上所要达到的预期结果。它通常包括以下三方面的内容：

（1）了解学生身心发展的现状，并把它与理想的常模加以比较，确认其中存在的差距。

（2）了解学生个体的需要。

（3）了解学生的兴趣和个性差异。

 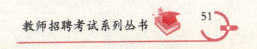

（二）对社会的研究

对社会的研究的内容极为广泛，在课程领域里通常采用的方法是把社会生活划分为若干有意义的方面，再分别对各个方面进行研究。泰勒介绍的一种可行的分类是：（1）健康；（2）家庭；（3）娱乐；（4）职业；（5）宗教；（6）消费；（7）公民。

课程编制者需要对"学校课程能够给予适当满足的社会需求"与"只有通过社会上其他各种机构的合力才能完成的社会需求"两者之间作出区分。例如，学生健康的问题，学校课程可以使学生获得必要的知识、习惯和态度，但这需要家长和社会各界的全力配合。

（三）对学科的研究

学校课程所要传递的知识很难通过其他社会经验获得，而学科是知识的最主要的支柱。由于学科专家熟悉本学科领域的基本要领、逻辑结构、探究方式、发展趋势、本学科的一般功能及其与相关学科的联系，因此，学科专家的建议是课程目标最主要的依据之一。

学生、社会、学科这三个因素是交互起作用的，对任何单一因素进行研究，其结果都不足以成为课程目标的依据来源。如果过于强调某一因素，就会走极端。

三维课程目标：知识与技能（通过情境创设、新知探究、知识应用来完成该目标）、过程与方法、情感态度与价值观。

第三节　课程内容

课程是学校教育的核心，涉及教学过程中教师教什么和学生学什么的问题。目前在我国，中小学课程主要由课程计划、课程标准、教材三部分组成。

一、课程计划

课程计划体现了国家对学校的统一要求，是编写各科课程标准和教材的主要依据；课程标准是课程计划的分学科展开，每门学科都有对应的学科课程标准；教材是课程标准的具体化，课程标准中规定的各门学科一般都有相应的教材。

1992年，国家教委在制定九年义务教育的课程计划时，把"教学计划"更名为"课程计划"。指导我国这次课程改革的《基础教育课程改革纲要（试行）》中仍用"课程计划"这一术语，把原来用的"教学大纲"改称"课程标准"。

（一）课程计划的概念

课程计划是指导和规定课程与教学活动的依据，是学校课程与教学活动的依据，也是制定分科标准、编写教科书和设计其他教材的依据。

课程计划对学校的教学、生产劳动、课外活动等作出全面安排，具体规定了学校应设置的学科、学科开设的顺序及课时分配，并对学期、学年、假期进行划分。课程计划作为教育主管部门制定的有关学校教学教育工作的指导性文件，体现了国家对学校的统一要求，是组织学校活动的基本纲领和重要依据。

（二）课程计划的构成

课程计划的基本内容由以下几个部分组成：

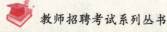

（1）指导思想。

（2）培养目标。

（3）课程设置及说明（开设哪些科目是课程计划的中心问题，应选择其中最一般的，对青年一代最必需的科学知识构成学科，纳入课程计划，含学科与科学的联系与区别）。

（4）课时安排。

（5）课程开设顺序和时间分配。

（6）考试考查制度和实施要求。

（三）义务教育阶段课程计划的特征

义务教育是根据法律规定，适龄儿童和青少年都必须接受的，国家、社会、家庭必须予以保证的国民教育。

1. 强制性

义务教育的课程计划不是普通的课程计划，它是国家实施义务教育的具体保障，其制定的依据是《义务教育法》。也就是说，义务教育的课程计划是《义务教育法》的实施计划，体现了《义务教育法》的基本精神。因此，它具有强制性。

2. 普遍性

义务教育课程计划的适用范围要比普通的课程计划宽得多，它规定的培养目标和课程设置等是针对全国绝大多数学校、绝大部分地区和绝大多数学生的，既不过高也不过低，坚持"下要保底，上不封顶"的原则。

3. 基础性

义务教育课程计划的作用就在于充分保证为学生各项素质的全面和谐发展打下良好基础。课程门类要齐全，不能重此轻彼，各门课程的课时比重要恰当。要彻底改变过去的应试教育或升学教育，使之真正成为素质教育，保证学生的素质得到全面提高。

二、课程标准

（一）课程标准的概念

学科课程标准即课程标准，是课程计划中每门学科以纲要的形式编写的、有关学科教学内容的指导性文件。它规定了学科的教学目的、任务、知识的范围、深度和结构、教学进度以及有关教学法的基本要求。课程标准是课程计划的分学科展开。

（二）课程标准的基本框架

完整的课程标准由前言、课程目标、内容标准、实施建议、附录五部分组成。

1. 前言

前言部分结合本门课程的特点，阐述课程改革的背景、课程性质、基本理念与标准的设计思路等。

2. 课程目标

课程目标按照国家的教育方针以及素质教育的要求，从"三维目标"出发阐述本门课程的总体目标与学段目标。学段的划分大致规定在1~2、3~4、5~6、7~9年级，有些课程只限在一个学段，有些课程兼两个或两个以上学段。

3. 内容标准

内容标准是根据上述课程目标，结合具体的课程内容，用尽可能清晰的行为动词阐述目标。

4. 实施建议

实施建议主要包括教与学的建议、评价建议、课程资源的开发与利用建议等。

5. 附录

附录对标准中出现的一些重要术语进行解释与说明，使使用者能更好地理解与实施标准。

（三）义务教育课程标准的特点

义务教育课程标准应适应普及义务教育的要求，让绝大多数学生经过努力能够达到，体现国家对公民素质的基本要求，着眼于培养学生终身学习的愿望和能力。

（四）课程标准对学校和教师的指导意义

（1）课程标准是国家对各门学科的教学提出的统一要求和具体规格，是国家对学校教学实行领导的一种重要工具。有了统一的课程标准，就有可能统一各个学校、各门学科的教学水平，加强教学的计划性，保证教学的质量。

（2）课程标准是编写教科书和教师进行教学的主要依据。课程标准规定了本学科的目的、要求，内容的广度、深度，教材编写的顺序，教学的进度和方法。

（3）学校和教师应全面、彻底地领会课程标准的内容、体系和精神实质，按照课程标准编写教材和进行教学。

（4）课程标准是衡量各科教学质量的重要标准。

三、教科书

（一）教科书的概念

教科书又称课本，它是根据课程标准（或课程标准）编制的、系统反映学科内容的教学用书。教科书是课程标准的具体化。它以准确的语言和鲜明的图表等，明晰而系统地阐述课程标准所规定的教学内容。课程标准中规定的各门学科一般均有相应的教科书。

（二）教科书的结构

教科书一般由目录、课文、习题、图表、注释、附录等部分构成。课文是教科书的主体部分。

（三）教科书的编排

（1）教科书的编排形式要有利于学生的学习。

（2）教科书的内容阐述要层次分明。

（3）教科书标题和结论要用不同的字体或符号标出，使之鲜明、醒目。

（4）字体大小要适宜，装订要坚固，规格大小、厚薄要适度，便于携带。

（四）教科书的作用

（1）教科书是学生在学校获得系统知识、进行教学的主要材料，它可以帮助学生掌握所学学科的内容，同时也便于学生预习、复习和做作业。

（2）教科书是教师进行教学的主要依据，它为教师的备课、上课、布置作业、检查评定学生学业成绩提供了基本材料。

（3）根据课程计划对本学科的要求，分析本学科的教学目标、内容、范围和教学任务。

（4）根据本学科在整个学校课程中的地位，研究本学科与其他学科的关系、理论与实践相联系的基本途径和最佳方式，确定本学科的主要教学活动、课外活动、实验活动或其他社会实践活动。

（五）教科书编写应遵循的基本原则

1. 科学性与思想性相统一

教科书的内容首先必须是科学、可靠的知识，是经过实践检验的客观真理。

2. 强调内容的基础性与适用性

基础教育重在知识的普及，其教科书应力求基础，所以在编写时要选择社会需要、适于学生学习、难易适度的本门学科的基本事实材料、基本概念和基本原理，阐明学科基本结构。另外，在保证基础性的同时，教科书的编写还要考虑到我国社会发展现实水平和教育现状，必须考虑到基本教材对大多数学生和大多数地区、学校的适用性。

3. 知识的内在逻辑与受教育者的心理顺序要求的统一

每门科学都有自身的系统性，编写每门学科的教科书时，必须考虑到这门科学本身的内在逻辑。但是一门学科不是相应科学的缩写本，它必须把科学知识的系统性和教学法的要求统一起来，使科学知识在叙述和逻辑上得到合理的安排。

4. 理论与实践的统一

要处理好理论与事实、观点与材料、知识与技能的关系，教科书的内容要更加接近学生生活和社会实际，加强实用性，使学生能较好地学习和运用知识。

5. 衔接良好

在编写教材时，要兼顾同一年级各门学科内容之间的关系，同一学科各年级教材之间的衔接要良好。

四、 课程内容的选择依据

课程内容的选择依据是：课程目标；学生的需求、兴趣和身心发展水平；社会发展；科学文化知识。

五、课程内容组织的原则和方式

（一）课程内容组织的原则

（1）连续性。强调课程"广度"，直线式地陈述主要课程要素。
（2）顺序性。强调课程"深度"，对同一课程要素作更深、更广、更复杂的处理。
（3）整合性。不同的课程内容之间建立适当的联系，以达到最大的学习累积效果。

（二）课程内容的组织方式

直线式与螺旋式、纵向组织与横向组织、逻辑顺序与心理顺序。

第四节　课程结构

课程结构是指课程各部分的组织和配合，即课程内容有机联系在一起的组织方式。

 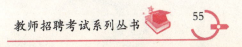

一、新课程结构的主要内容

（1）整体设置九年一贯的义务教育课程。
（2）高中以分科课程为主。
（3）从小学至高中设置综合实践活动并作为必修课程。
（4）农村中学课程大多为当地经济发展服务。

二、新课程结构的特征

（1）均衡性（各种课程类型、具体科目和课程内容能够保持恰当、合理的比重）。
（2）综合性（加强学科的综合性；设置综合课程；增设综合实践活动）。
（3）选择性（国家课程、地方课程、校本课程）。

第五节　课程管理

一、新课程的管理政策

2001 年颁布的《基础教育课程改革纲要（试行）》（教基〔2001〕17 号）明确规定课程管理实行国家、地方和学校三级课程管理体制。

二、三级课程管理

（一）国家课程

国家课程是由中央教育行政机构编制和审定的课程，其管理权限属于中央级教育机关。它的宗旨是保证国家实现普通教育的培养目标和提高普通教育的水平，规定学生应掌握的基础知识和基本能力，体现国家对教育的基本要求。国家对课程的管理主要体现在以下方面：
（1）教育部总体规划基础教育课程。
（2）制定课程管理的各项政策。
（3）制定基础教育课程标准。
（4）积极试行新的课程评价制度。

（二）地方课程

地方课程是省级教育行政部门以国家课程为基础，依据当地的政治、经济、文化、民族等发展的需要而开发设计的课程。其宗旨是补充、丰富国家课程，满足地区差异。地方课程的管理体现在以下方面：
（1）贯彻国家课程政策，制订课程实施计划。
（2）组织课程的事实与评价。
（3）加强课程资源的开发和管理。

（三）学校课程

学校课程即校本课程，是学校在确保国家课程和地方课程有效实施的前提下，针对学生的兴趣和需要，结合学校的传统和优势以及办学理念，充分利用学校和社区的课程资源，自主开发或者选用的课程。学校对课程的管理体现在以下方面：

（1）制定课程实施方案。

（2）重建教学管理制度。

（3）管理和开发课程资源。

（4）改进课程评价。

三、校本课程开发

（一）校本课程的分类

校本课程主要分为两类：一是使国家课程和地方课程校本化、个性化；二是学校设计开发新的课程。

（二）校本课程的开发程序

校本课程的开发程序为：建立组织—分析现状—制定目标—课程编制—课程实施—课程评价。

（三）校本课程的开发途径

校本课程的开发途径为：规范原有选修课、活动课；合作开发；课题研究与实验。

第六节　课程设计

一、课程设计概念

课程设计是指课程结构的编制，既包括课程体系结构整体的编制，也包括具体课程编制。前者主要解决依据培养目标设置哪些课程和如何设置这些课程的问题；后者主要解决课程标准问题。这实际上指的就是以往所说的教学计划和教学大纲。

二、课程设计基本要求

（1）合目的性：在编制课程时围绕目标设置课程。

（2）合科学性：各门学科、课程内容正确地反映科学体系要求，重视各学科、各课程之间的内在联系。

（3）合发展性：主要指课程的选择与编制要与青少年的身心发展规律相一致。

三、课程设计模式

（一）泰勒的目标模式

泰勒提出了以下四大课程基本问题：

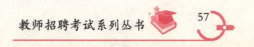

（1）学校应努力达成什么目标？泰勒认为应根据学习者本身的需要、当代校外生活的要求以及专家的建议三方面提出。

（2）提供哪些教育经验才能实现这一目标？泰勒提出了选择学习经验的五条原则：第一，必须使学生有机会去实践目标中所包含的行为；第二，必须使学生在实践上述行为时有满足感；第三，所选择的学习经验应在学生能力所及范围内；第四，多种经验可用来达到同一目标；第五，同一经验也产生数种结果。

（3）如何有效地组织这些教育经验？泰勒认为最主要的是必须根据继续性（即在课程设计上要使学生有重复练习和增进提高所学技能的机会）、序列性（即后一经验在前一经验基础上的泛化与深化）、综合性（即课程的横向联系）的标准来组织学习经验。

（4）如何确定这些教育目标已达到？要进行课程评价，泰勒认为评价是课程编制的一项重要工作。它既要揭示学生获得的经验是否产生了令人满意的结果，又要发现各种计划的长处与弱点。

泰勒原理可概括为：目标、内容、方法、评价，即确定课程目标；根据目标选择课程内容；根据目标组织课程内容；根据目标评价课程。他认为一个完整的课程编制过程都应包括这四项活动。

（二）过程模式

"过程模式"是斯腾豪斯在对泰勒"目标模式"批评的基础上提出的。

过程模式的特征是不以事先确定好的、由仔细分解一般目的而得出的目标系统作为课程编制的依据，而是关注整个课程（包括教学）展开过程的基本规范，使之与宽泛的目的保持一致。在斯腾豪斯看来，编制课程不是为生产出一套"计划""处方"，然后予以实施和评价效果，而是一种研究的过程，其中贯穿着对整个过程所涉及的变量、要素及其相互关系的不断评价和修正。这个过程将研究、编制和评价合而为一，是一个连续不断的过程。

整个过程是一种尝试，没有确定不变的、必须实施的东西。所有的关注点集中于课堂教学实践，教师是整个过程中的核心人物。所以，与其说它是一个详述编制步骤的"模式"，不如说它是一种编制的思路、一种编制的思想。在这种"模式"中，编制过程究竟如何展开恰恰是需要在实践中研究和探索的。

模式体现出四个特征，即人文主义的知识观、"研""学"一体的教师角色观、合作探究式学习观和发展性评价观。它给我们重要的启示是：鼓励教师和学生的个性发展，建立研究者和学习者相结合的教师成长模式，采用师生合作探究式学习方式，确保评价更加反映学生的发展。

模式	内容	人物
目标模式	确定目标：学校应该达到哪些教育目标？ 选择经验：提供哪些教育经验才能实现这些目标？ 组织经验：怎样才能有效地组织这些教育经验？ 评价结果：我们怎样才能确定这些目标真正得到实现？	泰勒
过程模式	过程模式关注整个课程（包括教学）展开过程的基本规范，使之与宽泛的目的保持一致。所有的关注点集中于课堂教学实践，教师是整个过程的核心人物。 强调教育的功能在于发展学生的潜力；强调过程本身的教育价值；强调教师与学生的交互作用	斯腾豪斯

第七节　课程实施

一、课程实施的概念

课程实施是指把课程计划付诸实践的过程，它是达到预期的课程目标的基本途径。课程内容能否有助于教育目标的实现，能否被学生接受并促进其身心发展，都需通过实施才能得到答案。

二、课程实施的结构

在课程实施过程中，至少要考虑以下七个方面的问题，在运作过程中构成一个循环往复的动态结构：

（1）安排课程表。

（2）分析教学任务。

（3）研究学生的学习特点。

（4）选择并确定教学模式。

（5）规划教学单元和课。

（6）组织并开展教学活动。

（7）评价教学活动的过程与结果。

补充说明：

（1）教学任务通常包括以下三个方面：

第一，学生所要掌握的基础知识和基本技能。

第二，学生所要形成和发展的体力、智力和能力。

第三，学生所要养成的情感、态度、品德和个性心理品质。

（2）学生的学习特点有四个方面的特性：独特性、稳定性、发展性、灵活性。

三、课程实施的基本取向

辛德等人关于课程实施取向的分类研究受到了课程学者的普遍认同。他们将课程实施或研究课程实施的取向分为三种：忠实取向、相互调适取向、课程缔造取向。他们对课程实施持有不同的见解。

(一) 忠实取向

忠实取向认为课程实施过程是忠实地执行课程变革计划的过程。持这种取向的教师在具体的课程实施过程中显得呆板、僵化，缺乏创造性，这与我国新课程改革的要求不相适应。

(二) 相互调适取向

相互调适取向认为课程实施过程是课程变革计划与班级或学校实际情境在课程目标、内容、方法、组织模式诸方面相互调整、改变与适应的过程。

它又可分为两种倾向：实用性倾向和批判性倾向。前者更接近忠实取向的研究，后者则显得互动性更强，更强调脉络的影响。

(三) 课程缔造取向（我国提倡）

课程缔造取向认为，真正的课程是教师与学生联合缔造的教育经验，课程实施本质上是在具体教育情境中缔造新的教育经验的过程。课程缔造取向的特征是：教师是课程的开发者。

四、课程实施的影响因素

(一) 改革本身的因素

（1）地方、学校与教师对改革的需要。
（2）实施者对改革认识的清晰程度。
（3）改革本身的复杂性。
（4）改革方案的质量和实用性。

(二) 学校内部的因素

（1）校长。校长认识到课程改革的必要性并理解实施课程改革的措施是课程改革有效实施的保证。
（2）教师。新课改的新理念和新文化被多数老师接受，并变成他们的自觉行为，新课程的实施才能变为现实。

(三) 学校外部的因素

（1）社区与家长的影响。
（2）政府部门的影响。
（3）社会团体的影响。

五、迈向成功的课程实施

坚持的理念：好的课程实施必须忠于课程设计，课程设计必须承认课堂中随机出现的情况的意义和价值。

有效课程实施的基本特征如下：
（1）实施者对课程实施予以理解和支持。

（2）课程实施运作过程允许学校和教师自由调整。

（3）课程实施需要有一定的计划。

（4）重视教师角色，欢迎教师参与评估。

（5）时间安排充裕。

（6）分析成败原因。

（7）对课程设计进行有效评价。

第八节　课程评价

一、课程评价的概念

课程评价是指检查课程的目标、编订和实施是否实现了教育目的，实现的程度如何，以判定课程设计和课程实施的效果，并据此作出改进课程的决策。

二、课程评价的主要模式

（一）目标评价模式

目标评价模式是美国课程评价专家泰勒针对 20 世纪初形成并流行的常模参照测验的不足而提出的。这种模式以目标为中心展开。该评价原理可概括为以下七个步骤或阶段：

（1）确定教育计划的目标。

（2）根据行为和内容来界定每一个目标。

（3）确定使用目标的情境。

（4）设计呈现情境的方式。

（5）设计获取记录的方式。

（6）确定评定时使用的计分单位。

（7）设计获取代表性样本的手段。

其中，确定目标是最为关键的一步，因为其他所有步骤都是围绕目标展开的。

（二）目标游离评价模式

该评价模式是由美国学者斯克里文针对目标评价模式的弊病而提出的。该评价模式主张把评价的重点从"课程计划预期的结果"转向"课程计划实际的结果"上来。评价者不应受预期的课程目标的影响，尽管这些目标在编制课程时是有用的，但是不适宜作为评价的准则。

（三）CIPP 评价模式

CIPP 是美国教育评价家斯塔弗尔比姆倡导的课程评价模式。他认为课程评价不应局限在评定目标达到的程度，而是一种过程，旨在描述、取得及提供有用的资料，为判断各种课程计划、课程方案服务。该模式包括以下四个步骤。

1. 背景评价

背景评价即确定课程计划实施机构的背景，明确评价对象及其需要，明确满足需要的机会，诊断需要的基本问题，判断目标是否已反映了这些需要。背景评价强调应根据评价对象的需要对课程目标本身作出判断，看两者是否一致。

2. 输入评价

输入评价主要是为了帮助决策者选择达到目标的最佳手段，而对各种可供选择的课程计划进行评价。

3. 过程评价

过程评价主要是通过描述实际过程来确定或预测课程计划本身或实施过程中存在的问题，从而为决策者提供如何修正课程计划的有效信息。

4. 成果评价

成果评价主要测量、解释和评判课程计划的成绩。它要收集与结果有关的各种描述与判断，把它们与目标以及背景、输入和过程方面的信息联系起来，并对它们的价值和优点作出解释。

CIPP 课程评价模式考虑到了影响课程计划的种种因素，可以弥补其他评价模式的不足，相对来说比较全面，但由于它的操作过程比较复杂，难以被一般人所掌握。

模式	主要观点	代表人物
目标评价模式	（1）确定课程目标。 （2）根据课程目标选择课程内容。 （3）根据课程目标组织课程内容。 （4）根据课程目标评价课程	泰勒
目的游离评价模式	认为评价应当注重的是课程的实际效果而不是预期效果，主张把评价重点从课程计划预期的结果转向课程计划实际的结果上来	斯克里文
CIPP 评价模式	主要观点：背景、输入、过程、成果。 完整但很复杂，难以被一般人掌握。 评价不应局限在评定目标达到的程度，而应该是为课程决策提供有用信息，应该为课程的改革服务	斯塔弗尔比姆

第九节　课程资源

一、课程资源的概念

课程资源是课程设计、编制、实施过程中可以利用的一切人力、物力以及自然资源的总和。狭义的课程资源仅指形成教学内容的直接来源，典型的如教材、学科知识等。

二、课程资源的分类

（1）按课程资源的空间分布区分：校外课程资源和校内课程资源。
（2）按课程资源的存在方式区分：显性课程资源和隐性课程资源。
（3）按课程资源的存在形态区分：物质形态的课程资源和精神形态的课程资源。

三、开发利用的主要途径

（1）进行社会调查。

（2）审查学生活动。

（3）开发实施条件。

（4）研究学生情况。

（5）鉴别利用校外资源。

（6）建立资源数据库。

第六章
教学

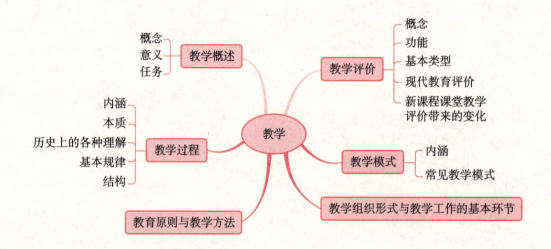

第一节　教学概述

一、教学的概念

教学是在一定教育目的的规范下，教师的教和学生的学共同组成的一种活动。

教学可定义为：在教育目的的规范下，教师有目的、有计划地引导和培养学生积极主动地掌握系统的科学文化知识和基本技能，从而获得全面发展的过程。

二、教学的意义

（1）教学是进行全面发展的素质教育，实现培养目标的基本途径。

（2）教学是传授系统知识、促进学生发展的最有效的形式。

（3）教学是学校工作的中心环节，学校工作必须坚持以教学为主。

三、教学的任务

（1）引导学生掌握系统的现代科学文化知识，形成基本技能、技巧（首要任务）。

（2）发展学生的智力，特别是培养学生的创新精神和实践能力。

（3）发展学生的体力，提高学生的身心健康水平。

（4）培养学生高尚的审美情趣和能力。

（5）引导学生养成良好的思想品德，形成科学的世界观和良好的个性心理品质。

四、教学与教育、智育的关系

教学与教育既相互联系，又相互区别，二者是部分与整体的关系。教育包括教学，教学是学校进行教育的一个基本途径。教学工作是学校教育工作的一个组成部分，是学校教育的中心工作。

教学是智育的主要途径，但不是唯一途径，智育也需要通过课外活动等途径才能全面实现；教学要完成智育任务，也要完成其他各育的任务。智育通过教学进行，是其形式之一，不能把教学等同于智育。

五、教学工作的基本环节

教学工作以上课为中心环节。教师进行教学工作的基本程序是：备课、上课、作业检查与批改、课外辅导、学业成绩的检查与评定。

（一）备课

备课是教师教学工作的起始环节，是上好课的先决条件。备课的内容包括：首先是做好三项工作，即钻研教材、了解学生和设计教学进度计划；其次是写好三种计划，即写好学期的教学进度计划、课题课程计划和课时课程计划。

（二）上课

上课是教学工作的中心环节，是教师教和学生学的最直接的体现。

1. 教学过程的基本环节

（1）教学过程的第一环节是明确教学目的和目标。

（2）教学过程的第二环节是在教师的组织和指导下展开教学活动。这一环节是教学过程中最主要、最复杂、最丰富的环节，往往由以下几个亚环节构成：感知、理解、巩固、运用。

（3）教学过程的第三环节是对教学内容掌握情况进行检查和评定。

2. 一堂好课的标准

一堂好课的标准是：教学目标明确、教学内容准确、教学结构合理、教学方法得当、讲究语言艺术、板书有序、充分彰显学生的主体性。

> **第二十记：内容结构目标方，板书语言主体彰。（一堂好课的标准）**

一堂好课的基本要求是：目标明确、重点突出、内容正确、方法得当、表达清晰、组织严密、课堂气氛热烈。

（1）目标明确是指教师上课时明白这堂课要使学生掌握一些什么知识和技能，要养成什么行为方式和品格，要有怎样的态度，要学会什么方法等，也就是要明确教学目标。

（2）重点突出是指教师授课时要把时间和精力放在重要内容（基本知识、概念和原理）的教学上，要突出重点，抓住关键，化难为易。

（3）内容正确是指教师讲授的知识必须是科学的、确凿的、符合逻辑的，教师教学技能或行为要符合规范，并且应该要求学生作出的反应同样是正确的，如果不正确，教师就要及时加以纠正。

（4）方法得当是指教师根据教学任务、内容和学生特点选择合适的方法进行教学。教学有法，但无定法，教师要善于对各种教学方法创造性地加以运用，力求使教学取得较好效果。

（5）表达清晰是指教师上课要坚持用普通话，声音要响亮，言语表达的速度要适合学生的可接受程度，语言要流畅、生动、明白易懂，板书（或幻灯字幕）要规范、准确、清楚。

（6）组织严密是指课的进程次序分明，有条不紊，教学各环节衔接紧凑，不同任务变换时过渡自然，课堂秩序良好。

（7）气氛热烈是指课应该自始至终在教师的指导下充分发挥学生学习的积极性。

（三）课外作业的布置和批改

教师布置作业时，应遵循下列要求：

（1）作业的内容要符合课程标准和教科书的要求，并要有代表性。

（2）作业量要适当，难易要适度。

（3）布置作业要向学生提出明确的要求，并规定完成的时间。

（4）教师应经常检查和批改学生的作业。

（四）课外辅导

课外辅导是对课的补充和延伸，它的内容有：给学生解答疑难问题；给学习有困难的学生或缺课的学生补习；指导学习方法；对尖子学生作提高性指导；为有学科兴趣的学生提供课外研究的帮助；开展课外辅助教学活动，如参观、看教学影片或录像；指导学生的实践性和社会服务性活动等。辅导的方式主要有集体辅导和个别辅导两种。

要提高课外辅导的质量，教师须注意：从实际出发，具体分析，做到因材施教；辅导要目的明确，采用启发式，充分调动学生的积极性和主动性，使学生成为学习的主人；教师要注意态度，师生平等相处，共同讨论，使学生有问题可问；加强思想教育和学习方法的指导，提高辅导效果。

（五）学业成绩的检查与评定

学业成绩的检查与评定俗称测验或考试，是以测验的形式定量地评定学生个人的能力得到的结果。学校通过对学生学业成绩的测量和评价，可以检查教学的完成情况，从检查中获得的反馈信息，可以用来指导、调节教学过程和学习过程，从而改善教学，提高质量。

1. 测验与目标

教学目标既有教学内容目标，又有心理操作（又称行为）和发展（有的学科涉及身体发展）的目标。这两个不同维度的目标不是相互游离的，而是相互交叉的。测验是要考查教学是否实现了两个维度目标的交叉，也就是要建立起教学内容与学生行为的矩阵，才能明确教学目标并编制与目标相对应的有效的测验。

2. 试题类型

试题类型一般有供答型（填空、主观题）和选答型（判断题、选择题）。

3. 测验的质量

测验的效度，是指一个测验能测出它所要测量的属性或特点的程度。

测验的信度，又称测验的可靠度，是指一个测验经过多次测量所得结果的一致性程度，以及一次测量所得结果的准确性程度。

 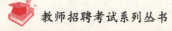

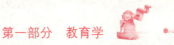

测验的难度，是指测验包含的试题难易程度。

测验的区分度，是指测验对考生的不同水平能够区分的程度，即具有区分不同水平考生的能力。区分度与难度有关，只有在试卷中包含不同难度的试题，才能提高区分度，拉开考生的得分差距。

学业成绩的考查与评定是教学工作的一个重要环节，它对教学工作的顺利进行和教学质量的提高具有以下十分重要的意义：

（1）有利于促进学生的学习。

（2）有利于促进教师的教学。

（3）有利于学校领导了解学校的教学情况。

（4）有利于家长了解自己子女的学习情况。

（5）为上级教育主管部门制定教育方针政策和选拔人才提供依据。

4. 评价

评价是根据测验分数、观察或报告对被测验者的行为、作业的优缺点或价值作出判断。在评价过程中，教师要通过分析试卷，找出教与学两方面存在的不足，总结经验教训，改进教学方法，并为学生提出建议。测验和考试是用来检查教学的一种手段，应把握客观性、发展性、指导性、计划性原则。

教学中还应培养学生的自测和自评能力，这不仅有助于提高学生的学习质量，而且有利于学生自我意识的发展和自我教育能力的提高。

第二节 教学过程

一、教学过程的概念

教学过程是指教师根据一定社会要求和学生身心发展的特点，指导学生有目的、有计划地掌握系统的文化科学基础知识和基本技能，同时身心获得一定的发展，形成一定的思想道德的过程。一般而言，教师、学生、教学内容和教学手段是教学过程的四要素。

教学过程本质上是一种认识特殊的认知过程，其特殊性主要表现为学生认识的特殊性（间接性、引导性和简捷性）。

二、有关教学过程的理论

教学过程的理论是教学的基本理论，历代中外教育家曾以不同观点、从不同角度对教学过程进行过种种探索，提出了各自的见解。

早在约公元前 6 世纪，我国伟大的教育家孔子在丰富的教学实践基础上，把学习过程概括为"学—思—行"的统一过程。后来的儒家思孟学派进一步提出"博学之、审问之、慎思之、明辨之、笃行之"（《中庸》）。其重点在于说明学习过程。

17 世纪捷克教育家夸美纽斯认为，"一切知识都是从感官的知觉开始的"，主张把教学建立在感觉活动的基础上。这是以个体认识论为基础提出的教学论。

19 世纪德国教育家赫尔巴特试图以心理学的"统觉"原理来说明教学过程，认为教学过程是新旧观念的联系和系统化的过程。他提出了"四段教学法"：明了、联想、系统、方法，揭示了课堂教学的某些规律。

美国实用主义教育家杜威则认为教学过程是学生直接经验的不断改造和增大意义的过程，是"从做中学"的过程。它以新的知识观和知识形成观作为教学理论的基础，提出了"五步教学法"：困难、问题、假设、验证、结论。

20 世纪 40 年代，苏联教育家凯洛夫认为教学过程是一种认识过程。20 世纪 50 年代以来，学者们以强调师生交往、认知结构的构建、信息加工以及系统状态变换等不同观点来对这一过程进行解释。这些不同观点各有其哲学、心理学的理论依据，并在一定程度上反映着对教学实践认识的不断发展。

早期有关教育过程的重要理论如下表所示。

人物	时间	主要观点
孔子（中国）	公元前 6 世纪	"学—思—行"的统一过程；"博学之、审问之、慎思之、明辨之、笃行之"（思孟学派）
夸美纽斯（捷克）	17 世纪	"一切知识都是从感官的知觉开始的"，主张把教学建立在感觉活动的基础上
赫尔巴特（德国）	19 世纪	四段（步）教学法：明了、联想、系统、方法
杜威（美国）	19 世纪末	五步教学法：困难、问题、假设、验证、结论
凯洛夫（苏联）	20 世纪 40 年代	教学过程是一种认识过程

三、教学过程的基本规律

（一）间接经验与直接经验相结合（间接性规律）

学生认识的主要任务是学习间接经验；学生学习间接经验要以直接经验为基础；贯彻直接经验与间接经验相统一的规律。

（二）教师主导作用与学生主体作用相统一（双边性规律）

在教育教学活动中需要：充分发挥教师的主导作用；充分发挥学生主体参与教学的能动性；建立合作、友爱、平等、民主的师生关系。

（三）掌握知识和发展智力相统一（发展性规律）

掌握知识是发展智力的基础，智力发展是掌握知识的重要条件，防止单纯抓知识教学或只重能力发展的片面性。掌握知识与发展智力相互转化的内在机制，知识与智力的相互转化应注意以下条件：

（1）传授给学生的知识应该是科学的、规律性的知识。

（2）必须科学地组织教学过程。

（3）重视教学中学生的操作与活动，培养学生的参与意识与能力，提供学生积极参与的时间和空间。

（4）培养学生良好的个性品质，重视学生的个别差异。

（四）传授知识与思想品德教育相统一（教育性规律）

（1）知识是思想品德形成的基础。

（2）思想品德修养的提高为学生积极地学习知识提供了动力。

（3）贯彻传授知识与思想品德教育相统一的规律，需要注意：第一，不能脱离知识进行思想品德教育；第二，不能只强调传授知识，忽视思想品德教育。

四、教学过程结构

按照教师组织教学活动中所要求实现的不同认识任务，可以划分出教学过程中学生认识的不同阶段。

（一）引起动机

学习动机是推动学生学习的一种内部动力。学习动机往往与兴趣、求知欲和责任感联系在一起。教师要使学生明确学习目的，启发学生的责任感，激发学生学习的积极性。

（二）领会知识

这是教学的中心环节。领会知识包括使学生感知和理解教材。

（三）巩固知识

通过各种形式的复习，对学习过的材料进行再记忆并在头脑中形成稳固的联系。知识的巩固是不断吸收新知识、运用知识形成技能的基础。

（四）运用知识

学生掌握知识的目的在于将之运用到具体的实践中。

（五）检查知识

检查学习效果不仅能够帮助教师及时获得有关教学效果的反馈信息以调整教学进程与要求，而且能够帮助学生了解自己掌握知识技能的情况，发现学习上的问题，及时调节自己的学习方式，改进学习方法，提高学习效率。

检查学习效果时需要注意：
（1）根据具体情况灵活运用。
（2）注意不要割裂阶段之间的内在联系。
（3）认识到每个阶段的功能都是整个教学过程中不可缺少的因素。

第三节 教学原则与教学方法

一、教学原则概述

（一）教学原则概念

教学原则是根据一定的教学目的和教学任务，遵循教学过程的基本规律而制定的对教学的基本要求。教学原则贯穿于各项教学活动之中，是指导教学活动的一般原理。

教学原则包含三方面的含义：教学原则对教学内容、教学手段起着指导作用；人们对教学规律的认识是教学原则确定的基础；教学原则从属于教学目的，是为实现教学目的服务的。

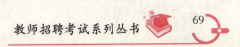

（二）教学原则与教学规律

1. 二者的联系

教学规律是制定教学原则的客观依据和基础，科学的教学原则是教学规律的体现和反映。

2. 二者的区别

教学规律是不以人们的意志为转移的客观存在，是教学过程中固有存在的、本质的、必然的联系。教学原则是由人们制定的，是属于主观意识形态的东西。

二、我国目前中小学常用的教学原则

第二十一记：量力理论因才系，科思巩固启发直。（教学原则）

教学原则	贯彻要求	常考例子
直观性原则	正确选择直观教具和现代化教学手段；直观要与讲解相结合；重视运用语言直观	乌申斯基：儿童是靠形式、颜色、声音和感觉来进行思维的
启发性原则	调动学生学习的主动性；启发学生独立思考，发展学生的逻辑思维能力；让学生动手，培养独立解决问题的能力；发扬教学民主	孔子：不愤不启，不悱不发 《学记》：道而弗牵，强而弗抑 苏格拉底：助产术
巩固性原则	在理解的基础上巩固；重视组织各种复习；在扩充改组和运用知识中积极巩固	学而时习之、温故而知新 乌申斯基：复习是学习之母
系统性原则	按教材的系统性进行教学；注意主要矛盾，解决好重点与难点的教学；由浅入深，由易到难，由简到繁	《学记》：学不躐等、不陵节而施
因材施教原则	针对学生的特点进行有区别的教学；采取有效措施，使有才能的学生得到充分的发展	
量力性原则	教学的内容、方法、分量和进度要适合学生的身心发展，是学生能够接受的，但又要有一定的难度，需要学生经过努力才能掌握，以促进学生的身心健康发展	
理论联系实际原则	书本知识的教学要注重联系实际；重视培养学生运用知识的能力；正确处理知识教学与技能训练的关系；补充必要的乡土教材	
科学性与思想性相结合原则	教学中要以马克思主义为指导，引导学生掌握正确的知识，同时结合知识对学生进行思想教育	

（一）直观性原则

1. 定义

直观性原则是指在教学中引导学生直接感知事物、模型或通过教师用形象语言描绘教学对象，使学生获得丰富的感性认识。

2. 基本要求

贯彻直观性原则的基本要求如下：

（1）正确选择直观教具和现代化教学手段。

（2）直观要与讲解相结合。

  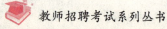

（3）重视运用语言直观。

3. 观点

夸美纽斯：凡是需要知道的事物，都要通过事物本身来学习，应该尽可能把事物本身或代替它的图像呈现给学生。

乌申斯基：儿童是靠形式、颜色、声音和感觉来进行思维的。

（二）启发性原则

1. 定义

启发性原则是指在教学中教师要承认学生是学习的主体，注意调动他们的学习主动性，引导他们独立思考，积极探索，生动活泼地学习，自觉地掌握科学知识和提高分析问题和解决问题的能力。

2. 基本要求

贯彻启发性原则的基本要求是：

（1）调动学生学习的主动性。

（2）启发学生独立思考，发展学生的逻辑思维能力。

（3）让学生动手，培养学生独立解决问题的能力。

（4）发扬教学民主。

3. 观点

孔子：不愤不启，不悱不发；《学记》：道而弗牵，强而弗抑，开而弗达。

苏格拉底：助产术；第斯多惠：一个坏的教师奉送真理，一个好的教师叫人发现真理。

（三）循序渐进原则（系统性原则）

1. 定义

循序渐进原则是指教学要按照学科的逻辑系统和学生认识发展的顺序进行，使学生系统地掌握基础知识、基本技能，形成严密的逻辑思维能力。

2. 基本要求

贯彻循序渐进原则的基本要求是：

（1）按教材的系统性进行教学。

（2）注意主要矛盾，解决好重点与难点的教学。

（3）由浅入深、由易到难、由简到繁。

3. 观点

《学记》：学不躐等、不陵节而施。

"学不躐等"的意思是，学习要由浅入深、由易到难、由近及远、由简到繁，不能跳跃。

"不陵节而施"是指不要超越学生所能接受的程度实施教学。

（四）因材施教原则

1. 定义

因材施教原则是指教师要从学生的实际情况、个别差异出发，有的放矢地进行有差别的教学，使每个学生都能扬长避短，获得最佳的发展。

2. 基本要求

贯彻因材施教原则的基本要求是：

（1）针对学生的特点进行有区别的教学。

（2）采取有效措施，使有才能的学生得到充分的发展。

（五）巩固性原则

1. 定义

巩固性原则是指教学要引导学生在理解的基础上牢固地掌握知识和技能，使其长久地保持在记忆中，能根据需要迅速地再现出来，以利知识技能的运用。

2. 基本要求

贯彻巩固性原则的基本要求是：

（1）在理解的基础上巩固。

（2）重视组织各种复习。

（3）在扩充改组和运用知识中积极巩固。

3. 观点

孔子：学而时习之、温故而知新。

乌申斯基：复习是学习之母。

（六）理论联系实际原则

1. 定义

理论联系实际原则是指教学要以学习基础知识为主导，从理论与实际的联系上去理解知识，注意运用知识去分析问题和解决问题，达到学懂会用、学以致用。

2. 基本要求

贯彻理论联系实际原则的基本要求是：

（1）书本知识的教学要注重联系实际。

（2）重视培养学生运用知识的能力。

（3）正确处理知识教学与技能训练的关系。

（4）补充必要的乡土教材。

（七）量力性原则

量力性原则又称可接受性原则，是指教学的内容、方法、分量和进度要适合学生的身心发展，是他们能够接受的，但又要有一定的难度，需要他们经过努力才能掌握，以促进学生的身心健康发展。

（八）思想性和科学性统一原则

思想性和科学性统一原则是指教学中要以马克思主义为指导，引导学生掌握正确的知识，同时结合知识对学生进行思想教育。

三、教学方法

（一）教学方法的概念

教学方法包括教师教的方法和学生学的方法，是指教师和学生为了完成教学任务、实现教学目标而采取的共同活动方式，是教师引导学生掌握知识技能、获得身心发展而共同活动的方法。

两种对立的教学方法思想：注入式和启发式。

（二）中小学常用的教学方法

我国中小学常用的教学方法有：讲授法、谈话法、讨论法、演示法、练习法、实验法、读书指导法、实习（作业）法等。

1. 讲授法

（1）定义。

讲授法又称讲演法，是教师通过口头语言系统连贯地向学生传授知识的方法。讲授法可分为讲解、讲读、讲述、讲演和讲评五种形式。

1）讲解：主要分解说式、解析式和解答式三种，是教师对概念、原理、定律、公式、例题等进行解释说明、分析或论证，常用于理科教学。

2）讲读：教师把讲、读、练结合起来的教学行为，多应用于语文和外语学科。

3）讲述：教师向学生叙述事实材料，或描绘所讲对象，使事物从抽象变具体，让学生从感知到理解。这种形式在文科教学中应用最广。

4）讲演：包括专题讲座和系统复习两种，是教师就教材或与教材有关的某一专题，以演说或报告的形式，用较长时间进行有理有据、首尾连贯的论说。这种形式深入分析事实，据此作出科学结论，涉及问题较为深广，所需时间较长，多用于中学高年级和大学的教学。

5）讲评：教师对学生的课堂答问和课内外作业进行公正客观、恰如其分的点评和评析，或对某一现象、事物进行评论，多用于介绍某种新观点或新发现。

（2）基本要求。

讲授法的基本要求是：讲授内容要有科学性、系统性、思想性；注意启发；讲究语言艺术。

2. 谈话法

（1）定义。

谈话法也称问答法，是教师按一定的教学要求向学生提出问题，要求学生回答，并通过问答的形式来引导学生获取或巩固知识的方法。

谈话法特别有助于激发学生的思维，调动学习的积极性，培养他们独立思考和语言表述的能力，是小学教学中常用的一种方法。谈话法可分为复习谈话和启发谈话两种。复习谈话是根据学生已学教材向学生提出一系列问题，通过师生问答的形式帮助学生复习、深化、系统化已学的知识。启发谈话则是通过向学生提出未思考过的问题，一步一步引导他们去深入思考和探索新知识。

（2）基本要求。

谈话法的基本要求是：要准备好问题和谈话计划；提出的问题要明确，富有挑战性和启发性，问题的难易要因人而异；要善于启发诱导；要做好归纳、小结。

3. 讨论法

（1）定义。

讨论法是学生在教师指导下为解决某个问题而进行探讨、辨明是非真伪以获取知识的方法。其优点在于能更好地发挥学生的主动性、积极性，有利于培养学生的独立思考能力和口头表达能力，促进学生灵活地运用知识。

（2）基本要求。

讨论法的基本要求是：问题要有吸引力；要善于在讨论中对学生启发引导；做好讨论小结。

4. 演示法

（1）定义。

演示法即教师通过展示实物、直观教具，进行示范性实验或采取现代化视听手段等，指导学生获得知识或巩固知识的方法。演示法的特点在于加强教学的直观性，不仅是帮助学生感知、理解基本知识的手段，也是学生获得知识、信息的重要来源。

（2）基本要求。

演示法的基本要求是：做好演示前的准备；要使学生明确演示的目的、要求与过程，主动、积极、自觉地投入观察与思考；通过演示，使所有的学生都能清楚、准确地感知演示对象，并引导他们在感知过程中进行综合分析。

5. 练习法

（1）定义。

练习法即学生在教师的指导下，运用知识去完成一定的操作，并形成技能技巧的方法。

练习的种类很多。按培养学生不同方面的能力可分为：口头练习、书面练习、实际操作练习；按学生掌握技能、技巧的进程可分为：模仿性练习、独立性练习、创造性练习。

（2）基本要求。

练习法的基本要求是：使学生明确练习的目的与要求，掌握练习的原理和方法；精选练习材料，练习的方式要多样化，循序渐进；严格要求。

6. 实验法

（1）定义。

实验法是指学生在教师的指导下，利用一定的仪器设备，通过条件控制引起实验对象的某些变化，从观察这些变化中获得知识的方法。

（2）基本要求。

实验法的基本要求是：明确目的，精选内容，制订详细的实验计划，提出具体的操作步骤和实验要求；重视语言指导，重视教师示范的作用；要求学生独立操作，及时检查结果。

7. 读书指导法

（1）定义。

读书指导法是指教师指导学生通过阅读教科书、参考书以获取或巩固知识的方法。

（2）基本要求。

读书指导法的基本要求是：提出明确的目的、要求和思考题；教给学生读书的方法；善于在读书中发现问题和解决问题；适当组织学生交流读书心得。

8. 实习（作业）法

（1）定义。

实习（作业）法是指学生在教师的指导下进行一定的实际活动，以培养学生实际操作能力的方法。

（2）基本要求。

实习（作业）法的基本要求是：做好实习（作业）的准备；做好实习（作业）的动员；做好实习（作业）过程中的指导；做好实习（作业）总结。

教学方法	定义	基本要求
讲授法	教师通过口头语言系统连贯地向学生传授知识的方法	（1）讲授内容要有科学性、系统性、思想性。（2）注意启发。（3）讲究语言艺术
谈话法	也称问答法，是教师按一定的教学要求向学生提出问题，要求学生回答，并通过问答的形式来引导学生获取或巩固知识的方法	（1）要准备好问题和谈话计划。（2）提出的问题要明确，富有挑战性和启发性，问题的难易要因人而异。（3）要善于启发诱导。（4）要做好归纳、小结
讨论法	是学生在教师指导下为解决某个问题而进行探讨以获取知识的方法	（1）问题要有吸引力。（2）要善于在讨论中对学生启发引导。（3）做好讨论小结

续前表

教学方法	定义	基本要求
演示法	教师通过展示实物、教具，进行示范性实验或采取现代化视听手段等，指导学生获得知识或巩固知识的方法	（1）做好演示前的准备。（2）要使学生明确演示的目的、要求与过程，主动、积极、自觉地投入观察与思考。（3）引导学生在感知过程中进行综合分析
参观法	组织学生到校外场所进行直接观察、访问而获得知识或验证知识的方法	（1）参观前，确定参观的目的。（2）参观时，全面看，认真记。（3）参观后，整理材料，写好报告
练习法	按培养学生不同方面的能力可分为：口头练习、书面练习、实际操作练习；按学生掌握技能、技巧的进程可分为：模仿性练习、独立性练习、创造性练习	（1）使学生明确练习的目的与要求，掌握练习的原理和方法。（2）精选练习材料，练习的方式要多样化，循序渐进。（3）严格要求
实验法	在教师的指导下，利用一定的仪器设备，通过条件控制引起实验对象的某些变化，从观察这些变化中获得知识的方法	（1）明确目的，精选内容，制定详细的实验计划，提出具体的操作步骤和实验要求。（2）重视语言指导，重视教师示范的作用。（3）要求学生独立操作，及时检查结果
读书指导法	教师指导学生通过阅读教科书、参考书以获取或巩固知识的方法	（1）提出明确的目的、要求和思考题。（2）教给学生读书的方法。（3）善于在读书中发现问题和解决问题。（4）适当组织学生交流读书心得
实习（作业）法	学生在教师的指导下进行一定的实际活动以培养学生实际操作能力的方法	（1）做好实习（作业）的准备。（2）做好实习（作业）的动员。（3）做好实习（作业）过程中的指导。（4）做好实习（作业）总结

（三）教学方法的改革与发展

从教育发展史的角度来看，20世纪50年代以来，最具影响力、最具代表性的教学方法的改革主要有下表所列的四类。

重要方法	人物	环节/特点
发现教学	布鲁纳（美国）	发现教学四个环节：（1）教师创设问题情境，提出要解决的课题；（2）教师提供结构性材料，学生提出解决问题设想；（3）学生验证假设，交流初探成果；（4）得出原理或概念，并检验假设
程序教学	斯金纳（美国）	根据动物的操作条件作用，以简单的行为形成为模式而设计出，由斯金纳首创，是一种个别化的教学形式。原则：小步子原则；积极反应；及时反馈，低错误率；自定步调
范例教学	瓦根舍因（德国）	由"个"及"类"特点：体现基本性、体现基础性、体现规范性、体现四个统一，即知识教学与德育的统一、问题教学与系统学习相统一、掌握知识与发展能力相统一、主体与客体相统一
暗示教学	卢扎诺夫（保加利亚）	教师运用各种手段和方法对学生施加影响，使学生在轻松愉快、不知不觉中学到知识的一种方法。卢扎诺夫认为，人具有可暗示性，利用某种手段或情境对人类无意识领域施加影响，给予有意识的暗示，必定能对教学起积极的作用，注意到非智力因素对学习的影响

第四节 教学组织形式

教学组织形式是指教学活动中教师与学生为实现教学目标所采用的行为方式的总和。

一、个别教学制

（一）简要介绍

个别教学制的产生是与古代社会生产力发展水平比较低的状况相适应的。在古代的东西方，学校教育的组织形式一般都是个别教学形式。教师向学生传授知识、布置检查和批改作业都是个别进行的，即教师对学生一个个轮流地教，教师在教某个学生时，其余学生均按教师要求进行复习或作业。

（二）评价

优点：教师能根据学生的特点因材施教，使教学内容、进度适合学生的接受能力。

不足：难以完成系统化、程序化传授知识的任务。一名教师所能教的学生数量是很有限的，因而教学效率不高。

二、班级授课制

（一）定义

班级授课制是一种集体教学形式。它把一定数量的学生按年龄与知识程度编成固定的班级，根据周课表和作息时间表，安排教师有计划地向全班学生集体上课。

（二）班级授课制的产生与发展

班级授课制是人类社会发展到一定历史阶段的产物。

16世纪以后，随着资本主义的发展，生产力水平得到空前的提高，生产规模不断扩大，社会对劳动者的质量和数量提出了新的要求，导致教育范围扩大，大量增加受教育者的数量，提高受教育者的质量。

17世纪初，乌克兰兄弟会学校兴起了班级授课的组织形式。

1632年，夸美纽斯出版了《大教学论》一书。该书最早从理论上对班级授课制进行了阐述，为班级授课制奠定了理论基础，后经赫尔巴特的发展而基本定型。

工业革命后，班级授课制成为西方学校的主要形式。

在中国，1862年在北京设立的京师同文馆首先采用这一形式。

1902年，清政府颁布《钦定学堂章程》（壬寅学制）后，班级授课制在全国广泛推行。

（三）评价

（1）优点：有利于经济有效地、大面积地培养人才；有利于发挥教师的主导作用；有利于发挥

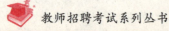

班集体的教学作用。

（2）不足：不利于因材施教；不利于学生独立性与自主性的培养；教学形式缺乏灵活性。

（四）班级授课的特殊形式：复式教学

复式教学是把两个年级以上的儿童编在一个教室里，由一位教师在同一堂课内分别对不同年级的学生进行教学的组织形式。它的主要特点是：直接教学和学生自学或做作业交替进行。在我国农村，特别是在人口稀少的偏僻山区，人口少、师资缺乏、交通又不方便，在这些地区开展复式教学是大有可为的。

三、分组教学制

（一）定义

分组教学制就是按学生的能力或学习成绩把他们分为水平不同的组进行教学。一般可分为两类：外部分组和内部分组。

（1）外部分组，是指学校打破按年龄编班的传统习惯，根据学生的能力水平或学习成绩编班进行教学。外部分组主要有两种形式，即学科能力分组和跨学科能力分组。

（2）内部分组，是指在传统的按年龄编班的班级内，按学生的能力或学习成绩等编组。

（二）评价

（1）优点：能较好地照顾个别差异，重视学生的个别性，有利于因材施教，有利于发展学生的个性特点。

（2）不足：第一，对学生能力和水平的鉴别不一定科学，却要按能力和水平进行分组教学，忽视了学生的发展性；第二，对学生心理发展的负面影响较大，被分到所谓快班或实验班的学生容易骄傲自满，被分到所谓慢班或普通班的学生容易产生破罐子破摔的心理；第三，在分组教学的问题上，家长、学生、教师与学校的意见很难达成一致；第四，由于学生处于不断发展变化中，为了确保学生在分组教学中能受到恰当的教育，分组就必须经常进行，情况一变就得重新分组，这在教育管理上比较麻烦。

四、设计教学法和道尔顿制

设计教学法由美国教育家杜威首创，后来经过他的学生克伯屈改进后在全国推广而产生了一定的影响。设计教学法主张废除班级授课制和教科书，打破传统的学科界限，在教师指导下，由学生自己决定学习目的和内容，在自己设计、自己负责任的单元活动中获得有关的知识和能力。设计教学法的重点是以活动课程代替学科课程，使学生在活动中获得对知识的整体认知。其主要缺陷是忽视系统知识，影响教学质量，在教学实施过程中困难很多，难以实施。

道尔顿制是由美国教育家帕克赫特于1902年在美国马萨诸塞州道尔顿中学创设的。道尔顿制是指教师不再上课向学生系统讲授教材，而只为学生分别指定自学参考书、布置作业，由学生自学和独立作业，有疑难时才请教师辅导，学生完成一定阶段的学习任务后向教师汇报学习情况和接受考查。这种教学方式有利于调动学生学习的主动性，培养他们的学习能力和创造才能，但不利于系统知识的掌握，且对教学设施和条件要求较高。

组织形式	含义	优点	缺点
个别教学制	对个别学生进行教学	因材施教	效率低
班级授课制	教师按统一教学计划、课表、面对同龄、同知识程度的学生班集体教学	经济有效，大面积培养人才；有利于教师主导作用的发挥；有利于发挥班集体的教学作用	理论与实际脱节；不利于因材施教
分组教学制	教师面对按学生能力或学习成绩分成的组教学（内部分组、外部分组）	便于因材施教；有利于人才的培养	难于鉴别学生的能力和水平；难于照顾学生、家长的意愿；易造成快慢班学生积极性分化
设计教学法和道尔顿制	学生自己决定学习目的和内容或按教师指定作业、自学和独立作业	有利于调动学生学习的主动性，培养他们的学习能力和创造才能	不利于系统知识的掌握，对教学设施和条件要求较高

其他组织形式：贝尔—兰喀斯特制和特朗普制。

贝尔—兰喀斯特制也称导生制，是由英国人贝尔和兰喀斯特在18世纪末19世纪初创始的。为满足生产需要并榨取工人更多的剩余价值，资本家只给工人以最初的教育，即由教师教年龄大的学生，再由其中的佼佼者——"导生"去教年幼或学习差的学生。

特朗普制又称"灵活的课程表"，是美国教育家劳伊德·特朗普于20世纪50年代提出的一种教学组织形式。这种教学形式把大班上课、小班探究和个别教学三种教学形式结合起来。特朗普制既有班级授课制的优点，也有个别教学的长处，但管理起来比较麻烦。

第五节　教学模式

教学模式是指在一定教学思想或教学理论指导下建立起来的较为稳定的教学活动结构框架和活动程序。主要的教学模式见下表。

模式	人物	基本含义	教学步骤	实现条件	教学评价
范例教学式	瓦根舍因	在教学中一般从一些范例分析入手感知原理与规律，并逐步提炼进行归纳总结，再进行迁移整合	(1)"个"。(2)"类"。(3)理解规律性。(4)了解世界和生活经验	找到合理的范例	易教易学；可进行课题性教学；重视教的统领性
抛锚教学式	建构主义者	抛锚式教学模式又称"实例式教学""基于问题的教学""情境性教学"，是要求教学建立在有感染力的真实事件或真实问题的基础上，一旦问题确定，整个教学内容和教学进程也就随之确定（像轮船被锚固定一样）	(1)创设情景。(2)确定问题。(3)自主学习。(4)协作学习。(5)效果评价	情境设置与产生问题一致	培养学生的创新能力、解决问题能力、独立思考能力和合作能力
传递—接受教学式	赫尔巴特	教学是学生在教师指导下的一种对客观世界的认识活动	(1)复习旧课。(2)激发动机。(3)讲授新知识。(4)巩固运用。(5)检查评价	确保教师的主导地位	适用于任何学科、任何阶段的学生
引导—发现教学式	布鲁纳杜威	又称问题—探究教学模式，指教学活动以解决问题为中心，学生在教师指导下发现问题、提出问题并找到答案的教学模式	(1)问题。(2)假设。(3)验证。(4)总结提高	教师主要是引导学生主动探究	有利于培养学生的探究能力和创造力

 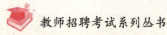

续前表

模式	人物	基本含义	教学步骤	实现条件	教学评价
情境—陶冶教学式	洛扎诺夫	使学生处于创设的教学情境中，运用无意识心理活动和情感，加强有意识的理性学习活动的教学模式	（1）创设情境。（2）情境体验。（3）总结转化	教师是学生情感的"激发者"和"维持者"	激发学生学习的情感状态，建立起良好的师生关系

第六节　教学评价

一、教学评价的概念

教学评价是指以教学目标为依据，通过一定的标准和手段，对教学活动及其结果给予价值上的判断，即对教学活动及其结果进行测量、分析和评定的过程。

教学评价有诊断功能、激励功能、调控功能、教学功能、区分和鉴别功能。

二、教学评价的类型

（一）相对评价、绝对评价、自身评价

按评价基准分类，教学评价可分为相对评价、绝对评价、自身评价。

1. 相对评价

相对评价是在被评价对象的集合中选取一个或若干个体为基准，然后把各个评价对象与基准进行比较，确定每个评价对象在集合中所处的相对位置。

为相对评价而进行的测验一般称为常模参照测验。它的试题取样范围广泛，测验成绩表明了学生学习的相对等级。由于所谓的常模实际上近似于学生群体的平均水平，所以这种测验的成绩分布符合正态分布规律。

利用相对评价来了解学生的总体表现和学生之间的差异、比较不同群体间学习成绩的优劣是相当不错的。它的缺点是基准会随着群体的不同而发生变化，因而易使评价标准偏离教学目标，不能充分反映教学上的优缺点，不能为改进教学提供依据。

2. 绝对评价

绝对评价是在被评价对象的集合之外确定一个标准，这个标准被称为客观标准。评价时把评价对象与客观标准进行比较，从而判断其优劣。评价标准一般是课程标准以及由此确定的评判细则。

为绝对评价而进行的测验一般称为标准参照测验。它的试题取样就是预先规定的教学目标，测验成绩主要表明教学目标的达到程度，所以这种测验的成绩分布通常是偏态的。低分多高分少，为正偏态；低分少高分多，为负偏态。

绝对评价的标准比较客观。如果评价是准确的，那么评价之后每个被评价者都可以明确自己与客观标准的差距，从而可以激励被评价者积极上进。但是绝对评价也有缺点，最主要的缺点是客观标准很难做到客观，容易受评价者的原有经验和主观意愿的影响。

3. 自身评价

这种评价既不是在被评价群体之内确立基准，也不是在被评价群体之外确立基准，而是将被评

价的个体的过去和现在进行比较，或者是对他的若干侧面进行比较。例如，某学生上学期的数学成绩是 70 分，这学期是 80 分，说明他的数学进步了；若该生的语文成绩两个学期都在 80 分以上，说明他的语文比数学要好些。自身评价的优点是尊重个性特点，照顾个别差异，通过对个体内部的各个方面进行纵横比较，判断其学习的现状和趋势。但由于被评价者没有经过与具有相同条件的其他学生进行比较，难以判定他的实际水平和差距，激励功能不明显。因此，在实践中常需要把自身评价和相对评价结合起来使用。

（二）诊断性评价、形成性评价和总结性评价

按评价功能分类，教学评价可分为诊断性评价、形成性评价和总结性评价。

1. 诊断性评价

诊断性评价一般是在某项活动开始之前，为使计划更有效地实施而进行的评价。通过诊断性评价，可以了解学习的准备情况，也可以了解学生学习困难的原因，由此决定对学生的适当对待。

2. 形成性评价

形成性评价是在教学进行过程中，为引导教学前进或使教学更为完善而进行的对学生学习结果的评价。它能及时了解阶段教学的结果和学生学习的进展情况、存在问题等，以便及时反馈，及时调整和改进教学工作。

3. 总结性评价

这种评价又称事后评价，一般是在教学活动告一段落时，为把握最终的活动成果而进行的评价。例如学期末或学年末各门学科的考核、考试，目的是验明学生的学习是否达到了各科教学目标的要求。总结性评价注重的是教与学的结果，借此对被评价者所取得的成绩作出全面鉴定、区分等级，对整个教学方案的有效性作出评定。

诊断性评价、形成性评价和总结性评价的对比

类型要点	诊断性评价	形成性评价	总结性评价
实施时间	教学之前	教学过程中	教学之后
评价目的	摸清学生底细，以便安排学习	了解学习过程，调整教学方案	检验学习结果，评定学习成绩
评价方法	观察、调查、作业分析、测验	经常测验、作业分析、日常观察	考试或考查
作用	查明学习准备情况和不利因素	确定学习效果	评定学业成绩

（三）定性评价和定量评价、过程评价与结果评价

按评价关注焦点分类，教学评价可分为定性评价和定量评价、过程评价与结果评价。

1. 定性评价与定量评价

定性评价是对评价资料作"质"的分析，是运用分析和综合、比较与分类、归纳和演绎等逻辑分析的方法，对评价所获得的数据、资料进行思维加工。分析的结果有两种：一种是描述性材料，数量化水平较低甚至毫无数量概念；另一种是与定量分析相结合而产生的，包含数量化但以描述性为主的材料。

定量评价则是从"量"的角度，运用统计分析、多元分析等数学方法，在纷繁芜杂的评价数据中总结出规律性的结论。由于教学涉及人的因素，各种变量及其相互作用关系是比较复杂的，因此为了揭示数据的特征和规律性，定量评价的方向和范围必须由定性评价来规定。

2. 过程评价与结果评价

过程评价主要关心和检查用于达到目标的方法和手段如何。它倾向于完成还需要修改的形成性

 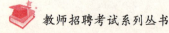

评价的功能，但是也在完成过程中对时间、费用、学生接受情况等方面进行总结评价。

结果评价又称产品评价，它主要关心和检查计划实施后的结果或产品使用中的情况。它倾向于完成总结性评价的功能，但也可提供形成性评价的信息。

（四）他人评价和自我评价

按评价的主客体不同，教学评价可分为他人评价和自我评价。

1. 他人评价

他人评价的主体是教育活动实施者以外的人。

2. 自我评价

自我评价即在个人内部就其自身的状态进行纵横比较所做的价值判断。

（五）单项评价和综合评价

按评价的范围不同，教学评价可分为单项评价和综合评价。

1. 单项评价

它是指仅就评价对象的某一方面进行评价，目的在于了解某一方面的情况。如对教学效果、教学设施、教学方法、学习态度、学业成绩等方面所做的评价。

2. 综合评价

它是对教学过程各方面所进行的整体评价，评价时要收集各方面的信息，对教学工作得出综合的结论。

三、教学评价的原则

（一）客观性原则

这条原则是指在进行教学评价时，从测量的标准和方法，到评价者所持的态度，特别是最终的评价结果，都应符合客观实际，不能主观臆断或掺入个人情感。贯彻客观性原则，首先应做到评价标准客观，不带随意性；其次应做到评价方法客观，不带偶然性；最后应做到评价态度客观，不带主观性。

（二）整体性原则

这条原则是指在进行教学评价时，要对组成教学活动的各个方面进行多角度、全方位的评价，而不能以点代面、以偏概全。贯彻整体性原则，首先要评价标准全面，尽可能包括教学目标的各项内容，防止突出一点，不及其余；其次要把握主次，区分轻重，抓住主要矛盾，在决定教学质量的主导因素和环节上花大力气；最后要把定性评价和定量评价结合起来，使其相互参照，以求全面准确地判断评价客体的实际效果。

（三）指导性原则

这条原则是指在进行教学评价时，不能就事论事，而应把评价和指导结合起来，不仅使被评价者了解自己的优缺点，而且为其以后的发展指明方向。贯彻指导性原则，首先必须在评价资料的基础上进行指导，不能缺乏根据地随意评论；其次要反馈及时，指导明确，切忌耽误时机和含糊其词，使人无所适从；最后要具有启发性，留给被评价者思考和发挥的余地，不能搞行政命令。

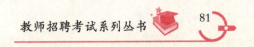

（四）科学性原则

这条原则是指在进行教学评价时，不能光靠经验和直觉，而要根据科学。只有科学合理地评价，才能对教学发挥指导作用。科学性不仅要求评价目标标准的科学化，而且要求评价程序和方法的科学化。贯彻科学性原则，首先要从教与学统一的角度出发，以教学目标体系为依据，确定合理统一的评价标准；其次要推广使用先进的测量手段和统计方法，对获得的各种数据和资料进行严谨的处理；最后要对评价工具进行认真编制、预试、修订和筛选，达到一定的标准后再予以使用。

第七章
德育

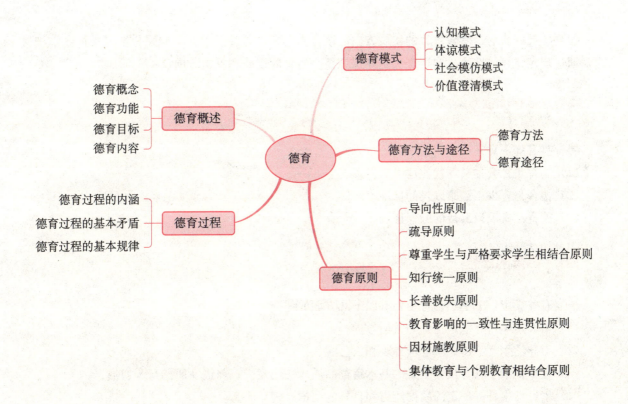

- 德育模式
  - 认知模式
  - 体谅模式
  - 社会模仿模式
  - 价值澄清模式
- 德育概述
  - 德育概念
  - 德育功能
  - 德育目标
  - 德育内容
- 德育
- 德育方法与途径
  - 德育方法
  - 德育途径
- 德育过程
  - 德育过程的内涵
  - 德育过程的基本矛盾
  - 德育过程的基本规律
- 德育原则
  - 导向性原则
  - 疏导原则
  - 尊重学生与严格要求学生相结合原则
  - 知行统一原则
  - 长善救失原则
  - 教育影响的一致性与连贯性原则
  - 因材施教原则
  - 集体教育与个别教育相结合原则

第一节　德育概述

一、德育的概念

德育是指教育者根据一定社会和受教育者的需要，遵循品德形成的规律，采取言传、身教等方式，在受教育者自觉积极参与的互动中，通过内化和外化，发展受教育者的道德、思想、政治、法制和心理等方面素质的教育活动。

广义的德育包括：政治教育、思想教育、道德教育、心理教育、法制教育。

狭义的德育专指道德教育。

二、 德育的功能

（一）德育的个体性功能——基本功能

德育的个体性功能具体表现在：制约个人社会和个性化的方向；满足个体自我完善的需要；激发和调节个体的智能发展；促进个体的心理健康。

（二）德育的社会性功能

德育的发展具有社会制约性，同时它与政治、经济、文化等共同构成社会大系统，并在其中发挥重要作用，德育的社会性功能的实现具有间接性。

（三）德育的教育性功能

德育主要解决的是受教育者的发展方向问题，社会常常通过干预德育和强化德育来控制学校教育，通过规定德育的性质、内容来决定和保证整个教育的性质和发展方向。

三、 德育的意义

德育具有如下意义：
(1) 德育是社会主义现代化建设的保证。
(2) 德育是青少年健康成长的保证。
(3) 德育是实现教育目的的保证

四、 德育的任务

根据有关规定，中小学德育主要有以下几方面的任务：
(1) 培养学生树立坚定正确的政治方向。
(2) 引导学生逐步树立科学世界观和人生观。
(3) 逐步使学生具有社会主义的基本道德品质和法纪观念，养成文明的行为习惯。
(4) 培养学生具有一定的品德能力和良好的品德心理品质。

五、德育目标

德育目标是教育者依据教育目的，通过德育活动使受教育者在品德形成发展上所要达到的总体规格要求，亦即德育所要达到的预期目的或结果。
确立德育目标的依据包括以下方面：
(1) 青少年思想品德形成、发展的规律及心理特征。
(2) 国家的教育方针和教育目的。
(3) 时代与社会发展需要。
(4) 民族文化及道德传统。

六、 德育内容

(一) 德育内容的定义

德育内容是实施德育工作的具体材料和主题设计,是形成受教育者品德的社会思想政治准则和法纪道德规范的总和。德育目标确定了培养人的总体规格和要求,德育目标必须落实到德育内容上,只有选择合适的内容并进行科学的课程设计,才能进行有效的德育活动,达到预期目标。

德育内容选择的依据:

(1) 德育目标,它决定德育内容。

(2) 受教育者的身心发展特征,它决定德育内容的深度和广度。

(3) 德育所面对的时代特征和学生思想实际,它决定德育工作的针对性和有效性。

德育内容总是随时代的发展而变化的,并因不同国家社会性质、发展水平和文化传统而各显特色。

(二) 我国中小学德育的基本内容

1. 道德教育

它是对学生进行如何做人的教育。换言之,是让学生学会如何处理人与人、人与物、人与事之间的关系的教育。道德教育的主要方式就是要把道德规范内化到学生的内心,变成人格的一部分。

2. 思想教育

它是试图通过某一类思想去武装和占领学生的头脑,让学生站在如此这般的立场去"思"、去"想"。其最终目的是要使学生形成一定的人生观和世界观。在我国,就是要形成历史唯物主义和辩证唯物主义的科学人生观和世界观。思想教育内容包括马克思主义、毛泽东思想、邓小平理论、"三个代表"思想等。

3. 政治教育

它主要是对阶级、政党、国家、政权、社会制度、国际关系情感、立场、态度的教育。通过这种教育,让学生能够认识和认同某种政治机构和政党理念。我国德育中,四项基本原则教育、社会主义制度教育、党的基本路线教育等就是政治教育的范畴。《小学德育纲要》中的"热爱祖国教育""热爱中国共产党教育";《中学德育大纲》中的"爱国主义教育""社会主义民主教育"属于政治教育。

4. 法制教育

它是指在一个法治的国家里,对一个公民进行应该具备的民主与法制观念和法律规范的教育,使公民具有依法行使民主权利、履行义务、依法管理各项工作的素质。如《小学德育纲要》中的"法制观念的启蒙教育",《中学德育大纲》中的"遵纪守法"等,就属于法制教育。

5. 心理教育

它是指通过咨询和教育,维护学生良好的心理状态,减少异常心理问题,治疗心理疾病,促进学生的心理调节,发展其心理效能的教育。《中学德育大纲》中"良好个性心理品质教育"就属于心理教育的范畴。

第二节　德育过程

一、德育过程的概念

德育过程是教育者和受教育者双方借助于德育内容和方法,进行施教传道和受教修养的统一活动过程，是促使受教育者道德认识、道德情感、道德意志和道德行为发展的过程，是个体社会化与社会规范个体化的统一过程。

补充：德育过程与品德形成过程的关系。

德育过程与品德形成过程既相互联系又相互区别。

从联系的角度来说，德育只有遵循人的品德形成发展规律，才能有效地促进人的品德形成发展，而人的品德形成发展也离不开德育因素的影响。

从受教育者的角度看，德育过程是受教育者个体品德的形成发展过程，只不过德育过程是在教育者有目的、有计划、有组织、有系统的影响下，受教育者形成教育者所期望的品德的过程，是培养和发展受教育者品德的过程。

从区别来说，德育过程是一种教育过程，是教育者与受教育者双方统一活动的过程，是培养和发展受教育者品德的过程。教育者根据社会发展提出的要求，依据学生特点，以适当的方式调动受教育者的主观能动性，从而将相应的社会规范转化为学生的品德，不断提高学生的道德水平。而品德形成过程是受教育者思想道德结构不断建构完善的过程。品德形成过程属于人的发展过程，影响这一过程实现的因素包括生理的、社会的、主观的和实践的等多种因素。

德育过程由教育者、受教育者、德育内容和德育方法四个相互制约的要素构成。

德育过程的基本矛盾是：社会通过教师向学生提出的道德要求与学生已有品德水平之间的矛盾。

二、德育过程的基本规律

第二十二记：知情意行活交往，内部矛盾反复长（德育的基本规律）

（一）学生的知、情、意、行诸因素统一发展的规律

1. 知、情、意、行是构成思想品德的四个基本要素

德育过程是培养学生品德的过程。学生品德是由思想、政治、法纪、道德方面的认识、情感、意志、行为等因素构成的。这几个因素简称为知、情、意、行。构成品德的知、情、意、行这几个因素是相对独立的，又是相互联系的。

知，即道德认识，是人们对道德规范及其意义的理解和掌握；对是非、善恶、美丑的认识、判断和评价，以及在此基础上形成的道德识辨能力，也是人们确定对客观事物的主观态度和行为准则的内在依据。

情，即道德情感，是人们对社会思想道德和人们行为的爱憎、好恶等情绪态度，是进行道德判断时引发的一种内心体验。它伴随品德认识而产生发展，并对品德认识和品德行为起着激励和调节作用。判断积极或消极情绪体验好坏的标准，是看它跟何种品德认识相联系，以及它在"长善救失"中的地位和作用。

意，即道德意志，是为实现道德行为所作的自觉努力，是人们通过理智权衡，解决思想道德生活中的内心矛盾与支配行为的力量，它常常表现为用正确动机战胜错误动机、用理智战胜欲望、用果断战胜犹豫、用坚持战胜动摇，排除来自主客观的各种干扰和障碍，按照既定的目标把品德行为坚持到底。

行，即道德行为，是人们在行动上对他人、社会和自然作出的反应，是人的内在的道德认识和情感的外部行为表现，是衡量人们品德的重要标志。它是通过练习或实践形成的。道德行为包括一

般的行为和经多次练习所形成的道德行为习惯。道德行为受道德认识、情感和意志的支配、调节，同时又影响道德认识、情感和意志。道德行为是衡量人们品德的重要标志。

2. 知、情、意、行之间的关系及其发展

德育过程的一般顺序可以概括为提高道德认识、陶冶品德情感、锻炼品德意志和培养品德行为习惯。有的班主任根据自己的经验将德育工作总结概括为"晓之以理、动之以情、持之以恒、导之以行"，这是符合德育过程规律的。知、情、意、行四个基本要素是相互作用的，其中，"知"是基础，"行"是关键。

在德育具体实施过程中，有多种开端，即不一定恪守知、情、意、行的一般教育培养顺序，而是根据学生品德发展的具体情况，或从导之以行开始，或从动之以情开始，或从锻炼品德意志开始，最后达到使学生品德在知、情、意、行等方面的和谐发展

（二）学生在活动和交往中形成思想品德规律

1. 学生的思想品德是在社会交往活动中形成的，没有社会交往，就没有社会道德

学生的思想品德是在积极主动的社会实践活动和社会交往过程中逐步形成、发展起来的，通过具体行为表现出来并接受实践检验。教育者应把组织活动和交往看作德育过程的基础。活动和交往的性质、内容、方式不同，对人的品德影响的性质和作用也不同。

2. 德育过程具有社会性和可控性

学生是生活在一定社会群体中的，他们思想品德的发展受家庭、学校和社会环境等多方面的影响，因此德育过程要与社会实践紧密结合，具有社会性。同时，学校教育是有目的、有计划、有组织、系统性的育人活动，可以对其内部环境因素加以控制和调节，使学生所处的教育环境有利于学生思想品德的健康发展，因此，德育过程也具有可控性。

3. 德育过程中的活动和交往的主要特点

（1）具有引导性、目的性和组织性。

（2）不脱离学生学习这一主导活动，主要交往对象是教师和学生。

（3）具有科学性和有效性，是按照学生的品德形成发展规律和教育学、心理学原理组织的，因而能更加有效地影响学生品德的形成。

（三）学生思想内部矛盾转化规律

德育过程既是社会道德内化为个体的思想品德的过程，又是个体品德外化为社会道德行为的过程。要实现这"两化"，必然伴随着一系列的思想矛盾和斗争。要实现矛盾向教育者期望的方向转化，外因是条件，内因是根据，外因通过内因起作用。受教育者具有主观能动性，教育者要给受教育者创造良好的外因，又要了解受教育者的心理矛盾，促进其积极接受外界的教育影响，有效地形成新的道德品质。

（四）学生思想品德形成的长期性和反复性规律

一个人良好思想品德的提高和不良品德的克服，都要经历一个反复的培养教育和矫正训练的过程，特别是道德行为习惯的培养是一个需要长期反复培养、实践的过程，是逐步提高的渐进过程。

在德育过程中，教育者既要对受教育者思想品德的形成和变化坚持长期抓、反复抓，又要注意受教育者思想品德形成过程中的反复性，注意抓反复。

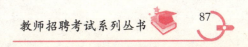

第三节　德育原则

第二十三记：集个知因疏导向，长善尊严一致连。（德育原则）

德育原则是根据教育目的、德育目标和德育过程规律提出的指导德育工作的基本要求。

原则	要求
导向性原则	坚定正确的政治方向；德育目标必须符合新时期的方针政策和总任务的要求；要把德育的理想性和现实性结合起来
疏导原则	讲明道理，因势利导，循循善诱；以表扬激励为主，坚持正面教育
尊重学生与严格要求学生相结合原则	尊重依赖学生；提出的要求要正确合理、明确具体和宽严适度；认真执行要求
教育影响的一致性与连贯性原则	要统一学校内部各方面的教育力量；要统一社会各方面的教育影响；对学生进行德育要有计划有系统地进行
因材施教原则	深入了解学生的个性特点和内心世界；根据学生个人特点有的放矢地进行教育；根据学生的年龄特征有计划地进行教育
长善救失原则	要"一分为二"地看待学生；发扬积极因素，克服消极因素；引导学生自觉评价自己，进行自我教育
知行统一	教育者要以身作则、严于律己、表里如一
集体教育与个别教育相结合	要组织和建设好集体；要通过集体教育学生个人，通过学生个人的力量影响和转变集体

第四节　德育方法和途径

一、德育方法

第二十四记：说服榜样实锻炼，陶冶品德道修养。（德育的方法）

德育方法是为达到德育目的，在德育过程中采用的教育者和受教育者相互作用的活动方式的总和。它包括教育者的施教传道方式和受教育者的受教修养方式。

（一）说服法

说服法是通过摆事实、讲道理，使学生提高认识、形成正确观点的方法。

说服法可分为两类：第一类，语言文字说服，如讲解、报告、谈话、辩论、指导阅读等；第二类，事实说服，如参观、访问、调查。

说服包括讲解、谈话、报告、讨论、参观等。

运用说服法要注意以下几点要求：第一，明确目的性；第二，富有知识性、趣味性；第三，注意时机；第四，以诚待人。

  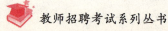

（二）榜样法

榜样法是以他人的高尚思想、模范行为和卓越成就来影响学生品德的方法。榜样包括伟人的典范、教育者的示范、学生中的好榜样等。

运用榜样法要注意以下几点要求：第一，选好学习的榜样；第二，激起学生对榜样的敬慕之情；第三，引导学生用榜样来调节行为，提高修养。

榜样的选择应该遵循三个原则：第一，可接受性原则，树立榜样要符合学生身心特点与水平，使他们能够、愿意接受；第二，真实性原则；第三，要多选择那些具有道德智慧的榜样。

（三）锻炼法

锻炼法是有目的地组织学生进行一定的实践活动以培养他们的良好品德的方法。锻炼包括：练习、委托任务和组织活动等。

运用锻炼法要注意以下几点要求：第一，坚持严格要求；第二，调动学生的主动性；第三，注意检查和坚持。

（四）陶冶法

陶冶法是通过创设良好的情境，潜移默化地培养学生品德的方法。陶冶包括：人格感化、环境陶冶和艺术陶冶等。

运用陶冶法要注意以下几点要求：第一，创设良好的情境；第二，与启发说服相结合；第三，引导学生参与情境的创设。

（五）表扬奖励与批评处分

表扬奖励是对学生的良好思想、行为作出的肯定评价，以引导和促进其品德积极发展的方法。表扬一般可分为赞许和奖励两种方式，赞许是教师对学生一般的好思想、好行为表示的称赞或欣赏，多以口头表示或点头、鼓掌等动作表示。奖励一般包括下述几个等级：颁发奖状、发给奖品、授予称号。

批评处分是对学生的不良思想、行为作出的否定评价，帮助他们改正缺点与错误的方法。

处分分为警告、记过、留校察看、开除学籍几个等级。

二、德育途径

德育途径是指在德育目标的指导下，遵循科学的德育规律和德育原则而采取的某种德育实施形式。德育途径主要有：政治课与其他学科教学（基本途径）；课外活动与校外活动；社会实践活动；共青团、少先队员、学生会组织的活动；校会、班会、周会、晨会、时事政治的学习；班主任工作。

（一）政治课与其他学科教学

这是学校有目的、有计划、有系统地对学生进行德育的基本途径。各科教材中都包含有丰富的教育内容，只要充分发掘教材本身所固有的德育因素，把教学的科学性和思想性统一起来，就能在传授和学习文化科学知识的同时，使学生受到科学精神、社会人文精神的熏陶，形成良好品德。

（二）课外活动和校外活动

课外活动、校外活动是由学校以外的教育机关组织和领导的学生课余教育活动。课外活动和校

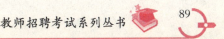

外活动是学校教育体系中的一个组成部分，是进行全面发展教育的一个重要途径，也是学校实施德育的要求，组织学生参加各种形式的社会实践活动，是学校德育的重要途径。课外活动和校外活动符合学生的特点和需要，能激发他们的兴趣，调动他们的积极性，特别有助于培养学生的辨别是非、自我教育等道德能力和互助友爱、团结合作、纪律性与责任感等良好品质。

（三）劳动

这是学校进行德育，尤其是劳动教育的重要途径，通过劳动，学生容易产生对劳动、科学与技术的兴趣与爱好，激发出巨大的热情和力量，经受思想与行为上的磨炼，看到自己的才能和成果，能够培养学生爱劳动和勤俭、朴实、艰苦、顽强等许多品德。

（四）共青团、少先队、学生会组织的活动

学校共青团、少先队和学生会是学校里学生的集体组织，他们组织开展的活动不仅有利于发挥学生的主体作用，调动他们的积极性和主动性，培养他们自我教育和自我管理的能力，是实施道德教育、达到德育目标的有效形式。

（五）班主任工作

班主任是全面负责一个班学生工作的教师。班主任的基本任务是带好班级，教好学生。对学生进行品德教育是班主任的一项重要职责和任务。班主任工作是学校实施德育的重要途径。班主任要做好学生德育工作，必须全面深入地了解和研究学生，尊重和信任学生，并争取其他任课教师、团队组织、社会有关方面和学生家长的配合，共同对学生进行教育。班主任特别要精心组织、培养健全的班集体，并通过集体对学生进行教育。

（六）心理咨询

心理咨询是培养学生健康心理品质的有效途径。

以上几条教育途径各有自己的特点与功能，它们互相联系、互相补充，构成了德育途径的整体。学校应全面利用各个德育途径的作用，使其科学地配合起来，以便发挥德育途径的最大整体功能。

第五节　德育模式

一、认知模式

道德教育的认知模式是当代德育理论中最为流行、占据主导地位的德育学说，它由瑞士学者皮亚杰提出，并由美国学者科尔伯格进一步深化。该模式假定人的道德判断力按照一定的阶段和顺序从低到高不断发展，道德教育的目的就在于促进儿童道德判断力的发展及其行为的发生。这一学说的特征有：人的本质是理性的，必须注重个体认知发展与社会客体的相互作用，注重研究个体道德认知能力的发展过程，强调按道德认知能力发展的要求进行学校道德教育、选择内容和方法。

二、体谅模式

体谅或学会关心的道德教育模式形成于 20 世纪 70 年代，为英国学校德育学家彼得·麦克费尔

和他的同事所创，风靡于英国和北美。体谅模式把道德情感的培养置于中心地位。

该理论的特征有：（1）坚持性善论，主张德育必须以儿童为中心。（2）坚持人具有一种天赋的自我实现趋向，德育的关键是使人的潜能得到充分自由的发展。（3）把培养健全人格作为德育目标。（4）大力倡导民主的德育观，倡导平等民主的师生关系。

三、社会模仿模式

社会模仿模式主要是美国的班杜拉创立的。在德育上，该模式认为人与环境是一个互动体，人既能对刺激作出反应，也能主动地解释并作用于环境。

该理论主张用替代性学习概念，建立了观察学习的理论体系，来说明个体对刺激的反应和对行为体系的建构。建立在替代基础上的观察学习是人类学习的重要形式，是品德教育的主要渠道。

四、价值澄清模式

价值澄清模式的代表人物是美国的拉斯、哈明、西蒙等人。这种模式着眼于价值观教育，试图帮助人们减少价值混乱并通过评价过程促进统一的价值观的形成。其目的是通过选择、赞扬和实践过程来增进赋予理智的价值选择。

（一）理论

价值澄清的目标之一就是使人们获得一种价值观念，这种价值观念使他们能以一种令人满意与明智的方式适应他们所处的不断变化的世界。因此，价值观并不是一种固定的观点或永恒不变的真理，而是建立在个体亲身经历的社会经验基础上的一种指南。

（二）评价过程

价值澄清的完整过程可划分为选择、赞赏和行动三个阶段，具体又分为以下七个步骤：
（1）自由地选择。
（2）从各种可供选择的项目中进行选择。
（3）在仔细考虑后果之后进行选择。
（4）赞同与珍视。
（5）确认。
（6）依据选择行动。
（7）重复。

（三）课堂应用

教师在课堂上利用专门设计的方法和练习，通过创造一种没有威胁的、非强制的、"柔和"的对话环境，帮助学生在生活中应用上述七个具体步骤，并把这些步骤运用到现存的理念和行动中，帮助学生澄清价值观。

第八章

班主任与班级管理

第一节　班级管理概述

一、班级管理的概念

班级是学校教育教学活动的基本组织，学校大部分教育教学活动都是以班级为单位，分年级进行的。率先正式使用"班级"一词的是埃拉斯莫斯。19 世纪初，英国学校中出现的"导生制"极大地推动了班级组织的发展。

班级管理是教师根据一定的目的要求，采用一定的手段和措施，带领班级学生对班级中的各种资源进行计划、组织、协调、控制，以实现教育目标的组织活动过程。

二、班级管理的功能

（一）有助于实现教育目标，提高学习效率

班级组织产生的根本原因是为了更有效的实施教学活动，因此，如何运用各种教学技术手段来精心设计各种不同的教学活动，组织、安排、协调各种不同类型学生的学习活动，是班级管理的主要功能。有效的班级管理不但能帮助教师实现教学目标，而且能提高学生的学习效率。

（二）有助于维持班级秩序，形成良好班风

班级是学生群体活动的基础，是学生交往活动的主要场所，因此，调动班级成员参与班级管理的积极性，共同建立良好的班级秩序和健康的班级风气，是班级管理的基本功能。它不仅可以规范学生的行为，调节学生的心境，而且可以使学生有强烈的归属感，激发学生关心集体、为集体负责的意识，从而使学生愿意并努力使自己成为对集体有所奉献的一员，在集体中追求个人的发展。

（三）有助于锻炼学生能力，使学生学会自治自理

班级组织是社会组织的雏形，它同样存在最基本的人际交往和社会关系，存在一定的组织层次和工作分工。因此，班级管理的重要功能就是不但要帮助学生成为学习自主、生活自理、工作自治

的人，而且要帮助学生进行社会角色的学习，获得认识社会、适应社会的能力，而这对于促进学生的人格成长是极其重要的。

三、班级管理的内容

班级管理包括以下四项内容：
（1）班级组织建设。
（2）班级制度管理。
（3）班级教学管理。
（4）班级活动管理。

四、班级管理的模式

（一）班级常规管理

1. 班级常规管理的概念
班级常规管理是指通过制定和执行规章制度管理班级的经常性活动。班级的规章制度是学生学习、工作、生活必须遵守的行为准则，它具有管理、控制和教育的作用。
2. 班级常规管理的作用
（1）班级管理是建立良好的班集体的基本要素。遵守班级规章制度是对每个学生的基本要求，也是每个学生的基本要求，是每个学生必须履行的基本义务和职责。
（2）有利于建立一个健康、活泼、积极、有效的班集体。
（3）有利于建立良好的学习环境。规范化的班级管理对于学生形成良好的习惯、班级舆论、团结互助的精神等都是非常必要的。

（二）班级平行管理

班级平行管理是指班主任既通过对集体的管理去间接影响个人，又通过对个人的直接管理去影响集体，从而把对集体和个人的管理结合起来的管理方式。马卡连柯认为，教师要影响个别学生，首先要影响学生所在的这个班级，然后通过这个集体与教师一起去影响这个学生，这样就会产生巨大的教育力量。

（三）班级民主管理

班级民主管理是指成员在服从班集体的正确决定和承担责任的前提下参与班级全程管理的一种管理方式。
班级民主管理的实质是在班级管理的全过程中调动学生自我教育的力量，发挥每一个学生的主人翁精神，使人人都积极主动地参与班级事务，让每个学生都成为班级的主人。

（四）班级目标管理

1. 班级目标管理的内涵
班级目标管理是指班主任与学生共同确定班级总体目标，然后转化为小组目标和个人目标，使其与班级总体目标融为一体，形成目标体系，以此推动班级管理活动，实现班级目标的管理方法。
目标管理是由美国管理学家德鲁克提出来的，其理论的核心是将传统的监控式的管理方式转变为强调自我、自控的管理方式，是一种以自我管理为中心的管理，目的是更好地调动被管理者的积极性。

2. 班级目标管理模式

在班级中实施目标管理，就是要围绕全班成员共同确立的班级奋斗目标，将学生的个体发展与班级进步紧密地联系在一起，并在目标的引导下，实施学生的自我管理。

第二节　良好班集体的培养

一、班集体的概念

班集体是按照班级授课制的培养目标和教育规范组织起来的，以共同学习活动和直接性人际关系交往为特征的社会心理共同体。

二、班集体的形成与培养

第二十五记：发展目标集核心，班风活动秩序正。（班集体的形成与培养）

学生良好思想品德和学习习惯的养成，只靠教师的教育是不够的，还必须重视组织和培养班集体。组织和培养班集体是班主任工作的中心环节，也是班主任的工作目的和主要任务。要组织和培养良好的班集体，教师要做好以下方面的工作：

（一）制定共同的奋斗目标

在确定奋斗目标时，班主任要结合本班的情况和特点，从实际出发，针对薄弱环节，提出适当的目标。制定目标要先易后难，先近后远，循序渐进，逐步提高，要与学生的日常生活、学习和互动紧密联系，让学生在一个个成功体验中，形成具有凝聚力的班集体。

（二）选拔和培养学生干部（建立得力的班集体核心）

班主任要深入全面地了解和研究学生，从中选择品学兼优、办事认真、乐于奉献、有一定组织能力的学生，根据他们的爱好和特长，让其在班级中担任一定的职位。班主任要对他们严格要求，充分支持，提高他们的管理能力。要在各项活动中充分发挥班干部的主动性、积极性和创造性，发挥他们的带头、骨干和桥梁作用。

（三）建立班集体的正常秩序

班集体的纪律是全体成员都必须遵守的秩序、规章和制度，是班集体成员的行为准则。纪律对于维护和巩固班集体，教育学生个人，都具有十分重要的意义。制度不是一朝一夕就能形成的，是在班级工作中发现问题、解决问题的过程中不断总结、不断完善而形成的。班级的纪律教育要具有引导和约束的作用，既要能够引导学生向正确的方向发展，又要约束学生的言行，使其能够自觉地遵守。班主任要经常进行检查和督促，以使学生养成自觉遵守班集体纪律的习惯和作风。同时要注意坚持公平原则，对班集体的全体成员都应一视同仁，学生干部与普通学生一样，都要遵守班级规章。

（四）组织形式多样的教育活动

班集体是在全班学生参与共同活动中逐步形成的，有了集体活动，就会使学生焕发精神，开阔眼界，增长知识，促进相互间的团结，体现集体精神。学校举办的艺术节、运动会、生产劳动和社会公益活动等都是进行集体主义教育的好时机。班主任要充分认识到这种活动的作用，发挥班干部的带头作用，鼓励全体同学积极参与，在具体的活动中感受集体的力量。

班主任还要针对学生的特点，开展各种形式的主题班会活动，要进行精心组织和设计，使活动丰富多彩，富有吸引力。只要在活动中充分发挥学生的积极性、主动性和创造性，一个有较强的凝聚力、乐观向上、团结友爱的班集体就逐渐成长起来了。

（五）形成正确的集体舆论和良好的班风

正确的舆论和良好的班风有很高的德育价值。具有正确的集体舆论是良好班集体的一个重要标志。培养正确的集体舆论，关键是班主任要经常注意班集体中的舆论倾向，善于把舆论引向正确的方向，使学生具有正确的是非观念，学会正确开展批评和自我批评，树立正气，抵制歪风。

第三节　班级工作概述

一、班主任工作的意义和作用

班主任工作的意义在于：
(1) 组织者和教育者。
(2) 全面发展的指导者。
(3) 各任课教师的纽带。
(4) 沟通学校与家庭、社会的桥梁。
(5) 是学校领导实施教学、教育工作计划的得力助手和骨干力量。

班主任工作的首要任务是组织建立良好的班集体。班主任工作的中心任务是促进班集体全体成员的全面发展。

二、班主任工作的主要内容与方法

（一）了解学生，研究学生

学生是班主任的工作对象，对学生的教育没有一个固定的模式，只有深入细致地了解学生、研究学生，才能指导得法、教育有效。

（二）组织和培养班集体

良好班集体的基本特征是：有明确的共同目标；有一定的组织结构；有一定能够共同生活的准则；有集体成员之间互相平等、心理相容的氛围。

学生良好思想品德和学习习惯的养成，只靠教师的教育是不够的，还必须重视组织和培养班集体。组织和培养班集体是班主任工作的中心环节，也是班主任的工作目的和主要任务。

班主任进行班集体建设应把握如下策略：设计班集体建设环境、选拔和培养学生班干部、组织班级活动、培养学生的合作精神。

（三）班集体建设方案设计

班集体建设工作首先要设计和优化班级环境。班级环境包括物质环境、精神环境和制度环境。

（四）主题班会活动的设计

开展丰富多彩的班级活动，对于活跃班级文化生活，全面提高学生素质，促进学生个性的健康发展有着十分重要的意义。因此班主任必须具备组织班级活动的能力，这是搞好班级管理工作的重要一环。

（1）科学地确定活动内容。班主任应能围绕学校计划、年级教育目标，根据学生年龄特点和身心发展规律来确定班级活动的内容。如政治性活动以思想品德教育和行为规范训练为主，通过参观学习、做好人好事等活动进行。

（2）能周密地安排活动计划。班级活动应该有目的、有计划、有组织地实施，对活动的内容、形式、时间和程序应能根据学生的年龄特点和知识水平周密计划、精心安排。在班级活动中，班主任与其他教师既是策划者，又是导演者，为促进学生个性的健康发展，应使人人有项目，个个有目标，充分体现活动的全员性和普及性，并做好总结。

（3）能协调校内外各种教育力量。班级是一个开放的系统，学生是在多种因素纵横交错的影响下发展成长的。班主任要对班级实施有效的教育与管理，必须要争取校内外各种教育力量的配合，调动各种积极因素。

（4）学习指导、学习活动管理和生活指导、生活管理。

（5）组织课外活动、校外活动，指导课余生活。

（6）建立学生档案。

（7）评定操行。

（8）班主任工作计划总结。

（9）个别教育工作。

（10）班会活动的组织。

（11）偶发事件的处理。

三、班主任在班级管理中的角色

（一）班主任是班级建设的设计者

班主任是班级建设的主帅，对教育对象个体来说，教师的职能可归结为"灵魂工程师"，但对教育对象群体来说，班主任更多的是班集体的缔造者、设计者。

（二）班主任是班级组织的领导者

学校对学生进行教育教学工作是以班级为单位的，一个良好的班集体具有强大的教育功能。但良好的班集体不是自发形成的，它依赖于班主任的领导与组织，在班级管理中，特别是在达成班级目标上，班主任的领导才能显得非常重要。

1. 班主任的领导影响力

班主任在班级管理中的领导影响力主要表现在两个方面：一是班主任的权威、地位、职权，这些构成了班主任的职权影响力；二是班主任的个性条件，这构成了班主任的个性影响力。

班主任职权影响力的实施要依据一定的组织法规和一定的群体规范，具体来说，一是国家的教育法令、学制、教育方针及学校的课程、课程计划、规章制度等；二是班级的目标、规范、舆论、纪律、班风等。

班主任的个性影响力取决于三个方面：一是班主任自身对教育工作的情感体验；二是对学生产

 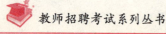

生积极影响的能力；三是高度发展的控制自己的能力。

2. 班主任的领导方式

班主任的领导方式一般可分为三种类型：权威的领导方式、民主的领导方式、放任的领导方式。

采用权威的领导方式的班主任侧重于在领导与服从的关系上实施影响，由教师自身对班级施行无条件的管理，严格监督学生执行教师所提出的要求的过程与结果。

采用民主的领导方式的班主任比较善于倾听学生的意见，在领导班级的过程中，不是以直接的方式管理班级，而是以间接的方式引导学生。

采用放任的领导方式的班主任主张对班级管理不要过多地干预，以容忍的态度对待班级生活中的冲突，不主动组织班级活动。

（三）班主任是班级人际关系的艺术家

班级是存在于学校之中的一个特殊的社会组织。教育从本质上说就在于建立个人、集体与社会的实际关系，以保证个人的社会化。因此，研究班级中的交往行为，指导学生形成良好的人际关系是班主任的重要使命之一。

第九章
课外、校外教育

第一节　课外活动概述

一、课外活动的含义

　　课外活动是指学校在课堂教学任务以外有目的、有计划、有组织地对学生进行的多种多样的教育活动。

　　选修课、自习课不属于课外活动。在课外活动中，教师处于启发指导地位，不是顾问或主导地位。课外教育是课堂教学的必要补充，不是课堂教学的延伸。

二、课外活动的特点

　　(1) 学生参加课外活动的自愿选择性。
　　(2) 课外活动内容和形式的灵活多样性。
　　(3) 学生在课外活动组织上的自主性。

第二节　课外活动的内容和形式

一、课外活动的内容

　　课外活动范围广泛，形式多样，按其性质可分为以下八类：
　　(1) 科技活动。
　　(2) 学科活动。
　　(3) 文学艺术活动。
　　(4) 体育活动。
　　(5) 社会实践活动。

（6）传统的节假日活动。

（7）社会公益活动。

（8）课外阅读活动。

教学是学校教育的基本途径，学校教育目的的贯彻落实和各种教育任务的完成主要是通过教学途径实现的。

从教育途径的角度来看，教学的特殊作用主要表现在以下方面：

（1）教学以有目的、有计划、有组织的活动形式进行人类经验的传授，使教学活动有着良好的秩序和节奏，从而大大提高了教学效率。

（2）教学将传授的内容经过科学选择，依据知识构成的逻辑顺序和学生获得知识的认知规律编成教材，作为学生认识世界的媒体。

（3）教学是在教师的引导和精心安排的过程中进行的。

（4）教学能够确保学生全面发展。

二、课外活动的形式

（一）群众性活动

群众性活动是一种面向多数或全体学生的带有普及性质的活动。活动的规模常常根据活动的目的、内容而定。参加这种活动的人数较多，可以在短时间内使较多的学生受到教育，同时对活跃学校生活，创造某种气氛和一定的声势有很大的作用。群众性活动有以下形式：

（1）报告和讲座。

（2）各种集会。

（3）各种比赛。

（4）参观、访问、调查、旅行。

（5）社会公益活动。

（二）小组活动

小组活动是课外、校外教育活动的主要形式。小组活动以自愿组合为主，根据学生的兴趣、爱好和学校的具体条件，进行有目的、有计划的经常性活动。小组活动的特点是自愿组合、小型分散、灵活机动。

（三）小组活动是学校课外活动的基本组织形式

小组活动有以下具体组织形式：

（1）学科小组。

（2）技术小组。

（3）艺术小组。

（4）体育小组。

（四）个人活动

它是指学生在教师指导下，在课外、校外单独进行的活动。它往往与小组或群众性活动相结合，由小组或集体分配任务，根据个人的兴趣和才能单独进行。个人活动能充分发展学生自己的兴趣爱好，丰富和充实学生的精神生活，培养学生独立完成作业的能力。

三、开展好课外活动的基本要求

开展好课外活动有以下基本要求：
（1）要有明确的目的性和计划性。
（2）活动要丰富多彩，富有吸引力。
（3）充分发挥学生的积极主动性和创造精神。

第三节　学校、家庭、社会三结合教育

一、家庭教育

家庭是社会的细胞，是以夫妻关系为基础，包括父母子女关系的最小社会基层组织，是人们生活和消费的最基本单位，承担着生养和教育子女的基本社会职能。家庭对儿童和青少年的发育、知识的获得、能力的培养、品德的陶冶、个性的形成，都是至关重要的。家庭教育是学校教育的基础和补充，有不可替代的教育作用。

家庭教育的基本要求是：
（1）和谐的家庭环境。
（2）对孩子的要求要合理、统一。
（3）要理解和尊重孩子。
（4）不断提高家长的文化素养和思想素养。

二、社会教育

社会教育主要是指学校、家庭环境以外的社区、文化团体和组织等给予儿童和青少年的影响。社会教育主要是通过以下途径和形式来影响儿童和青少年的身心发展的。

（一）社区对学生的影响

社区环境是指家庭所处的地区及邻里关系，它对儿童的价值观念和生活习惯的养成有着直接的影响。一方面，要鼓励和支持儿童和青少年走出家门，同更多的同龄人交往，参加群体的活动，因为只有在群体中生活，才能使儿童和青少年更快地认识自己，了解社会，并注意克服自己的不良行为；另一方面，也要帮助他们选择交往的伙伴。

（二）各种校外机构的影响

各种校外教育机构主要是指少年宫、少年科技站、各种业余学校等。它们可以满足儿童和青少年的多种不同的需要。这些机构在一定程度上弥补了学校教育的不足，它们在培养儿童和青少年不同兴趣爱好和特长方面发挥着重要的作用。

（三）报刊、广播、电影、电视、戏剧等大众传播媒介的影响

由于报刊、广播、电影等大众传播媒介具有灵活性、生动形象、趣味性强等特点，它们深受儿童和青少年的喜爱，并对他们产生了巨大吸引力和影响力。教师和家长在指导儿童和青少年接受宣

 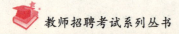

传教育时要注意培养他们的辨别能力和批判能力，帮助他们自觉抵制不良影响。

三、学校、家庭、社会三结合，形成教育合力

教育合力是指学校、家庭、社会三种教育力量相互联系、相互协调、相互沟通，统一教育方向，形成以学校教育为主体，以家庭教育为基础，以社会教育为依托的共同育人的力量，使学校、家庭、社会教育一体化，以提高教育活动的实效。

（一）学校教育占主导地位

学校作为专职教育机构，有着明确的目的、周密的计划、科学的组织，有经验丰富、掌握青少年学生身心发展规律的专门教育工作者。同时，学校具有青少年学生集中、学习环境好、规章制度健全、育人周期长等明显教育优势，并在社会上具有广泛的凝聚力、号召力，容易得到包括党政机关在内的社会各界的支持协助。

（二）家庭、社会和学校三者协调一致，互相配合

家庭、社会和学校三者协调一致，互相配合，有利于实现整个教育在时空上的紧密衔接，有利于保证整个教育在方向上的高度一致，有利于实现各种教育间的互补作用，从而加强整体教育效果。

（三）加强学校与家庭之间的相互联系

加强学校与家庭之间相互联系的方式主要有：相互访问；建立通信联系；举行家长会；组织家长委员会；举办家长学校。

（四）加强学校与社会教育机构之间的相互联系

加强学校与社会教育机构之间相互联系的方式主要有：建立学校、家庭和社会三结合的校外教育组织；学校与校外教育机构建立经常性的联系；采取"走出去、请进来"的方法与社会各界保持密切联系。

社会各界可以指有关工矿企业和部队等单位。建立这种联系的目的在于：一是请这些部门的优秀工作者到学校做报告或聘请他们为校外辅导员；二是组织学生到这些地方参观、访问和劳动。

在我国，家庭、学校和社会的根本利益是一致的。为了使受教育者身心得以健康发展，学校应成为三个方面互相联系、互相配合的最积极的倡导者和组织者，而家庭和社会应大力支持学校工作。

第十章
教育研究及其方法

第一节　教育研究概述

一、教育研究的内涵

教育研究是指人们在一定的教育理论指导下，遵循一定的研究程序，运用一定的方法来研究教育问题，以探索教育规律为目的的富有创造性的认识和实践活动。

教育研究的特点：具体表现为客观性、科学性、系统性、综合性和可验证性。

二、教育研究的意义

教育研究的意义在于：推动教育改革与发展、提高教育教学质量、丰富教育教学理论、提升教师自身素质。

三、教育研究的类型

教育研究可按以下标准进行分类：
（1）按功能目的分为：基础研究、应用研究、开发研究。
（2）按时间顺序分为：历史研究、现实研究、超前研究。
（3）按方法论分为：定量研究（量化研究）、定性研究（质化研究）。

四、教育研究的发展趋势

教育研究有如下发展趋势：
（1）研究背景的现场化。
（2）多种教育理论流派的形成导致教育研究方法的统一性与多元性。
（3）现代科学研究成果及其研究方法的移植。

（4）关注教育研究的价值标准。

（5）研究手段现代化。

第二节　基本过程

一、选择研究课题

研究课题可以来源于教育实践，也可以来源于教育理论。它必须符合三条基本准则：一是问题必须有价值；二是问题必须有新意；三是问题必须具有可行性。

在确定研究课题的同时，还要确定研究的基本方法，如是定性研究还是定量研究、是思辨性研究还是实证性研究、是描述性研究还是探究性研究等。

二、查阅文献资料

在教育研究过程中，文献检索是必不可少的步骤，它贯穿研究的全过程。一个好的研究课题往往是在大量阅读有关文献的基础上"沉淀"下来的精华，是研究者站在前人研究的基础上所得的成果。

文献检索的作用在于：可以从整体上了解研究的发展动向与成果，把握需要研究的内容；吸取前人研究的经验教训，避免重复研究；可以澄清研究问题并界定变量；可以为如何进行研究提供思路和方法；可以综合前人的研究信息，获得初步结论。

查阅文献资料的途径很多，既可利用目录、索引、文摘等检索工具进行，也可利用联机检索、光盘检索、上网检索等计算机检索方法进行。

三、制订研究计划

研究计划是研究工作进行之初所做的书面规划，是如何进行研究的具体设想，是研究实施的蓝图。撰写研究计划能够促使研究者把所要研究的课题内容、研究思路理清楚，以利于课题研究的具体实施。

撰写研究计划，首先必须了解研究计划的基本要求和写作形式。基本要求可以概括为以下四个问题：研究什么、为什么研究、怎样研究、预计成效。

课题的申报与研究计划有着密切的联系。研究计划是课题申报的基础，申报课题立项后，研究计划便列入科研部门的管理，并可以获得经费资助以及其他方面的支持。

四、收集研究资料

收集研究资料是指研究者在实施研究计划过程中所得到的现实资料。研究本身就是通过收集有关的事实资料来说明和解释研究问题的过程，因此收集资料是研究的主要任务和研究基础。收集资料的方法取决于研究目的和研究条件。

收集资料的方法有定性和定量的方法。定量研究主要有调查法、观察法、测量法、实验法、文献分析法等；定性研究主要有个案研究、行动研究、叙事研究、人种志研究、质的研究等。

一般来说，教育研究资料的收集主要有两个渠道：一是采用问卷、访谈、测量、个案、观察等方法直接收集资料；二是从现成的文献资料入手，在有关的文件、档案、作品、资料中收集有关资料。

五、分析研究资料

分析研究资料就是对收集到的教育事实和数据进行整理和分析，做理性的加工处理。资料分析的基本步骤是：阅读资料—筛选资料—解释资料。资料的分析方法可分为定性分析和定量分析（统计分析）。

定性分析就是通过分类处理文字描述资料，分析研究对象是否具有某种性质，分析某种现象变化的原因及变化的过程，从而揭示教育现象和规律。

定量分析就是将丰富的现象材料，用数量化的形式表现出来，借助教育统计方法进行处理，描述现象中存在的共同特征并对变量间的关系进行假设检验。定量分析是教育研究走向成熟的重要标志，它常常可以消除一些无谓的争论，验证和确认定性的结论。

六、 撰写研究报告

研究论文是对某一问题进行探讨、研究后写出的具有独到见解的研究文章，是研究成果的书面表达形式。人们通常把表达科学研究成果的学术性文章称为研究论文。它可以是描述某项科研课题进展的研究报告，也可以是就某一问题进行探讨、分析的学术论文。

研究论文可分为两大类：一类是实证性的研究报告。它是对研究过程和研究结果的概括和总结，是以具体的事实、数据来说明和解释问题的论文。其主要形式有实验报告、调查报告、观察报告等。另一类是理论性的学术论文。学术论文是以议论文的形式，通过理性的分析，用概念、判断、推理等逻辑方法来证明和解释问题的研究论文。其常见的形式有案例、综述、述评、理论性的论文等。学术论文的写作采用议论文的形式。

第三节　教育研究方法

一、教育研究的常用方法

教育研究的常用方法有：历史研究法、个案研究法、行动研究法、质的研究法、调查研究法、实验研究法。

记忆技巧：历史个案质，调查行动实。

（一）历史研究法

历史研究法是以系统方式收集、整理教育现象发生、发展和演变的史料，诠释理解史料及事件关系的方法。

采用历史研究法探讨教育现象及问题有一定的局限性。一是由于只能在现存的文献与史料中寻找证据，资料数量有限，加之资料本身是否可靠的问题，因此在应用上会受到一定的限制。二是研究中的史料由研究者解释，难免带有主观成分，客观性不及其他实证研究方法，因此在分析解释研究结论时要格外小心谨慎。

（二）个案研究法

个案研究法是当今教育研究中运用广泛的定性研究方法，也是描述性研究和实地调查的一种具体方法。它主要通过案例方式考察教育现象，基本目的在于描述与解释，在描述过程中进行解释。

个案研究的优点是它能以生动的描述过程形象地展示个案，这是定量统计难以做到的。个案研究也有其自身的局限：研究结论的主观性较强；常常会遇到伦理道德问题；研究成果的推广性有限；对研究人员的语言技能、洞察力有较高要求。

（三）行动研究法

行动研究法是教师和研究人员针对实践中的问题，综合运用各种有效方法，以改进教育工作为目的的教育研究活动。它将教育理论和教育实践融为一体，将教育者和教育现实问题紧密结合，强调在"行动"中研究，在"情境"中研究，在"做"中研究。

（四）质的研究法

质的研究也称为"实地研究法"或"参与观察法"，它是基于经验和直觉之上的研究方法，以研究者本人作为研究工具，凭借研究者自身的洞察力，在与研究对象的互动中理解和解释其行为和意义建构。

质的研究最早起源于人类学、社会学、民俗学等学科，近年来逐渐应用于教育领域。质的研究的总体特征可以概括为一种归纳的、描述的、现场参与的研究方法。质的研究的不足之处有：无法精确描述群体现象；研究过程周期较长、耗时费力；难以检验研究的信度和效度；研究在结论和推论方面都有欠缺。

（五）调查研究法

调查研究法是研究者采用问卷、访谈、观察、测量等方式对现状进行了解，对事实进行考察，对材料进行收集，从而探讨教育问题、教育现象之间联系的研究方法。调查研究是教育研究中运用最广泛的研究方法之一。

调查研究最突出的优点是可以深入了解教育现状，发现问题，弄清事实，为教育行政部门制定教育政策、教育规划以及为教育改革提供事实依据。

（六）实验研究法

实验研究法是根据研究目的，运用一定的人为手段，主动干预或控制研究对象的发生、发展过程，通过观察、测量、比较等方式探索、验证所研究现象因果关系的研究方法。实验研究的目的是发现事物间的因果关系，是各类研究中唯一能确定因果关系的研究。

实验研究的优点主要有：能确立因果关系，认识事物的本质和规律；能重复验证，研究结果客观、准确、可靠；能对变量进行控制，提高研究的信度；能为理论的构建提供佐证和说明；能将实验变量和其他变量的影响分离开来；严密的逻辑性是其他研究方法难以比拟的。实验研究的缺点主要有：应用范围有限，有些问题难以用实验的方法来解决；可能会有人为造作的痕迹，实验的结果不一定就是现实的结果等。

二、校本研究

校本研究是指以学校自身条件为基础，以学校校长、教师为主力军，针对学校现实存在的问题而开展的有计划的研究活动。

校本研究的特点是：

（1）校本研究是一种实践研究：做什么和怎么做。

 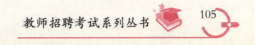

（2）校本研究以校为基础和前提：为了学校—在学校中—基于学校。

三、教育研究的基本要求

（1）自我反思。反思的实质：自我对话和自我诘难。

（2）同伴互助。其基本形式是：对话、协作和帮助。

（3）专业引领。

自我反思、同伴互助、专业引领三者具有独立性，同时又是相辅相成、相互补充、相互渗透、相互促进的关系。

第二部分
教师职业道德

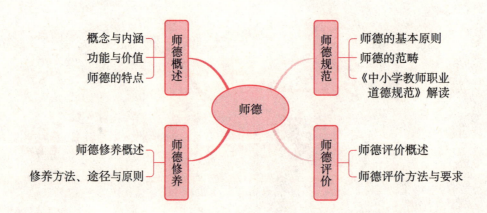

概念与内涵 ─┐
功能与价值 ─┤ 师德概述
师德的特点 ─┘

师德修养概述 ─┐
修养方法、途径与原则 ─┘ 师德修养

师德

师德规范
├─ 师德的基本原则
├─ 师德的范畴
└─ 《中小学教师职业
    道德规范》解读

师德评价
├─ 师德评价概述
└─ 师德评价方法与要求

第一节　教师职业道德的概念、特点及价值

一、教师职业道德的内涵

教师职业道德是教师在从事教育劳动时所应遵循的行为规范和必备的品德的总和，是调节教师与他人、教师与社会等关系时所必须遵守的基本道德规范和行为准则，以及在此基础上所表现出来的道德观念、情操和品质。它是一般社会道德在教师职业中的特殊体现。

教师职业道德是：职业活动的一种形式；教师从事教育活动的过程；遵循调节教师与学生、教师与集体、教师与社会之间关系的比较稳定的行为规范和所应具备的道德品质。

具体表现：教师职业理想、职业态度、职业义务、职业技能、职业纪律、职业良心、职业信誉、职业作风。

二、教师职业道德的特点

教师职业道德具有如下特点：
(1) 意识水平高层性。
(2) 道德境界高尚性。
(3) 行为举止示范性。
(4) 道德影响深广性。
(5) 道德内容先进性。

三、教师职业道德的价值蕴含

(1) 教育价值：良好的师德对教育效果、教育对象、教师自身的专业成长等都具有重大的影响。
(2) 文化价值：教师职业道德既是一种行为规范，又是一种文化现象。
(3) 伦理价值：关系和谐、行为向善。

第二节　教师职业道德的功能

教师职业道德具有以下功能：
(1) 对教师工作的促进功能（最基本的社会作用）。
(2) 对教育对象的教育功能（青少年从教师的道德意识和道德行为中汲取是非善恶观念）。
(3) 对社会文明的示范功能（高尚的道德风貌和人格形象）。
(4) 对教师修养的引导功能（教师是人类灵魂的工程师）。

第三节　教师职业道德修养

一、教师职业道德修养的内容

（1）树立远大的职业道德理想——体现了教师职业道德要求的本质。

（2）掌握正确的职业道德知识——教师职业道德修养的首要环节、最初阶段。

（3）陶冶真诚的职业道德情感——职业正义感（最基本、最高尚）、责任感、义务感、良心感、荣誉感、幸福感（最强大的精神动力和根本目的）等。

（4）磨炼坚强的职业道德意志——衡量教师职业道德素质高低的重要标志。

（5）确立坚定的职业道德信念——核心问题、强大动力和精神支柱。

（6）培养良好的职业道德行为习惯——教师职业道德修养的最终目的。

二、教师职业道德修养的基本原则

（1）坚持知行合一。

（2）坚持动机和效果相统一。

（3）坚持自律和他律相结合。

（4）坚持个人和社会相结合。

（5）坚持继承和创新相结合。

三、教师职业道德修养的主要方法

（1）加强学习。

（2）勤于实践磨炼，增强情感体验。

（3）树立榜样，虚心向他人学习。

（4）确立可行目标，坚持不懈努力。

（5）学会反思。

（6）努力做到"慎独"——莫见乎隐，莫显乎微，故君子慎其独也。

四、教师职业道德修养的意义

（1）加强教师职业道德修养有利于做好教育工作。

（2）加强教师职业道德修养有利于教师道德品质的完善。

（3）加强教师职业道德修养有利于弘扬社会主义风尚。

第四节　教师职业道德评价

教师道德评价是指教师自己、他人或社会根据社会主义教师职业道德准则、规范和科学的标准，在系统广泛地收集各方面信息，充分占有各种资料的基础上，运用现代技术手段，对教师的道德知、情、意、行进行考查和价值判断。

评价的方法：

（1）自我评价法。

（2）学生评价法（主要方法）。

（3）社会评价法。

（4）加减评分法。

（5）模糊综合评判法。

第五节　教师职业道德的基本原则

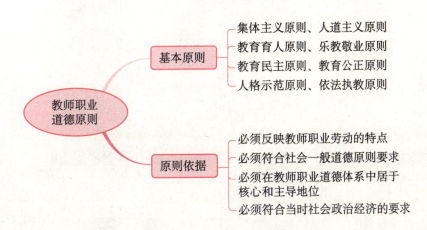

教师职业道德原则在教师职业道德体系中居主导地位，是整个教师职业道德体系的核心和精髓。

教师职业道德范畴：教师良心、教师公正、教师义务、教师荣誉和教师信誉。

第六节　教师职业道德规范

第二十六记：三爱两人一终身（爱国爱岗爱学生，育人为人学终身）

主要内容	地位	具体内容
爱国守法	教师职业的基本要求	热爱祖国，热爱人民，拥护中国共产党领导，拥护社会主义。全面贯彻国家教育方针，自觉遵守教育法律法规，依法履行教师职责权利。不得有违背党和国家方针政策的言行
爱岗敬业	教师职业的本质要求	"敬业"是所有职业对从业者的共同要求，"爱岗"是人们在职业工作中取得成就的前提条件。由于教育工作的特殊性，还要求教师要忠诚于人民教育事业，志存高远，勤恳敬业，甘为人梯，乐于奉献，对工作认真负责
关爱学生	师德的灵魂	关心爱护全体学生，尊重学生人格，平等公正对待学生。对学生严慈相济，做学生的良师益友。保护学生安全，关心学生健康，维护学生权益。不讽刺、挖苦、歧视学生，不体罚或变相体罚学生

续前表

主要内容	地位	具体内容
教书育人	教师的天职	教书是手段，育人是目的。教师教育教学必须遵循教育规律，实施素质教育。循循善诱，诲人不倦，因材施教。培养学生良好品行，激发学生创新精神，促进学生全面发展。不以分数作为评价学生的唯一标准
为人师表	教师职业的内在要求	坚守高尚情操，知荣明耻，严于律己，以身作则。衣着得体，语言规范，举止文明。关心集体，团结协作，尊重同事，尊重家长。作风正派，廉洁奉公。自觉抵制有偿家教，不利用职务之便谋取私利
终身学习	教师专业发展的动力	崇尚科学精神，树立终身学习理念，拓宽知识视野，更新知识结构。潜心钻研业务，勇于探索创新，不断提高专业素养和教育教学水平

第三部分
新课程改革

第一节　新课程概述

一、新课程理念

新课程理念主要表现在以下几点：

（1）关注学生作为"整体人"的发展（新课程的核心理念是"为了每一个学生发展"，即让学生发展为一个"整体的人"）。

（2）统整学生的生活世界与科学世界（新课程突出课程内容的发展性、现实性和生活化）。

（3）寻求学生主体对知识的建构。

（4）创建富有个性的校园文化。

学校文化是课程改革的核心问题。首先，我国新一轮课程改革致力于建设民主的课程管理文化；其次是课程管理的民主化、均权化，意味着课程变革的过程是一个民主参与的过程；最后，本次课程改革非常关注隐性课程在塑造人、培养人中的作用。

（一）社会背景

1. 国内背景

我国基础教育总体水平不高，原有基础教育课程已经不能完全适应时代发展的需要。推动基础教育新课程改革的直接动因是要为素质教育在我国的真正落实找到切入口。

2. 国际背景

（1）各国都非常重视培养 21 世纪具备全面素质的合格公民。

（2）关注人才培养模式变革，精选适合学生和时代需要的课程内容，满足多样化发展需求。

（3）培养具有终身学习、具有国际竞争意识的未来人才。

（4）重视评价改革，重视评价方式的多元化，以促进学生潜能、个性、创造性的全面发展。

（二）理论背景（影响新课改的当代教育思潮）

我国基础教育新课改从理念上吸收了现当代众多教育思潮中的各种合理因素，展现出全新的姿态，有着全新的价值追求。

1. 人本主义思潮

这一教育思潮的核心是"以人为本"，强调发展人的潜能和树立自我实现观念，主张教育是为了培养心理健康、具有创造性的人，并使每个学习者达到具有满足感和成就感的最佳状态。

2. 建构主义思潮

（1）知识观：知识并不是对现实的准确表征，它只是一种解释、一种假设，它并不是问题的最终答案。

（2）学习观：学习不是知识由教师向学生的传递，而是学生建构自己的知识的过程。

（3）学生观：学生并不是空着脑袋走进教师的。

（4）教学观：学生的主体性、情境的建构性、活动与主体的交往、经验世界的丰富性和差异性。

3. 多元智能理论

多元智能理论是由美国哈佛大学教育研究院的心理发展学家霍华德·加德纳在 1983 年提出的。加德纳从研究脑部受创伤的病人发觉到他们在学习能力上的差异，从而提出本理论。

加德纳认为过去对智力的定义过于狭窄，未能正确反映一个人的真实能力。他认为，人的智力应该是一个量度他的解题能力。根据这个定义，他在《心智的架构》中提出，人类的智能至少可以分成七个范畴，后来增加至九个，具体如下：

（1）语言智能（Verbal/Linguistic）。这种智能主要是指有效地运用口头语言及文字的能力，即指听说读写能力，表现为个人能够顺利而高效地利用语言描述事件、表达思想并与人交流的能力。这种智能在作家、演说家、记者、编辑、节目主持人、播音员、律师等职业上有更加突出的表现。

（2）逻辑数学智能（Logical/Mathematical）。从事与数字有关工作的人特别需要这种有效运用数字和推理的智能。他们学习时靠推理来进行思考，喜欢提出问题并执行实验以寻求答案，寻找事物的规律及逻辑顺序，对科学的新发展有兴趣。他人的言谈及行为有时也成了他们寻找逻辑缺陷的好地方，对可被测量、归类、分析的事物比较容易接受。

（3）空间智能（Visual/Spatial）。空间智能强调人对色彩、线条、形状、形式、空间及它们之间关系的敏感性很高，感受、辨别、记忆、改变物体的空间关系并借此表达思想和情感的能力比较强，表现为对线条、形状、结构、色彩和空间关系的敏感以及通过平面图形和立体造型将他们表现出来的能力强。这类人能准确地感觉视觉空间，并把所知觉到的表现出来。这类人在学习时是用意象及图像来思考的。空间智能可以划分为形象的空间智能和抽象的空间智能两种能力。形象的空间智能为画家的特长；抽象的空间智能为几何学家的特长；建筑学家的形象和抽象的空间智能都擅长。

（4）肢体运作智能（Bodily/Kinesthetic）。它是指善于运用整个身体来表达想法和感觉，以及运用双手灵巧地生产或改造事物的能力。这类人很难长时间坐着不动，喜欢动手建造东西，喜欢户外活动，与人谈话时常用手势或其他肢体语言。他们学习时是通过身体感觉来思考的。这种智能主要是指人调节身体运动及用巧妙的双手改变物体的技能。表现为能够较好地控制自己的身体，对事件能够作出恰当的身体反应以及善于利用身体语言来表达自己的思想。运动员、舞蹈家、外科医生、手艺人都有这种智能优势。

（5）音乐智能（Musical/Rhythmic）。这种智能主要是指人敏感地感知音调、旋律、节奏和音色等能力，表现为个人对音乐节奏、音调、音色和旋律的敏感以及通过作曲、演奏和歌唱等表达音乐的能力。这种智能在作曲家、指挥家、歌唱家、乐师、乐器制作者、音乐评论家等人员那里都有出色的表现。

（6）人际关系智能（Inter-personal/Social）。人际关系智能是指能够有效地理解别人及其关系，以及与人交往的能力。它包括四大要素：第一，组织能力，包括群体动员与协调能力。第二，协商能力，指仲裁与排解纷争能力。第三，分析能力，指能够敏锐察知他人的情感动向与想法，易与他人建立密切关系的能力。第四，人际联系，指对他人表现出关心，善解人意，适于团体合作的能力。

（7）内省智能（Intra-personal/Introspective）。这种智能主要是指认识到自己的能力，正确把握自己的长处和短处，把握自己的情绪、意向、动机、欲望，对自己的生活有规划，能自尊、自律，会吸收他人的长处，会从各种回馈渠道中了解自己的优劣，常静思以规划自己的人生目标，爱独处，以深入自我的方式来思考，喜欢独立工作，有自我选择的空间。这种智能在优秀的政治家、哲学家、心理学家、教师等人员那里都有出色的表现。内省智能可以划分两个长层次：事件层次和价值层次。事件层次的内省指向对于事件成败的总结；价值层次的内省将事件的成败和价值观联系起来自省。

（8）自然探索智能（Naturalist，加德纳在1995年补充）。自然探索智能是指能认识植物、动物和其他自然环境（如云和石头）的能力。自然智能强的人，在打猎、耕作、生物科学上的表现较为突出。自然探索智能应当进一步归结为探索智能，包括对于社会的探索和对于自然的探索两个方面。

（9）生存智慧智能（Existential Intelligence，加德纳后来又补充）。

二、新课程改革的目标

（一）总体目标

素质教育的内涵：面向全体学生，每个学生的全面发展与个性发展，培养创新精神和实践能力。

素质教育的三维目标：知识与技能、过程与方法、情感态度价值观。

（二）具体目标

课程功能：注重知识传授→强调主体学习。

课程结构：过于注重学科本位、科目过多、缺乏整合→实现课程结构的选择性、均衡性、综合性。

课程内容：从"难、繁、偏、旧"→注重基础、简化内容、反映新的研究成果、紧密联系现实。

课程管理方式：国家技术管理→国家、地方、学校三级管理。

学习方式：接受学习，死记硬背→主动参与，探索学习。

教师评价和考试功能：甄别选拔→激励、促进发展。

（三）新课程改革目标的特点

新课程改革目标具有以下特点：（1）要求学生在学习过程中学会做人；（2）注重学生的整体全面发展；（3）强调终身教育的基础性；（4）突出素质教育的重点；（5）体现对学生的人文关怀。

第二节 新课程改革的主要内容

一、课程目标的改革

课程目标是课程的第一要素。

课程目标的类型如下：

（1）行为取向性目标：是学习前事先规定的学生应达到的学习结果，具有操作性，适合技能课和训练课。

（2）生成性取向目标：不是事先规定的目标，而是随着学习活动的展开自然生成的目标。

（3）表现性取向目标：是教育过程中每个学生的创造性能力的表现，适合以学生活动为主的课程。

主张学习要培养学生的行为取向的目标的教育学家有：

（1）泰勒：课程目标必须指出学习后学生身上的变化，认为课程目标就是具体的学习行为，因此他认为确定的课程目标必须包括三点：可观察的行为、行为发生的条件、可接受的行为标准。

（2）布鲁姆：把教学目标分为认知领域目标、情感领域目标、技能领域目标。

二、课程结构改革

（1）设置九年一贯义务教育课程。小学阶段以综合课程为主，初中阶段设置分科和综合课程相结合，高中以分科课程为主，掌握基础的同时要求个性发展，开设选修课。

（2）从小学到高中把综合实践活动课设置为必修课程，内容包括：信息技术教育、研究性学习、社区服务与社会实践以及劳动技术教育。

（3）农村课程设置要为当地社会经济发展服务。

（4）新课程结构的特点：均衡性、综合性、选择性。

三、课程内容改革

三种观点：课程即教材，代表人物是夸美纽斯；课程即活动，代表人物是杜威；课程即经验，代表人物是泰勒。

（一）课程内容的具体表现形式（课程的三种结构）

（1）课程计划。

（2）课程标准。课程标准是教材编写、教学、评估和考试命题的依据，是国家管理和评价课程的依据，体现国家对不同阶段的学生在知识与技能、过程与方法、情感态度和价值观等方面的基本要求，规定各门课程的性质、目标、内容与框架，提出教学和评价建议。

（3）教材。教材的主要表现形式是教科书，它是学生获取系统知识的重要工具，也是教师进行教学的主要依据。

（二）新课程的内容

1. 特点

（1）素质教育理念。全面体现三维目标，促进学生全面发展。

（2）突破学科中心，从"难、繁、偏、旧"，转变为注重基础、简化内容、反映新的研究成果、紧密联系现实。

（3）改变学习方式。从接受学习、死记硬背到主动参与、探索学习。

2. 新课程内容选择

（1）原则：尊重学生、联系实际。

（2）新课程的内容选择：第一，走进学生的生活，尊重"儿童文化"，强调直接经验的积累，强调课程内容与学生生活相联系。第二，反映当代社会生活，联系社会实际，注重关心当代文化的变革与发展，努力吸收人类进步文化的营养。

第三节　课程实施改革

一、理念改革

（一）现代学生观

1. 学生是发展中的人，要用发展的观点认识学生

学生的身心发展是有规律的；学生具有巨大的发展潜能；学生是处于发展过程中的人；学生的发展是全面的发展。

2. 学生是独特的人

学生是完整的人，每个学生都有自身的独特性，学生与成人之间存在巨大的差异。

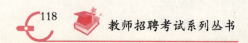

3. 学生是教育活动的主体

学生是具有一定主体的人，学生是学习活动的主体，教师的教在于构建学生主体。

4. 学生是责权主体

学生在教育系统中既享有一定的法律权利，也承担着一定的法律责任，是一个法律上的责权主体。同时，学生也承担一定的伦理责任和享受特定的伦理权利。

（二）现代教师观

1. 教师角色的转变

（1）教师是学生学习的促进者。

（2）教师应该是教育教学的研究者。

（3）教师是课程的开发者和研究者。

（4）教师应是社区型开放教师。

（5）教师应该是终身学习的践行者。

2. 教师教学行为观点的转变

（1）在对待师生关系上，新课程强调尊重、赞赏、民主、互动、教学相长。

（2）在对待教学上，新课程强调帮助、引导启发。

（3）在对待自我上，新课程强调反思与终身学习发展。

（4）在对待与其他教育的关系上，新课程强调合作。

（三）现代创新观

1. 破除知识中心观念

不能一味地相信知识，要对原有的知识提出质疑，不是说不要积累知识，而是要以知识为引导培养学生的创新意识。

2. 破除教师权威观念

新课程要求教师不再是课堂上的领导者，而是学生学习的促进者和引导者，教学实践中有很多不当的教师权威现象，在培养学生创新精神方面起着负面作用。

3. 培养问题意识

教师要鼓励学生提问，要意识到态度比答案更重要，并且要对学生有创意性的答案持赞赏态度。

（四）现代教学观

1. 教学是课程创新和开发的过程

教学再也不能被动地听从课程的指令，而是要在教学实践中根据实际情况开发和设置课程。

2. 教学是师生交往、积极互动、共同发展的过程

教学的实质是交往，师生相互合作、相互理解、相互补充，师生之间相互平等、相互尊重。教学是师生双方互动的过程。

3. 教学过程重于教学结果

要重视客观真理，但要更重视获得真理的过程。

4. 教学更关注人而不只是科学

教学应更关注学生的情感需要，给学生充分的个性空间和时间，重视对学生情感、态度和价值观的教育。

（五）我国新型师生关系的特点

> **第二十七记：尊师爱生民主平，教学相长心相容（教民尊心）**

我国新型师生关系的特点是：尊师爱生、民主平等、教学相长、心理相容。

二、方式改革

（一）教学方式改革

由教师传授知识、学生被动接受知识→教师引导学生探求知识、学生主动学习知识。
由单一的课堂教学模式→充分利用课堂和校外社区综合教学模式。
由单纯传授书本知识→组织学生参加社会实践获得社会知识。
教材中的知识由脱离生活的知识→与社会紧密相连的知识。

（二）学习方式改革

学生被动接受理论知识→学生主动参与实践，主动探求知识。
只注重学习教材中的理性知识→强调情感、态度和价值观等良好人格的获得。
只注重与书本结论一致的知识的获得，忽视主动获取知识的过程→强调主动探究知识的过程。
现代学习方式主要有：自主学习、合作学习、探究学习。
现代学习方式的主要特征：主动、合作与独立、问题与探究性。

第四节　课程评价改革

一、现代教育评价概述

（1）理念：发展性评价和激励性评价。
（2）现代课程评价的特点：立足过程，促进发展。

二、新课程背景下的教育评价

（1）发展性评价的几种典型方法：成长记录袋、表现性评价法、案例分析法。
（2）发展性评价的基本理念：评价目的是促进发展；评价主体和内容多元化；评价方式多样化；强调参与互动、自评与他评相结合、定性与定量相结合的评价；更注重评价过程。

三、新课程改革下的考试宗旨

（1）目的：发现学生潜能，帮助学生树立自信心，促进学生积极主动地发展。
（2）内容：涉及与学生的实际生活相联系的知识，注重考查学生分析问题和解决问题的能力。
（3）方法：形式多样，笔试考试和实际操作测验相结合。
（4）成绩评定：实行等级制，甚至不设总分而改为各项评定，而且必须遵守"不公布成绩和不进行成绩排队"的规定。

第五节 课程管理改革

一、课程三级管理制

课程三级管理制度是指国家、地方、学校三级管理制度。

（一）国家对课程的管理内容

教育部总体规划基础教育改革；制定课程管理的各项政策；制定基础教育课程标准；积极试行新的课程评价制度。

（二）地方对课程的管理内容

贯彻国家课程政策、制订课程实施计划；组织课程的实施与评价；加强课程资源的开发和利用。

（三）学校对课程的管理内容

制定课程实施方案；建立教学管理制度；开发课程资源；改进课程评价。

二、地方课程开发

总体上实行以省为主、分级管理、社会参与的体制。

三、校本课程开发

（一）校本课程开发价值

（1）培养合作精神。
（2）提高研究能力。
（3）加强课程理论素质。

（二）校本课程开发途径

以合作开发为主，在课题研究与实践中规范原有的选修课、活动课和兴趣小组。

第四部分
教育政策法规

第一节　教育法律基础

一、教育法规概述

（一）教育法规的内涵

教育法规是指国家权力机关和国家行政机关为调整教育与经济、社会、政治的关系，调整教育内部各个环节的关系而制定和发布的教育法律、法令、条例、规程、制度等规范文件的总称。

教育法规的特征：国家意志性、强制性（本质特性）、规范性、普遍性。

在我国教育法规中，《中华人民共和国教育法》（简称《教育法》）是我国教育的根本法、基本法，而《中华人民共和国义务教育法》（简称《义务教育法》）、《中华人民共和国教师法》（简称《教师法》）等为普通法、单行法。

（二）教育法规体系的纵向结构

教育法规体系的纵向结构，即教育法规的表现形式，是指由不同层级的教育法律文件组成的等级、效力有序的纵向体系。由于制定机关的性质和法律地位不同，上下层次的教育法规之间具有从属关系。

1. 《宪法》

《宪法》中有关教育的条款是我国教育立法的根本依据，是教育法规的最高层次，其他形式的教育法规都不得与之违背。

2. 教育基本法律

由全国人民代表大会制定，调整教育内部、外部相互关系的基本法律准则。也称"教育宪法""教育母法"。我国教育基本法律为《教育法》。

3. 教育单行法律

由全国人民代表大会常务委员会制定。如《教师法》《义务教育法》。

4. 教育行政法规

由国家最高行政机关（国务院）制定。名称一般有三种：条例、规定、办法或细则。如《教师资格条例》《义务教育法实施细则》。

5. 地方性教育法规

由省、自治区、直辖市以及省级人民政府所在地的市和经国务院批准的较大的市的人民代表大会及其常务委员会制定。名称通常有条例、办法、规定、规则、实施细则等。如《河南省义务教育实施办法》。

6. 教育规章

部门教育规章是国务院所属各部、各委员会发布的有关教育的规范性文件。地方政府教育规章是省、自治区、直辖市以及省、自治区人民政府所在地和经国务院批准的较大的市的人民政府所制定的有关教育的规范性文件。

（三）教育法规的制定和执行

教育法规的制定是指国家机关依据法定的权限和程序制定、修改、补充或废止规范性教育法律文件的活动。

我国的教育立法程序分为以下四个步骤：（1）法律草案的提出；（2）法律草案的审议；（3）法律草案的通过；（4）法律的公布。

教育法规的实施有两种方式，即教育法规的适用和遵守。

教育法规实施的基本要求：有法可依、有法必依、执法必严、违法必究。

教育法规的效力是指教育法规的适用范围，即在什么空间、什么时间和对什么人发生法律效力。

（四）教育法规的功能和作用

教育法规的功能：规范功能、标准功能、预示功能、强制功能。

教育法规的作用：指引作用、评价作用、教育作用、保障作用。

二、教育法律关系

教育法律关系是由教育法规所确认和调整的人们在从事有关教育活动过程中形成的权利与义务关系。

教育法律关系的构成要素：教育法律关系的主体、客体、内容。

（1）主体：教育法律关系的参与者，包括自然人、法人、国家。

（2）客体：教育法律关系主体的权利与义务所指向的对象，包括物质财富、非物质财富、行为。

（3）内容：教育法律关系主体依据法律规定而享有的权利与义务。

教育法律关系产生、变更和消灭最主要的两个条件：（1）法律规范；（2）法律事实。

三、教育法律责任

教育法律责任是教育法律关系主体因实施了违反教育法律的行为，依法应承担的带有强制性的法律后果。

（一）教育法律责任的归责要件

（1）有损害事实。

（2）损害行为违反教育法律。

（3）行为人主观上有过错。

（4）违法行为与损害事实之间有因果关系。

（二）教育法律责任的类型

教育法律责任的类型包括行政法律责任、民事法律责任、刑事法律责任、违宪责任。

四、教育法律救济

教育法律救济是指教育法律关系主体的合法权益受到侵犯并造成伤害时，通过裁决纠纷，使受害者的权利得以恢复，利益得到补救的法律制度。

（一）教育法律救济的途径

教育法律救济的途径包括行政渠道、司法渠道、仲裁渠道、调解渠道。

 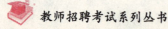

（二）教师申诉制度

教师申诉制度是指教师在其合法权益受到侵犯时，依法向主管的行政机关申诉理由，请求处理的制度。教育行政部门应当在接到申诉的 30 日内，作出处理。

关于教师申诉的范围，我国《教师法》作出了明确规定：（1）认为学校侵犯其合法权益的，可提出申诉。（2）对作出的处理不服的。（3）认为当地人民政府有关行政部门侵犯其根据《教师法》规定享有的权利的。

（三）受教育者申诉制度

申诉的范围：

（1）对学校给予的处分不服的。

（2）对学校或教师侵犯其人身权、财产权的。

（3）对学校或教师侵犯其知识产权的（著作权、发明权或者科技成果权）。

申诉程序：申诉的提出—受理—处理。

（四）教育行政复议

教育行政复议的程序如下：

（1）申请。书面形式申请应在 60 日内提出复议申请书。

（2）受理。行政复议机关在收到复议申请后，应在 5 日内对申请人的资格和条件认真加以审查。

（3）审理。

（4）决定。行政复议机关应当自受理申请之日起 60 日内作出行政复议决定。

（5）执行。申请人对复议决定不服的，可以依法向人民法院提起行政诉讼。

（五）教育行政诉讼

教育行政诉讼的程序是：起诉和受理（符合起诉条件的，应当在 7 日内立案）；审理和判决（当事人不服第一判决，有权在判决书送达之日起 15 日内向上一级人民法院提起上诉）；执行。

第二节 依法执教与教师违法行为预防

一、依法执教的基本要求

（1）坚持正确的政治方向。

（2）拥护党的基本路线和领导。

（3）自觉增强法律意识。

（4）认真贯彻党和国家的方针政策。

二、教师违法行为的主要类型

（1）侵犯学生的受教育权。

（2）侵犯学生的人身权。

（3）侵犯学生的财产权。

(4) 侵犯学生的著作权。

(5) 不作为违法侵权。

三、预防措施

(1) 建立健全教育法规体系，加强教育执法力度。

(2) 加强学校法制建设，做好法制宣传和普及工作。

(3) 规范教师管理，提高教师的法律意识。

第三节　现行主要的教育法律法规及重要规定（节选）

一、《教育法》

第二条　在中华人民共和国境内的各级各类教育，适用本法。

第十四条　国务院和地方各级人民政府根据分级管理、分工负责的原则，领导和管理教育工作。中等及中等以下教育在国务院领导下，由地方人民政府管理。

第十七条　国家实行学前教育、初等教育、中等教育、高等教育的学校教育制度。

第二十五条　国家实行教育督导制度和学校及其他教育机构教育评估制度。

第七十三条　明知校舍或者教育教学设施有危险，而不采取措施，造成人员伤亡或者重大财产损失的，对直接负责的主管人员和其他直接责任人员，依法追究刑事责任。

二、《义务教育法》

第十一条　凡年满六周岁的儿童，其父母或者其他法定监护人应当送其入学接受并完成义务教育；条件不具备的地区的儿童，可以推迟到七周岁。适龄儿童、少年因身体状况需要延缓入学或者休学的，其父母或者其他法定监护人应当提出申请，由当地乡镇人民政府或者县级人民政府教育行政部门批准。

第十二条　适龄儿童、少年免试入学。地方各级人民政府应当保障适龄儿童、少年在户籍所在地学校就近入学。

第二十二条　县级以上人民政府及其教育行政部门应当促进学校均衡发展，缩小学校之间办学条件的差距，不得将学校分为重点学校和非重点学校。学校不得分设重点班和非重点班。县级以上人民政府及其教育行政部门不得以任何名义改变或者变相改变公办学校的性质。

第三十条　教师应当取得国家规定的教师资格。国家建立统一的义务教育教师职务制度。教师职务分为初级职务、中级职务和高级职务。

三、《教师法》

第三条　教师是履行教育教学职责的专业人员，承担教书育人，培养社会主义事业建设者和接班人、提高民族素质的使命。教师应当忠诚于人民的教育事业。

第六条　每年九月十日为教师节。

第七条　教师享有下列权利：（多选）

（一）进行教育教学活动，开展教育教学改革和实验；

（二）从事科学研究、学术交流，参加专业的学术团体，在学术活动中充分发表意见；

（三）指导学生的学习和发展，评定学生的品行和学业成绩；

（四）按时获取工资报酬，享受国家规定的福利待遇以及寒暑假期的带薪休假；

（五）对学校教育教学、管理工作和教育行政部门的工作提出意见和建议，通过教职工代表大会或者其他形式，参与学校的民主管理；

（六）参加进修或者其他方式的培训。

第八条　教师应当履行下列义务：（多选）

（一）遵守宪法、法律和职业道德，为人师表；

（二）贯彻国家的教育方针，遵守规章制度，执行学校的教学计划，履行教师聘约，完成教育教学工作任务；

（三）对学生进行宪法所确定的基本原则的教育和爱国主义、民族团结的教育，法制教育以及思想品德、文化、科学技术教育，组织、带领学生开展有益的社会活动；

（四）关心、爱护全体学生，尊重学生人格，促进学生在品德、智力、体质等方面全面发展；

（五）制止有害于学生的行为或者其他侵犯学生合法权益的行为，批评和抵制有害于学生健康成长的现象；

（六）不断提高思想政治觉悟和教育教学业务水平。

第十四条　受到剥夺政治权利或者故意犯罪受到有期徒刑以上刑事处罚的，不能取得教师资格；已经取得教师资格的，丧失教师资格。

第二十五条　教师的平均工资水平应当不低于或者高于国家公务员的平均工资水平，并逐步提高。建立正常晋级增薪制度，具体办法由国务院规定。

第三十七条　教师有下列情形之一的，由所在学校、其他教育机构或者教育行政部门给予行政处分或者解聘：

（一）故意不完成教育教学任务给教育教学工作造成损失的；

（二）体罚学生，经教育不改的；

（三）品行不良、侮辱学生，影响恶劣的。

第三十九条　教师对学校或者其他教育机构侵犯其合法权益的，或者对学校或者其他教育机构作出的处理不服的，可以向教育行政部门提出申诉，教育行政部门应当在接到申诉的三十日内，作出处理。教师认为当地人民政府有关行政部门侵犯其根据本法规定享有的权利的，可以向同级人民政府或者上一级人民政府有关部门提出申诉，同级人民政府或者上一级人民政府有关部门应当作出处理。

四、《未成年人保护法》

第二条　本法所称未成年人是指未满十八周岁的公民。

第十八条　学校应当尊重未成年学生受教育的权利，关心、爱护学生，对品行有缺点、学习有困难的学生，应当耐心教育、帮助，不得歧视，不得违反法律和国家规定开除未成年学生。

第三十六条　中小学校园周边不得设置营业性歌舞娱乐场所、互联网上网服务营业场所等不适宜未成年人活动的场所。

第五部分
普通心理学

第一章
心理学概述

第一节　心理学的研究对象和意义

一、心理学的研究对象

（一）心理学的含义和学科性质

心理学是研究心理现象及其发生发展规律的科学，心理现象又称心理活动。

心理学的学科性质：兼有自然科学和社会科学的性质，是一门中间（边缘）学科。

（二）心理现象及其结构

1. 心理过程

（1）认知过程：感觉、知觉、记忆、思维、想象。

（2）情绪情感过程：情绪、情感。

（3）意志过程：意志行动的心理过程。

2. 个性心理

（1）个性心理倾向性：需要、动机、信念、理想、价值观、世界观等。

（2）个性心理特征：能力、性格、气质。

3. 心理过程和个性心理的关系

（1）个性心理是在心理过程中形成的。

（2）个性心理特征又制约着心理过程的进行。

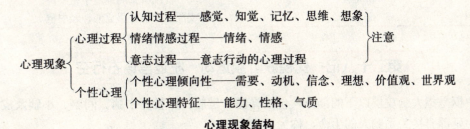

心理现象结构

二、教师学习心理学的意义

（一）理论意义

心理学的研究成果为马克思主义认识论的辩证法提供科学依据；心理学研究对邻近的社会科学如文学、艺术等，也有一定的借鉴意义。

（二）实践意义

教师学习心理学，有助于理解和解释学生的心理现象和行为，更好地完成教育工作；有助于运用心理学原理，指导和开展当代教育改革；有助于教师判断学生的心理健康状态，有效地开展学生心理异常的调适工作；有助于教师依据心理学知识进行自我教育。

第二节 心理学的实质

一、心理是脑的机能

心理是脑的机能，脑是心理的器官。法国医生布洛卡解剖失语症患者，发现大脑皮层的一个区域里的神经细胞严重损坏，证明了脑的这个区域（后称"布洛卡区"）与人的语言活动有关。

（一）神经系统的结构

神经系统是心理活动的主要物质基础。

1. 神经元（神经细胞）

神经元是神经系统结构和功能的基本单位。由细胞体（胞体）、树突和轴突组成。

种类包括：感觉神经元、运动神经元、联络神经元。

2. 神经系统

（1）中枢神经系统：脑和脊髓。

高级中枢是指脑，大脑包括四个分区，额叶、枕叶、颞叶、顶叶（见下表）。额叶是运动区，支配身体的运动；枕叶是视觉区；颞叶是听觉区；顶叶是感觉区，支配身体各种感觉。大脑左半球是抽象逻辑思维和言语中枢的优势半球，主要负责言语、阅读、书写、运算和推理；右半球是形象思维和空间知觉的优势半球，主要处理物体的空间关系、情绪情感、欣赏音乐和艺术等。

大脑的四个区

额叶	运动区	支配身体运动的神经中枢
枕叶	视觉区	支配视觉的神经中枢
颞叶	听觉区	支配听觉的神经中枢
顶叶	感觉区	支配身体各种感觉的神经中枢

第二十八记：枕视颞听额运动，左逻言语右行空

低级中枢是指大脑皮层以下的部分，包括脊髓、延髓、脑桥、中脑、间脑、小脑及皮质下神经节等。其中延髓直接关系到人的生命，称为"生命中枢"。

 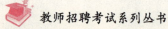

（2）周围神经系统：12对脑神经、31对脊神经。

（二）神经系统的活动方式

1. 反射与反射弧

脑的反射活动是人的心理活动的基础，人的行为是由反射组成的。反射是神经系统活动的基本形式，是指有机体通过神经系统对内外刺激所做的有规律的反应。实现反射活动的神经结构称为反射弧，它由感受器、传入神经（感觉神经）、中枢神经、传出神经（运动神经）和效应器组成。

2. 无条件反射和条件反射

无条件反射是指先天的、无意识的本能行为，如眨眼、吮吸、膝跳等。

条件反射又称信号反射，是后天学习所形成的，是通过有意识的学习得来的知识、技能和经验等。

3. 两种信号系统

根据条件刺激的特点，巴甫洛夫把大脑的功能分为第一信号系统和第二信号系统。第一信号系统是用具体事物作为条件刺激而建立的条件反射系统，是人和动物共有的。如"望梅生津"。第二信号系统是用语词作为条件刺激而建立的条件反射系统，是人类独有的。如"谈虎色变"。

4. 神经活动的基本过程与规律

神经活动主要是指大脑皮层活动，基本过程是兴奋和抑制。兴奋是指神经细胞的活动状态；抑制是指神经细胞处于暂时性的减弱或停止的状态。

神经活动的基本规律包括：

（1）兴奋和抑制的扩散与集中。扩散是兴奋或抑制从原发点向四周扩散开，集中是兴奋或抑制从四周向原发点集中。

（2）兴奋和抑制的相互诱导。诱导是由兴奋过程引起或加强抑制过程，以及由抑制过程引起或加强兴奋过程。前者是负诱导，后者是正诱导。相互诱导可以是同时性的，也可以是相继的。

二、心理是客观现实的反映

（一）客观现实决定人的心理

人的心理是客观现实的反映，而社会环境和社会生活条件对人的心理起着决定作用。

（二）心理是人脑对客观现实的主观映像

人的心理既是客观的又是主观的，它是由具体的个体在头脑中进行的。

（三）心理是人脑对客观现实的能动反映

人的心理不是消极被动地、录像式地对客观现实进行反映，而是能动地去反映客观世界。

第三节　心理学的产生与发展

一、心理学产生的历史背景

亚里士多德的《论灵魂》是人类文明史上较早的有关心理现象研究的专著。

1879 年，德国心理学家冯特在莱比锡大学建立了世界上第一个心理学实验室，这标志着科学心理学的正式诞生，因此，冯特被誉为"心理学之父"。

二、西方主要的心理学流派

西方主要心理学流派如下表所示：

西方主要的心理学流派

时间	心理学流派	代表人物	主要思想
19 世纪末 20 世纪初	构造主义心理学	冯特、铁钦纳	主张实验内省法，但忽视个体差异，脱离了社会生活
	机能主义心理学	詹姆士、杜威、安吉尔	强调心理学要研究意识的功能，提出"意识流"概念
	行为主义心理学	华生	西方心理学"第一势力"，反对研究意识，主张研究行为；反对内省，主张用实验进行研究
	格式塔心理学 （完形心理学）	韦特海默、苛勒、考夫卡	强调心理作为一个整体、一种组织的意义，认为"整体大于部分之和"
	精神分析心理学	弗洛伊德	西方心理学的"第二势力"，重视对异常行为的分析，并且强调心理学应该研究无意识现象
20 世纪 50 年代以来	人本主义心理学	马斯洛、罗杰斯	西方心理学的"第三势力"，着重于人格方面的研究，强调人有自由意志和自我实现的需要
	认知心理学 （信息加工心理学）	奈塞尔、皮亚杰	诞生标志：《认知心理学》的出版，以信息加工观点为核心

第二十九记：构造内省冯铁钦，意识詹姆杜机能。
韦特苛考格式整，行为第一势华生。
罗马第三势人本，弗洛第二势精神。
奈塞皮亚认知信，一八七九心理成。

第二章
认知发展与教育

第一节　感觉和知觉

一、感知觉概述

（一）感知觉的概念

1. 感觉

感觉是人脑对直接作用于感觉器官的客观事物的个别属性的反映。感觉是最简单、最基本的心理活动。

2. 知觉

（1）知觉的概念：知觉是人脑对直接作用于感觉器官的客观事物的整体的反映，是人对感觉信息组织和解释的过程。

（2）观察和观察力：观察又叫"思维的知觉"，是人的一种有目的、有计划、持久的知觉活动，是知觉的高级形式。观察力是指人迅速、敏锐地发现事物细节和特征等方面的知觉能力。

3. 感觉和知觉的关系

（1）区别：感觉反映的是事物的个别属性，知觉反映的是事物的整体属性；感觉依赖于个别感觉器官的活动，知觉依赖于多种感觉器官的联合活动；知觉不仅受感觉系统生理因素的影响，而且依赖于人的经验；知觉与词联系在一起，因此知觉比感觉更复杂。

（2）联系：都是刺激物直接作用于感觉器官而产生的，都是人对现实的感性反映；都是人认识世界的初级形式，反映的都是事物的外部特征和外部联系。

（二）感觉的种类

人的感觉依据刺激的来源可以分为两大类：外部感觉和内部感觉。外部感觉接受外部刺激，反映外界事物的属性，包括视觉、听觉、嗅觉、味觉和肤觉。内部感觉接受机体内部的刺激并反映它们的状态，包括机体觉、平衡觉和运动觉。

1. 外部感觉

（1）视觉：物体的影像刺激视网膜产生的感觉。

（2）听觉：听觉器官在声波作用下产生的对声音特性的感觉。

音调是由声波频率决定的，频率越高，声音越尖；频率越低，声音越低沉。

音响是由声波振动的幅度引起的，振动幅度越大，声音越响；振动幅度越小，声音越弱。

音色是声波混合的听觉属性。

（3）嗅觉：对物质固有的气味的感觉。

（4）味觉：舌尖对甜味最敏感，舌中对咸味最敏感，舌的两侧对酸味最敏感，舌后对苦味最敏感。

（5）肤觉：又叫皮肤觉，是皮肤受外界刺激时所产生的感觉。包括触觉、压觉、温度觉、痛觉等。

2. 内部感觉

（1）机体觉：又称内脏感觉，是内脏器官的异常变化作用于内脏分析器时所产生的感觉。

（2）平衡觉：对身体的感觉，也称姿势感觉或静觉。

（3）运动觉：关节肌肉的感觉。

（三）知觉的种类

根据人脑所反映对象的不同，可以把知觉分为物体知觉和社会知觉。

1. 物体知觉

（1）空间知觉是指物体的空间特性在人脑中的反映，包括形状知觉、大小知觉、深度知觉、方位知觉等。

（2）时间知觉是指对客观事物的时间关系（即事物运动的速度、延续性和顺序性）的反映。

（3）运动知觉是指对物体的空间位移和移动速度的知觉。运动知觉可分为真动知觉和似动知觉。

> 一般来说，对于运动的事物都会产生真动知觉，但速度太慢或距离太小时则不能产生运动知觉，如时针的运动、花朵的开放。
>
> 似动知觉是指在一定的时间和空间条件下，把静止的看成运动的，把不连续的看成连续的。主要有：
>
> 动景运动：当两个刺激（如光点、直线、图形）按一定空间间隔和时距相继呈现时，会看到从一个刺激物向另一个刺激物连续运动的现象。如电影，实际上它是由一系列不连续的画面组成的，可看上去画面是连续的。
>
> 诱发运动：由于一个物体的运动使其相邻的静止物体产生运动的现象。如云与月亮，实际上是云在运动，可看上去却是月亮在运动。
>
> 自主运动：人们可能把实际上没有动的物体看成是运动的，如长时间地看星星，会觉得星星在运动。
>
> 运动后效：即一个物体运动，使旁边静止的物体似乎朝相反的方向运动，如火车与树木，火车在向前运动，却觉得树木在向后运动。

2. 社会知觉

（1）社会知觉是指个体对社会现象和社会关系的知觉，也叫社会认知。主要包括对他人的知觉、人际知觉和自我知觉。

（2）社会知觉常出现以下几种偏差：

刻板印象：是指社会上对某一类人所具有的固定的、概括而笼统的看法。如贴标签。

晕轮效应：又称光环效应，是指在人际知觉中，人们常以知觉到的特征代替未知觉到的特征，以局部信息形成完整印象。如爱屋及乌，情人眼里出西施。

首因效应：也叫最初效应，是指在对人的知觉中，最早获得的印象比后来获得的印象影响更大的现象。这种印象主要体现于对象的外部特征。

近因效应：也叫最近效应，是指在总体印象的形成上，最新获得的印象比原来获得的印象影响更大的现象。

投射效应：是指在人际交往中把自己具有的某些不为人接受的观念、性格、态度或欲望转移到别人身上，认为别人也是如此来掩盖自己不受欢迎的特征。

3. 错觉

错觉是指在特定条件下对事物必然会产生的某种固有倾向的歪曲知觉，是对外界事物不正确的知觉。种类有大小错觉、方向错觉、时间错觉等。

二、感知觉的一般规律

（一）感觉的规律

1. 感受性与感觉阈限的关系

（1）感受性与感觉阈限。

感受性：感觉器官对适宜刺激的感觉能力。

感觉阈限：刚刚能引起感觉或差别感觉的刺激量。

感受性的高低用感觉阈限的大小来衡量。感受性与感觉阈限在数值上成反比关系，感受性高，则感觉阈限低；反之，感受性低，则感觉阈限高。

（2）绝对感受性与绝对感觉阈限。

绝对感受性：刚刚能觉察出最小刺激量的能力。

绝对感觉阈限：刚刚能引起感觉的最小刺激强度。

（3）差别感受性与差别感受阈限。

差别感受性：刚刚能够觉察出同类刺激的最小差异量的能力。

差别感受阈限：刚刚能引起差别感觉的同类刺激的最小差异量。

2. 感觉的相互作用的规律

（1）同一感觉中的相互作用。

1）感觉适应：由于相同的刺激物持续地作用于一种感觉器官而使感受性发生变化的现象。视觉的适应分为明适应和暗适应。

明适应是指照明开始或由暗处转入明处时视觉感受性下降的过程。

暗适应是指照明停止或由亮处转入暗处时视觉感受性提高的过程。如"入兰芷之室，久而不闻其香；入鲍鱼之肆，久而不闻其臭"。

2）感觉对比：由两种不同的刺激物作用于一种感觉器官而使感受性发生变化的现象。分为同时对比和继时对比。两种刺激物同时作用于一种感受器时，产生同时对比。例如，同样一个灰色矩形，处在白色背景上看上去暗淡些，处在黑色背景上看上去明亮些。两种刺激物先后作用于同一种感受器时，产生继时对比。例如，吃了糖后接着吃橘子，觉得橘子很酸。

3）感觉后效：在刺激作用停止后暂时保留的感觉现象，又称感觉后像。视觉后像分为正后像和负后像。

（2）不同感觉的相互作用。

 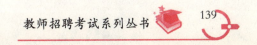

1）不同感觉的相互影响：对某种刺激物的感受性因其他感觉器官受到刺激而发生变化的现象。

2）不同感觉的相互补偿：某种感觉缺失之后，可以由其他感觉来相对弥补的现象。如盲人失去视觉，但听觉更加敏锐；聋哑人能"以耳代目"。

3）联觉：由一种感觉引起另一种感觉的现象。联觉的形式很多，最突出的是颜色联觉。色觉可以引起温度觉，所谓暖色调和冷色调即由此而来。色觉还可以引起轻重觉，如淡雅色调的家具给人轻巧的感觉，深色的家具给人厚重的感觉。

（二）知觉的规律

1. 知觉的选择性

根据客观事物之间的相对关系，能迅速地从背景中选择出知觉对象的特征。作用于人的客观事物是纷繁多样的，人不可能在瞬间全部清楚地感知到；但可以按照某种需要和目的，主动而有意地选择少数事物（或事物的某一部分）作为知觉的对象，或无意识地被某种事物所吸引，以它作为知觉对象，对它产生鲜明、清晰的知觉映象，而把周围其余的事物当成知觉的背景，只产生比较模糊的知觉映象。知觉的选择性既受知觉对象特点的影响，又受知觉者本人主观因素的影响，如兴趣、态度、爱好、情绪、知识经验、观察能力或分析能力等。知觉的选择性与知觉的其他特性是密不可分的，被选择的知觉对象通常是完整的、相对稳定的和可以理解的。

知觉的选择性规律是人把知觉的对象从背景中分离出来、辨别、确认，进而记忆，它对于直观教学的组织、学生观察能力的培养等都具有重要价值。

花瓶与侧脸

知觉的选择性受主客观两方面因素的影响：

（1）客观：刺激物的绝对强度；对象和背景的差异性（即差异律）；对象的活动性（即活动律）；刺激物的新颖性、奇特性；还有组织律。

（2）主观：知觉有无目的和任务；个体已有的知识经验；个人的需要、动机、兴趣、爱好、定势与情绪状态等。

2. 知觉的理解性

知觉的理解性是指人以知识经验为基础对感知的事物进行加工处理，并用语词加以概括且赋予其意义的加工过程。知觉的理解性主要受个人的知识经验、言语指导、实践活动以及个人兴趣爱好等因素的影响。

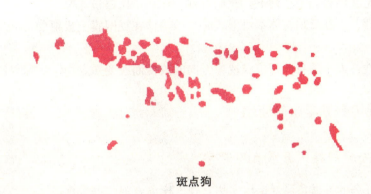

斑点狗

3. 知觉的整体性

知觉的整体性是指人根据自己的知识经验把直接作用于感官的客观事物的多种属性整合为统一整体加以识别的过程。

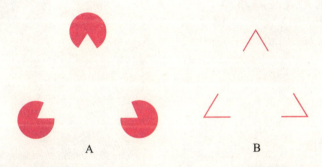

A　　　　　　　　　　B

影响知觉整体性的因素主要有：

（1）知觉对象的特点，如接近、相似、闭合、连续。

（2）对象各组成部分的强度关系。

（3）对象各部分之间的结构关系。

（4）个体的知识经验。

4. 知觉的恒常性

知觉的恒常性是指客观事物本身不变，但知觉条件在一定范围内发生变化时，人的知觉映像仍然相对不变。知觉恒常性包括大小恒常性、明度和颜色的恒常性、形状恒常性、声音恒常性。

门一直都是长方形的吗

（1）大小恒常性：人对物体大小的知觉不完全随映像的变化而变化，而是按物体实际大小来知觉的特性。

（2）明度和颜色的恒常性：人对客观物体具有的明度和颜色的知觉不随映像的变化而变化的知觉特性。例如，无论在何种光线条件下，我们看到的煤总是比白粉笔黑。

（3）形状恒常性：人在反映客体本身形状时不因物体在视网膜上投射的形状发生变化而变化的知觉特性。

（4）方位恒常性：人不随身体部位或视像方向的改变而改变知觉物体实际方位的特性。

三、感知觉规律在教学中的应用

（一）遵循感知觉规律，开展直观教学

（1）根据学习任务的性质，灵活运用实物直观、模象直观、语言直观。
（2）运用知觉的组织原则，突出直观对象的特点。
（3）教会学生观察的方法，养成良好的观察习惯。

（二）学生观察力的发展与培养

1. 观察的品质

（1）观察的目的性。
（2）观察的精确性。
（3）观察的全面性。
（4）观察的深刻性。

2. 学生观察力的发展

（1）小学生观察力的发展特点。
1）观察的目的性差。
2）观察缺乏精确性。
3）观察缺乏顺序性。
4）观察缺乏深刻性。
（2）中学生观察力的发展特点。
1）明确的目的性。
2）持久性明显发展。
3）精确性提高。
4）概括性增强。

3. 学生观察力的培养

（1）引导学生明确观察的目的与任务。
（2）做好充分的准备、周密的计划，提出观察的具体方法。
（3）在实际观察中加强对学生的个别指导，有针对性地培养学生良好的观察习惯。
（4）引导学生学会记录、整理观察结果，在分析研究的基础上，写出观察报告、日记和作文。
（5）引导学生开展讨论、交流并汇报观察成果，不断提高学生的观察能力，培养学生良好的观察品质。

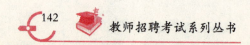

第二节　记忆

一、记忆概述

（一）记忆及其品质

1. 记忆的概念

记忆是人脑对过去经验的保持和再现（回忆或再认）。它是人的心理过程在时间上的持续。过去曾经感知过的事物、思考过的问题、体验过的情绪情感、练习过的动作等，都会在头脑中留下一定的痕迹。

2. 记忆的品质

（1）敏捷性：能够在较短时间内记住较多的东西，就是记忆敏捷性良好的表现。"过目成诵"指的就是记忆敏捷。提高敏捷性要求在识记时必须抓紧时间，专心致志，聚精会神地学习。

（2）持久性：记忆的保持特征。记忆持久的人，记忆知识的巩固程度好，能保持较长时间。加深理解和合理进行复习，是提高记忆持久性的重要措施。

（3）准确性：记忆的正确和精确特征。记忆准确的人，回忆起来的事物与原来识记过的材料完全相符，没有歪曲和遗漏，也没有减少或增多。这是最重要的记忆品质。记忆的准确性依赖于对事物本质的把握能力。因此，识记时要准确识别事物的本质属性。

（4）准备性：这是记忆的提取和应用特征，它能使人及时、迅速、灵活地从记忆信息的储存库中提取所需要的知识经验，以解决当前的实际问题，是上述三种品质的综合体现。记忆的准备性取决于记忆内容的组织性、系统性和熟练程度。

（二）记忆的分类

1. 瞬时记忆、短时记忆和长时记忆

根据信息输入到提取所经过的时间、信息编码方式和记忆阶段的不同，记忆可分为瞬时记忆、短时记忆和长时记忆。

（1）瞬时记忆：当客观刺激停止作用后，感觉信息会在一个极短的时间内保存下来，这种记忆叫瞬时记忆。

（2）短时记忆：是指人脑中的信息在1分钟之内加工与编码的记忆。

（3）长时记忆：是指信息经过充分加工，在头脑中长久保持的记忆。

2. 形象记忆、逻辑记忆、情绪记忆和动作记忆

根据记忆内容和经验对象的不同，记忆可分为形象记忆、逻辑记忆、情绪记忆和动作记忆。

（1）形象记忆：是以过去感知的事物的具体形象为内容的记忆。

（2）逻辑记忆：是以个体用词语所概括的事物之间的关系以及事物之间的意义和性质为内容的记忆。

（3）情绪记忆：是以曾体验过的情绪、情感为内容的记忆。

（4）动作记忆：是以曾做过的动作为内容的记忆。动作记忆中的信息保持和提取都比较容易，也不容易遗忘。

3. 陈述性记忆和程序性记忆

根据信息加工与储存内容的不同，记忆可分为陈述性记忆和程序性记忆。

（1）陈述性记忆：是指对有关事实和事件的记忆，如生活常识。

（2）程序性记忆：是指对如何做事情的记忆，包括对知觉技能、认知技能和运动技能的记忆。

二、记忆过程及其规律

（一）识记

1. 识记的概念

识记是记忆过程的首要环节，是个体识别并且记住事物，即通过反复感知形成巩固的映像，从而获得知识和经验的过程。

2. 识记的分类

（1）无意识记和有意识记。

根据识记有无目的性，记忆可分为无意识记和有意识记。

无意识记是指没有预定的目的，不需要任何意志努力的识记。如，童年时的美好回忆。

有意识记是指按照一定的目的、任务和需要采取积极思维活动的一种识记。如临考前的复习，这种识记有一定的紧张度，但它能使人获得系统的知识和技能。日常的工作和学习主要靠有意识记。

（2）机械识记和意义识记。

根据识记材料的性质和识记方法的不同，记忆可分机械识记和意义识记。

机械识记是指在对识记材料没有理解的情况下，依靠事物的外部联系、先后顺序，机械重复地进行识记。实质上就是我们所说的"死记硬背"。

意义识记是指在对材料进行理解的情况下，根据材料的内在联系，运用有关经验所进行的识记。其特点在于对识记材料的领会、理解。

大量实验证明，意义识记的效果优于机械识记。其原因是，因为意义识记经过对材料意义的理解，可以将识记材料和学习者已有的经验体系建立联系，从而纳入学习者已有的知识系统中去。随着学生年龄的增加，学生在识记时有意识记的比重越来越大，并逐渐占据主导地位。

我们强调意义识记的良好效果，但也不能排斥机械识记的作用，材料本身并不都是有意义和有联系的，特别是在少年儿童理解力不强的情况下。在日常生活和工作学习中，有意识地利用意义识记，并辅之以机械识记，达到在理解的基础上熟记的目的，是记忆的最好方法。

3. 识记的规律（影响识记效果的因素）

（1）识记的目的与任务。

（2）识记的态度和情绪状态。

（3）活动任务的性质。

（4）材料的数量和性质。

（5）识记的方法：整体识记和部分识记；集中识记和分散识记。

（二）保持与遗忘

1. 保持及其规律

（1）保持的概念。

保持是过去识记的材料在头脑中巩固的过程，是记忆过程的第二个环节。

（2）保持的规律。

1）保持在数量上的变化。一般表现为识记内容随着时间的推移逐渐减少的趋势，甚至遗忘。还表现为记忆恢复，它是指识记某种材料，经过一段时间后测得的保持量大于识记过后测得的保持量。

2）保持在质的方面的变化。一方面，记忆内容中不重要的细节趋于消失，主要内容及显著特征能较好地保持，从而使记忆内容简略、概括和合理；另一方面，记忆内容中的某些特点和线索有选择地保留下来，同时增加某些特征，使记忆内容成为较易理解的"事物"。

2. 遗忘及其规律

（1）遗忘的概念。

遗忘是保持的对立面，是指个体对识记过的事物不能再认和回忆，或者是错误地再认和回忆。

（2）艾宾浩斯遗忘规律。

德国心理学家艾宾浩斯于1878年首先对遗忘现象作了系统的研究，以无意义音节为材料，依据保持效果，提出了著名的"遗忘曲线"（见下图）。

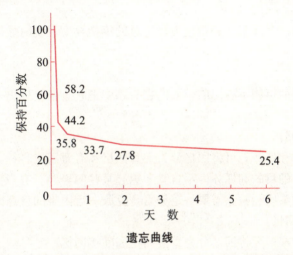

遗忘曲线

遗忘的进程是不均衡的，遗忘在识记后立即开始，在识记后的短时间内遗忘得很快，随着时间的推移逐渐减缓。因此，遗忘的规律是：先快后慢、先多后少，呈负加速，且到一定的程度就不再遗忘了。

（3）影响遗忘进程的因素。

1）学习材料的性质。形象性的材料、有意义的语义材料比无意义的材料遗忘得慢。材料的数量越大，刚识记后遗忘得就越多。

2）系列位置效应。它是指接近开头和末尾的记忆材料的记忆效果好于中间部分的记忆效果的趋势。我们听一节课、背诵一篇课文，或者看一部小说，开头、中间和结尾三部分中，往往会对两头的记忆深刻，而中间的则容易忘记。这是由前后记忆材料之间发生抑制而造成的。遗忘中的抑制现象有两种：前摄抑制和倒摄抑制。后学习的材料对保持和巩固先学习材料的干扰作用称为倒摄抑制。先学习的材料对识记和回忆后的学习材料的干扰作用，称为前摄抑制。

3）识记材料的数量和学习程度。过度学习是指学习达到恰能背诵之后再继续学习。过度学习达到50%，即学习的熟练程度达到150%时，学习效果最好。

4）记忆任务的长久性与重要性。一般来说，长久的识记任务有利于材料在头脑中保持时间的延长，不重要和未经复习的内容则容易遗忘。

5）识记的方法。以理解为基础的意义识记比机械识记的效果好。

6）时间因素。学习内容的保存量随着时间的变化而减少。

7）情绪和动机。

（4）遗忘的原因。

1）消退说：认为遗忘是记忆痕迹得不到强化而逐渐衰弱，以致最后消退的结果。

 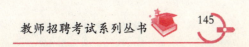

2）干扰说：认为遗忘是因为在学习与回忆之间受到其他刺激的干扰所致。可以用前摄抑制和倒摄抑制来说明。

3）压抑（动机）说：弗洛伊德认为遗忘是由情绪或动机的压抑作用引起的，如果压抑被解除，记忆就能恢复。这是弗洛伊德在给病人催眠时发现的。

4）提取失败说：又称舌尖现象或话到嘴边现象，是指明明知道某件事，就是不能回忆出来的现象。

5）同化说（认知结构说）：奥苏贝尔认为遗忘的实质就是认知结构简化的过程，高级的观念替代低级的观念，使低级观念被遗忘，从而简化了认识并减轻了记忆负担。

（三）再认或回忆

1. 再认
再认是记忆过程的第三个环节，是指过去经历过的事物再度呈现时能够识别出来的心理现象。

2. 回忆及其规律
（1）回忆的概念。

回忆是指过去经历过的事物不在面前，人们在头脑中把它重新呈现出来的过程。

（2）回忆的种类。

1）无意回忆和有意回忆。

根据回忆是否有目的和任务，可将回忆分为无意回忆和有意回忆。

无意回忆是没有预定的目的和任务，不自觉地想起某些旧经验。有意回忆是有预定的目的和任务，自觉地去想起以往的某些经验。需要一定努力，克服一定困难的有意回忆称为"追忆"。

2）直接回忆和间接回忆。

根据回忆的条件和方式，可将回忆分为直接回忆和间接回忆。

直接回忆是无须借助于任何中介，由当前的事物直接唤起旧经验的回忆。间接回忆是需要借助于一定的中介，才能唤起旧经验的回忆。

三、记忆规律在教学中的应用

（一）依据记忆规律合理安排和组织教学

（1）合理安排教学，包括：学校在排课时应尽可能地避免把性质相近的课程排在一起；教师要保证学生的课间休息；教师应控制每堂课的信息投入量。

（2）向学生提出具体的识记任务。有意识记是教学活动中最主要的识记种类，教师应根据不同的教学内容，提出明确的识记任务。

（3）使学生处于良好的情绪和注意状态。

（4）充分利用无意识记的规律组织教学。

（5）使学生理解所学内容并把它系统化。

（6）培养学生良好的记忆品质，提高其记忆能力。

（二）依据记忆规律有效地组织复习

（1）复习时机要得当。要做到：第一，及时复习。第二，合理分配复习时间。第一次复习，学习结束后的 5～10 分钟；第二次复习，学习当天的晚些时候或学习结束的第二天；第三次复习，一星期后；第四次复习，一个月后；第五次复习，半年后。第三，间隔复习。第四，循环复习。

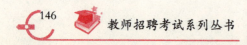

（2）复习方法要合理。第一，分散复习与集中复习相结合。分散复习：是指把复习材料分配到几段相隔的时间内进行复习。集中复习：是指把复习材料集中在一段时间内进行复习。第二，复习方法多样化。第三，运用多种感官参与复习。人的学习83％通过视觉，11％通过听觉，3.5％通过嗅觉，1.5％通过触觉，1％通过味觉。第四，尝试回忆与反复识记相结合。

（3）复习次数要适宜。

（4）重视对记忆品质的培养。

（5）注意用脑卫生。

四、学生记忆的发展

（一）小学生记忆的发展

1. 小学生的有意记忆明显增强

从以无意记忆为主转变为以有意记忆为主，是小学生记忆质的发展的第一个特点。到小学二年级表现为无意识记和有意识记的效果相当。从小学三年级开始，学生的有意识记逐渐取代无意识记并占主导地位。

2. 小学生的意义记忆迅速发展

从以机械记忆为主向以意义记忆为主过渡，是小学生记忆质的发展的第二个特点。到了三四年级，学生将从以机械识记为主向以意义识记为主发展。

3. 小学生的抽象逻辑记忆水平逐步提高

从具体形象记忆向抽象逻辑记忆的方向发展，是小学生记忆质的发展的第三个特点。小学生记忆的主要方式是形象记忆，同时辅之以逻辑记忆。

（二）中学生记忆的发展

（1）中学生记忆发展的总体趋势是随着年龄的增长记忆力不断提高，到16岁趋于成熟。

（2）同一年龄的中学生，受记忆材料性质的影响，记忆效果不一样。

（3）中学生短时记忆广度随着年级的增长而不断增大。

（4）随着年龄的增长，中学生的有意记忆和无意记忆效果都不断提高，但有意记忆占主导地位。

（5）中学生以理解记忆为主要记忆手段。

（6）抽象记忆在中学阶段占主导地位。

第三节　想象

一、表象概述

（一）表象的概念

表象是当感知过的事物不在眼前时，人们在头脑中出现的关于该事物的形象。

（二）表象的分类

（1）视觉表象、听觉表象和运动表象。

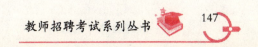

（2）记忆表象和想象表象。记忆表象是在记忆中保持的客观事物的形象。通常讲的表象，是记忆表象的简称。想象表象是在头脑中对记忆形象进行加工改组后形成的新形象，即想象。

（三）表象的特点

（1）直观性。
（2）概括性。
（3）可操作性。

二、想象概述

（一）想象的概念

想象是在头脑中对已有表象进行加工改造，重新组合形成新形象的心理过程。

（二）想象的种类

根据想象时有无预定目的，可以把想象分为无意想象和有意想象。

1. 无意想象

无意想象又称不随意想象，是没有预定目的，不由自主产生的想象。例如人们看见天上的浮云，想象出各种动物的形象；人们在睡眠时做的梦、精神病患者在头脑中产生的幻觉等，都是无意想象。

2. 有意想象

有意想象又称随意想象，是指有预定目的、自觉进行的想象，是意识活动的一种形式。这种想象活动具有一定的预见性、方向性，人们在想象过程中一直控制着想象的方向和内容。

（三）想象的加工方式

（1）黏合——龙。
（2）夸张——千手观音。
（3）拟人化——雷公、电母。
（4）典型化——孔乙己。

（四）想象的功能

（1）预见功能。
（2）补充功能。
（3）替代功能。
（4）调节功能。

三、再造想象与创造想象

（一）再造想象

1. 再造想象的概念

再造想象是依据词语或符号的描述、示意在头脑中形成与之相应的新形象的过程。例如，学生读了曹雪芹的小说《红楼梦》后，在头脑中形成了林黛玉的鲜明形象。值得注意的是，再造想象不是别人想象的简单再现，而是依据个体自身的经验再造出来的。

2. 再造想象产生的条件

（1）必须具有丰富的表象储备。

（2）引发再造想象的词语及实物标志要准确、鲜明、生动。

（3）正确理解词语与实物标志的意义。

（二）创造想象

1. 创造想象的概念

创造想象是按照一定目的、任务，使用自己以往积累的表象，在头脑中独立地创造出新形象的过程。例如飞机设计师在头脑中构思出一架新式飞机形象；作家在头脑中构想出一个新的人物形象。这些都属于创造想象。

2. 创造想象产生的条件

（1）强烈的创造愿望。

（2）丰富的表象储备。

（3）积累必要的知识经验。

（4）原型启发。

（5）积极的思维活动。

（6）灵感的作用。在创造想象过程中，新形象的产生往往具有突然性，这种突然出现新形象的状态称作灵感。

此外，还有创造性思维能力、高水平的表象改造能力、丰富的情绪生活、正确的理想和世界观。

四、幻想

幻想是有意想象和创造想象的一种特殊形式，是一种与生活愿望相结合并指向未来的想象。

（一）幻想的特征

（1）幻想体现了个人的愿望，是个体向往的形象。

（2）幻想常是创造性活动的准备阶段。

（二）幻想的形式

（1）科学幻想：是科学预见的一种形式，是创造想象的准备阶段和发展的推动力，是具有进步意义和有实现可能的积极幻想。

（2）理想：是符合事物发展规律、有实现可能的积极幻想。

（3）空想：是与客观现实相违背的消极幻想，根本不可能实现。

> **第三十记：教学生动设情境，表象储备好奇心。**

五、想象规律在教学中的应用

（一）学生想象力的培养

（1）培养和保护学生的好奇心。

(2) 丰富学生知识，扩大表象储备。

(3) 创设想象情境，引发想象。

(4) 利用生动活泼的教学形式唤起学生的想象。

（二）在教学中培养学生的创造想象

(1) 引导学生学会观察，丰富学生的表象储备。

(2) 引导学生积极思考，打开学生想象力的大门。

(3) 引导学生努力学习科学文化知识，扩大学生的知识经验，发展学生的空间想象能力。

(4) 注意发展学生的语言能力。

(5) 结合学科教学，有目的地训练学生的想象力。

(6) 引导学生进行积极幻想。

第四节　言语与思维

一、言语

（一）言语的概念

言语是指人们用语言进行交际的活动过程。

（二）言语的特点

(1) 目的性。

(2) 开放性。

(3) 规则性。

(4) 离散性。

(5) 社会性和个体性。

（三）言语的种类

言语分为外部言语和内部言语。

1. 外部言语

外部言语包括口头言语和书面言语。

(1) 口头言语。口头言语又分为对话言语和独白言语。

1) 对话言语指两个人或几个人直接交际时使用的言语。它是一种直接交际言语，具有情境性、反应性和简略性等特点。

2) 独白言语是个人独自进行的，与叙述思想、情感相联系的，较长而连贯的言语。它是说话者独自进行的一种展开性的、有准备的、有计划的言语活动。

(2) 书面言语。书面言语指一个人借助文字来表达自己的思想或借助阅读来接受别人言语的影响。它具有随意性、展开性和计划性等特点。

2. 内部言语

内部言语是一种自问自答或不出声的言语。它具有隐蔽性和简略性等特点。

二、思维及其品质

（一）思维的概念和特点

1. 思维的概念

思维是人脑对客观事物的本质属性与内在联系概括的、间接的反映。例如"透过现象看本质"就是思维的一种表现。

2. 思维的特点

（1）间接性：是指思维能对感官所不能直接把握的或不在眼前的事物，借助某些媒介与头脑加工来进行反映。例如，医生不能直接看到病人体内各种脏器的病变，却能通过听诊、化验、切脉、量体温、量血压，以及利用各种医疗器械，经过思维加工间接地判断。

（2）概括性：可指把同一类事物的共同特征和本质特征抽取出来加以概括。例如，把冰块和水蒸气都概括为水。也可指将多次感知到的事物之间的联系和关系加以概括，得出有关事物之间存在某种内在联系的结论。例如，"月晕而风""础润而雨"。

3. 思维的间接性和概括性的关系

思维的间接性是以人对事物概括性的认识为前提的。人之所以能够间接性地反映事物，是因为人有概括性的知识经验，而人的知识经验越概括，就越能间接地反映客观事物的本质。

（二）思维的品质

1. 思维的广阔性与深刻性

思维的广阔性是指善于全面思考问题，多方面地认识事物。它与一个人丰富的知识经验紧密相连。

思维的深刻性是指善于透过事物的表面现象发现事物的本质，善于在平凡的事物中发现重大问题，把握事物的发展规律。具有这一品质的人一般不会被事物的表面现象所迷惑。

例如，具有思维的广阔性与深刻性的教师既能全面地了解学生，又能抓住学生的主要特征因材施教。

2. 思维的独立性与批判性

思维的独立性是指善于独立地提出问题、分析问题和解决问题。具有这一品质的人一般不易受别人的暗示与干扰。

思维的批判性是指思考问题时能有主见地、客观地评价事物。具有这一品质的人一般不迷信权威，不满足于已有的答案或结论。

3. 思维的灵活性与敏捷性

思维的灵活性是指能灵活地思考问题，表现为随机应变。

思维的敏捷性要求思维速度快，而且要求思维的正确性高。

4. 思维的逻辑性与非逻辑性

思维的逻辑性是指能有根据地进行严密的逻辑推理。思维的逻辑性使人在谈话、写文章或是解决问题时显得有条不紊。

思维的"非逻辑性"是指没有经过充分的逻辑推理就得出结论的思维过程，表现为直觉和灵感。

（三）良好思维品质的培养

（1）加强科学思维方式的训练。

（2）运用启发式方法调动学生思维的积极性、主动性。

（3）加强言语交流训练。

（4）发挥定势的积极作用。

（5）培养学生解决实际问题的思维品质。

三、思维的种类

（一）动作思维、具体形象思维和抽象逻辑思维

根据思维活动凭借物的不同，思维可分为感知动作思维、具体形象思维和抽象逻辑思维。

感知动作思维：这是一种依赖实际动作为支柱的思维。其特点是以实际操作解决直观的、具体的问题。3 岁前，儿童的思维常常是伴随着动作进行的，他们不能在动作之外默默思考。如儿童骑在椅子上时会说"开汽车了""骑马了"等；但当他们离开椅子时，"开汽车""骑马"的思维活动也就停止了。

具体形象思维：这是一种以事物的具体形象和表象为支柱的思维。3～7 岁的儿童主要用具体形象来思考，思维活动受具体知觉情景的影响。如他们能够通过对不同年龄的人的形象特征进行思维，区分"爷爷""奶奶""叔叔""阿姨"。

抽象逻辑思维：这是一种借助语词、符号进行的思维，因而也称为语词逻辑思维，是人类思维区别于动物思维最本质的特征。

在成年期，这三种思维都可以发展到很高的水平。因此，在成年人身上体现出来的三种思维是相互联系、相互补充的，并无高低之分，只是根据不同的任务而采取相应的思维方式。

（二）经验思维和理论思维

根据思维过程中是以日常经验还是理论为指导来划分，思维可分为经验思维和理论思维。

经验思维是以日常经验为依据，对生产、生活中的问题进行判断的思维。

理论思维是以科学的原理、定理、定律等理论为依据，对问题进行分析、判断的思维。

（三）分析思维和直觉思维

根据思考步骤结论是否明确和思维过程中意识的清晰程度和逻辑性，思维可分为分析思维和直觉思维。

分析思维是遵循严密的逻辑程序和规律，逐步推导，然后得出合乎逻辑的正确答案或作出合理结论的思维。

直觉思维是未经逐步分析就迅速对问题答案作出合理的猜测、设想或突然顿悟的思维。灵感现象就是直觉思维的结果。

（四）聚合思维和发散思维

根据思维的指向性，思维可分为聚合思维和发散思维。

聚合思维，也叫求同思维、集中思维、辐合思维、会聚思维，是指人们在解决问题时，思路集中到一个方向，从而形成唯一的、确定的答案。

发散思维，也叫求异思维、分散思维、辐射思维，是指人们在解决问题时，思路朝着各种可能的方向扩散，从而求得多种答案。

（五）再造性思维和创造性思维

根据思维的创造程度，思维可分为再造性思维和创造性思维。

再造性思维也称常规性思维或习惯性思维，是指人们运用已获得的知识经验，按现成的方案和程序，用惯常的方法、固定的模式来解决问题的思维方式。

创造性思维是指以新颖的、独特的方式来解决问题的思维方式。创造性思维是人类思维的高级形式。

四、思维的一般过程

（一）分析与综合

分析与综合是思维过程的基本环节，一切思维活动，从简单到复杂，从概念形成到创造性思维，都离不开头脑的分析与综合。

分析是在头脑中把事物或对象分解成各个部分或各个属性。

综合是在头脑里把事物或对象的个别部分或属性联合为一体。

分析与综合是同一思维过程中彼此相反而又紧密联系的过程，是相互依赖、互为条件的。分析是以事物综合体为前提的，没有事物综合体，就无从分析。综合是以对事物的分析为基础的，分析越细致，综合越全面；分析越准确，综合越完善。例如，学生读一篇课文，既要分析，也要综合。经过分析，理解了词义和段落大意；经过综合，掌握了文章的中心思想，便获得了对文章的整体认识。对事物只有分析而没有综合，只能形成片面的、支离破碎的认识；只有综合没有分析，则只能形成表面的认识。可见，分析与综合是辩证统一的。

（二）比较与分类

比较是在头脑中把各种事物或现象加以对比，确定它们之间异同点的思维过程。人们认识事物，把握事物的属性、特征和相互关系，都是通过比较来进行的。只有经过比较，了解了事物间的异同点，才能更好地识别事物。

分类是在头脑中根据事物或现象的共同点和差异点，把它们区分为不同种类的思维过程。比较是分类的基础。根据事物共同点可以把事物归并为较大的类；根据差异可以把事物划分为较小的类。

（三）抽象与概括

抽象是在头脑中提炼各种事物或现象共同的、本质的特征，并舍弃个别的、非本质的特征的思维过程。

概括是在头脑中把事物间共同的、本质的特征抽象出来加以综合的思维过程。概括有不同的等级水平，经验概括是初级水平的概括，科学概括是高级水平的概括。

（四）系统化与具体化

系统化是指人脑把具有相同本质特征的事物归纳到一定类别系统中的思维过程。

具体化是指人脑把经过抽象概括后的一般特征和规律推广到同类的具体事物中的过程。

五、思维的基本形式

（一）概念

概念是人脑反映客观事物共同的、本质的特征的思维形式。概念是用一定的词语来记载和标志的。一定的词语代表一定的概念，概念和词语是紧密联系而又相互区别的。词语是概念的物质外壳，概念给词语一定的内容和意义，二者密切联系；概念是精神、心理现象，词语是概念的物质标志，二者不能混淆。不同的词语可以代表一个概念，例如，中文里的"人民""老百姓"以及英文里的"PEOPLE"代表同一个概念。而一个词语也可以代表不同的概念，例如"仁"可以指"仁义""仁慈"的"仁"，也可指"杏仁""花生仁"的"仁"。概念是思维的基本形式，是构成人类知识的最基本的成分。

1. 概念的分类

（1）具体概念和抽象概念。

按事物的认知属性形成的概念称为具体概念；按事物内在的、本质的属性形成的概念称为抽象概念。例如，为幼儿提供香蕉、苹果、球、口琴等物品，要求他们分类。如果他们将苹果、球归一类，香蕉、口琴归为另一类，说明他们是根据物体的形状（圆形和长形）分类的，由此形成的概念为具体概念；如果他们将香蕉与苹果归一类，口琴与球归为另一类，说明他们是根据事物的内在特征进行分类的，由此形成的概念是抽象概念。

（2）合取概念、析取概念和关系概念。

合取概念是根据一类事物中单个和多个相同属性形成的，它们在概念中必须同时存在。例如，"毛笔"的概念必须有两个属性，即"用毛制作的"和"写字的工具"。如果只有前一属性，可认为是毛刷，只有后一属性则可认为是铅笔或圆珠笔等，这种概念是最普遍的，如鸟类、水果、动物等都属于这种概念。析取概念是根据不同的标准，由单个或多个属性的结合形成的。如"好孩子"这个概念可以结合各种属性，"学习努力、成绩好"是好孩子，"待人诚恳，乐于助人"也可称为好孩子。关系概念不是根据事物的特征和属性形成的，而是根据事物之间的相互关系形成的，如高低、上下、左右、大小等。

（3）前科学概念和科学概念。

前科学概念又称日常概念，它是人们在日常交际过程中形成的。这种概念受狭窄的知识范围的限制，其内涵中有非本质属性，有片面性，甚至有错误。例如，低年级小学生有时把"会飞"作为"鸟"这个概念的内涵，误认为蝴蝶、蜜蜂也是鸟，这就扩大了概念的外延。科学概念是在有计划的教学过程中形成的，如定义、定律、原理等。概念形成的标志是把握概念的本质特征，并能在实际中运用。

2. 概念形成阶段

概念形成是指个体通过反复接触大量同一类事物或现象的共同特征或共同属性，并通过肯定（正例）或否定（反例）的例子加以证实的过程。概念形成的操作定义是个体学会了按照一定规则对客观事物进行正确分类的过程。例如，向小学生呈现各种各样的两条直线间的相互关系，告诉他们哪些垂直，哪些不垂直，当他们能够正确区分垂直（正例）和非垂直（反例）的情况时，就形成了关于"垂直"的概念。

概念形成一般经历以下三个阶段：

（1）抽象化。概念形成首先要了解客观事物的属性或特征，因此，必须对具体事物的各种特征与属性进行抽象。如果个体缺乏这种能力，概念便无法脱离具体事物本身，也不能去概括其他同类具体事物。

（2）类化。个体对客观事物的各种属性及其特征进行归类。概念的形成，除了要在具体事物中抽取共同属性或特征以外，还需将类似的属性或特征加以归类。在进行类化时，必须归纳客观事物某些属性或特征的相似性或共同性，而忽略事物之间非本质特征或属性的差异性。

（3）辨别。对客观事物进行分辨是概念形成的重要一步。辨别渗透在概念形成的全过程，从发觉客观事物的属性或特征（抽象化），到对这些属性或特征的认同（类化），然后过渡到对客观事物

 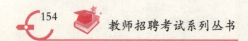

的属性或特征之间差异的认识（辨别）。

3. 科学概念的掌握

概念的掌握是指个人借助词语，在人脑中把人类现有的概念转化为个体的概念的过程。教学是引导学生获得科学概念的主要途径，教师在教学过程中帮助学生掌握概念时应注意以下几方面：

（1）以感性材料作为概念掌握的基础。

科学概念是以语言形式来揭示事物的本质特征的。对学生来讲，它既抽象又难懂难记。如果概念的学习缺乏一定的感性材料或经验的支持，容易使学生死记硬背定义，而不能理解和掌握其真正含义。感性材料是概念形成的基础，感性材料越丰富、越全面，概念的掌握就越准确。教学中提供感性材料或经验的方法主要是利用直观手段和实践活动来加深对科学概念的理解，如组织学生进行调查访问、参观考察、开展实验研究等实践活动。

（2）合理利用过去的知识经验。

在学生学习科学概念之前，头脑里已存在一些日常概念。由于日常概念的获得一般是在活生生的现实生活中形成或获得的，具有形象性、生动性、可感性，是学生理解抽象的科学概念的基础。因此要充分合理地利用它，使科学概念与之建立联系，发生作用。这就要求在教学中做好以下两点：一要通过比较日常概念与科学概念的差异，确定概念的内涵，牢固形成科学概念；二要利用直观手段，生动显示事物的本质特征，使学生的已有经验得到重组和调整。

（3）充分利用"变式"。

客观事物的本质特征与非本质特征是交融在一起的，这使学生在学习科学概念时，容易混淆事物的本质特征。为了避免这种误解，在概念教学中可采用"变式"。

采用"变式"进行教学一般有两种途径：一种是突出事物的本质特征，以各种方式改变其非本质特征，呈现该事物的不同表现形式或形态，即从不同角度、方面或采用不同方式组织感性材料，变换事物的非本质特征，以便突出事物本质特征的方法；另一种是突出事物的某些非本质特征，改变事物的本质特征，从而呈现概念的内涵发生的变化，即改变事物的本质特征，但突出表现该事物所具有的某些明显的学生易混淆的非本质特征，以说明只要本质特征不同就不是原概念所指的事物。例如，在讲"鸟是有羽毛的动物"这个概念时，列举会飞的蝙蝠、蝴蝶、蜜蜂等动物说明由于本质特征"有羽毛"变了，虽然具有"会飞"的特征，但也不属于鸟类。这种"变式"的利用，既可加深对"鸟"的本质特征的理解，又避免了扩大概念外延的错误。

（4）正确运用语言表达。

词具有概括性，它失去了事物的非标准特征，只反映事物的本质特征，是概念主要的表达方式。所以词具有抽象性，不容易被学生所理解、记忆和运用。感性材料具有直观性、生动性和可感性，容易被学生所理解、记忆和运用。但它所反映的既有事物的本质特征，又有事物的非本质特征，因此将词与感性材料相结合可以弥补双方的缺陷，取双方之长，使学生对概念的理解和掌握全面又生动、牢固且深刻。

（5）形成正确的概念体系，并运用于实践中。

任何概念都不是孤立的，而是同其他概念相互联系、相互区别的，并能构成一个概念体系，这是客观事物之间联系性、差异性的反映。因此在概念形成的过程中，用求同和求异的方法有利于形成概念体系。求同的方法就是将此概念与其他概念相比较，找出其共同点，这是它们建立联系的基础。这种概念的比较在新概念与头脑里已有的概念之间进行就可以使新概念的获得既牢固又清晰，更为重要的是，可使新概念纳入原有的概念体系，使原有的概念体系得到调整、重组和扩充。总之，要使得新概念与原有的概念形成体系，建立联系是关键。

把学到的概念在实践中加以应用是掌握概念的目的，它可以使学生加深对概念的理解，检验学生对概念掌握的程度。概念的应用表现在以下几个方面：一是举例说明概念，阐述概念的内涵；二是处理实际问题，如解题、试验、解决生活或社会中的问题。

（二）判断

判断是指认识概念与概念之间的联系，它是事物之间的联系和关系在人脑中的反映。判断大多是借助语言、词汇并用句子形式来实现的。它包括主词、宾词和关系词三部分。判断可分为肯定判断和否定判断。

（三）推理

推理是由一个或几个相互联系的已知判断推出合乎逻辑的新判断的思维形式。推理是一种间接判断，它反映着判断与判断之间的联系，是根据已有的知识推出新的结论的思维活动。

推理可分为归纳推理和演绎推理两种。

归纳推理是由具体事物归纳出一般规律的推理过程，即从特殊到一般的推理过程。例如由铁能导电，铜能导电，铝能导电等，推理出"金属能够导电"的结论。

演绎推理是从一般到特殊或具体的推理过程。例如，所有的哺乳类动物都是胎生的，虎是哺乳类动物，因此可得出"虎也是胎生的"的结论。

六、创造性思维

（一）创造性思维的概念

创造性思维是指用独特新颖的方法解决问题的思维过程。它是人类思维的高级形式，是智力的高级表现。

（二）创造性思维的特征

1. 新颖独特性
新颖独特性是创造性思维最本质的特征。

2. 创造性思维是多种思维的结晶（创造性思维的结构）
创造性思维既是发散思维和聚合思维的统一，也是形象思维和抽象思维的统一。创造性思维以发散思维为核心，因为发散思维具有流畅性、灵活性（变通性）和独创性（独特性）等特点。

3. 创造性想象的积极参与
创造性想象提供事物的新形象，并使创造性思维成果具体化。

4. 灵感状态
灵感是指人在创造性思维过程中，突然产生某种新形象、新概念和新思想的心理状态。任何创造性思维都离不开灵感。

（三）创造性思维的过程

（1）准备期。
（2）酝酿期。
（3）豁朗期。
（4）验证期。

 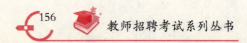

（四）创造性思维能力的培养

1. 创造性思维能力的培养方式

（1）运用启发式教学，保护学生的好奇心，激发学生的求知欲，培养创造性动机，调动学生学习的积极性和主动性。好奇心是人对新异事物产生好奇并进行探究的一种心理倾向。求知欲又称认识兴趣，它是好奇心的升华，是人渴望获得知识的一种心理状态。

（2）培养学生的发散思维，并将发散思维和集中思维相结合。

（3）发展学生的创造性想象能力。

（4）组织创造性活动，正确评价学生的创造性。

（5）开设具有创造性的课程，教授学生创造性思维策略和创造技法。

（6）结合各学科特点进行创造性思维训练。

2. 常见的创造性课程

常见的创造性课程有：创造发明课、直觉思维训练课、发散思维训练课、推测与假设训练课、自我设计训练课、假设课、侧向思维训练课等。

3. 促进创造性思维发展的创造技法

（1）头脑风暴法。通过集体讨论，使思维相互碰撞，迸发火花，达到集思广益的效果。应用此方法时，应遵循四条基本原则：一是让参与者畅所欲言，对所提出的方案暂不作评价或判断；二是鼓励标新立异，即鼓励提出与众不同的观点；三是以获得方案的数量而非质量为目的，即鼓励多种想法，多多益善；四是鼓励提出改进意见或建议。

（2）系统探求法（创新性技法）。用系统的提问方式打破思维定势，寻找通常被忽视的思路。

（3）联想类比法。通过对一种事物与另一种（类）事物的对比进行创新的技法。其特点是以大量联想为基础，以不同事物间的相同、类比为纽带。

（4）组合创新法。利用创新思维将已知的若干事物合并成一个新的事物，使其在性能和服务功能等方面发生变化，以产生新的价值。

（5）对立思考法。从已有事物、理论或经验等完全对立的角度来思考，使问题得到创造性解决的一种思维方法。

（6）转换思考法。通过事物之间的转换，使问题最终获得解决的一种方法。这是一种通过走间接道路，巧妙地绕过障碍物的思考方法。

（7）奥斯本检查单法。该技法以其发明者奥斯本的名字命名，是指根据需要研究的对象的特点列出有关问题，形成检核表，然后一个个地来核对、讨论，从而发掘出解决问题的大量设想。

培养创造性思维能力的关键在于问题设计。进行问题设计需要注意以下几点：问题要有挑战性；问题要有开发性；问题要生活化。

七、学生思维的发展

（一）小学生思维的发展

小学生思维发展的基本特征是从以具体形象思维为主逐步向以抽象逻辑思维为主过渡。其主要表现是：

（1）小学生的抽象思维逐步发展，但仍带有较大的具体性。

（2）小学生的抽象思维开始发展，但仍带有很大的不自觉性。

（3）在从具体形象性到抽象逻辑性的过渡中，仍存在不平衡（不平衡既表现为个体发展的差

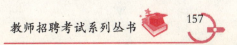

异，也表现为思维对象的差异）。

（4）在从以具体形象思维为主向以抽象逻辑思维为主的过渡中出现"飞跃"或"质变"。一般认为，这个关键年龄出现在小学四年级（9～10 岁）。

（二）中学生思维的发展

1. 抽象逻辑思维逐渐占主导地位，并随着年龄的增长日益成熟

从初二开始，进入中学生思维发展的关键期。学生的抽象逻辑思维开始由经验型水平向理论型水平转化，到高二时，这种转化初步完成，他们的抽象逻辑思维趋向成熟。高中生的抽象逻辑思维已具有充分的假设性、预计性及内省性，抽象逻辑思维的各种思维成分基本趋于稳定，开始达到理论型抽象逻辑思维的水平，个体在思维品质和思维类型上的差异已趋于定型，与成人的思维水平基本保持一致。

2. 形式逻辑思维逐渐发展，在高中阶段处于优势

（1）经过整个中学阶段的发展，中学生已经逐步掌握了系统的、完整的概念体系。

（2）学生的推理能力基本达到成熟。高二以后，学生的各项推理能力基本发展完善。

（3）能较好地运用逻辑法则。

3. 辩证逻辑思维迅速发展

形式逻辑思维和辩证逻辑思维是抽象逻辑思维的两个不同的发展阶段，它们的发展和成熟，是中学生思维发展和成熟的重要标志。

初一学生已经开始掌握辩证逻辑的各种形式，但水平较低；初三学生的辩证逻辑思维则处于迅速发展阶段，是一个重要转折时期；高中学生的辩证逻辑思维已趋于优势地位，他们已经能多层次地看待问题，理解一切事物都处于互相制约、互相联系或者对立统一的关系之中。

第五节　注意

一、注意概述

（一）注意及其功能

1. 注意的概念和特点

（1）注意的概念。

注意是心理活动或意识对一定对象的指向与集中，是心理过程的动力特征之一。它与认知过程、情绪情感过程、意志过程难以分开，是一切心理活动的共同特征。

（2）注意的特点。

1）指向性。注意的指向性是指心理活动有选择地反映一定的对象，而离开其余的对象。注意的指向性表现为人的心理活动具有选择性。

2）集中性。注意的集中性是指心理活动停留在被选择对象上的强度或紧张度，它使心理活动离开一切无关的事物，并且抑制多余的活动，以保证注意的对象能得到比较鲜明和清晰的反映。

2. 注意的功能

（1）选择功能，即选择有意义的、符合需要的并且与当前活动任务相一致的各种刺激，避开或抑制其他无意义的、附加的、干扰当前活动的各种刺激并抑制对它们的反映。

（2）保持功能，即使注意对象的映像或内容维持在意识中，以得到清晰、准确的反映。

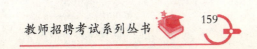

（3）调节和监督功能，即控制心理活动向着一定的目标和方向进行。

（二）注意的分类

根据有无目的和意志努力，注意可以分为无意注意、有意注意和有意后注意。

1. 无意注意

无意注意也称不随意注意，是没有预定目的、不需要意志努力、不由自主地对一定事物所发生的注意。例如，学生正在上课，忽然有人推门进来，引起大家的注意，这种注意便是无意注意。

在无意注意中，心理活动对一定事物的选择是被动的，是由某些客观条件引起的。所以有的心理学家也称它为消极的注意、被动的注意。人和动物都存在无意注意。

2. 有意注意

有意注意也称随意注意，是指有预定目的、需要一定意志努力、主动地对一定事物所发生的注意。它受人的意识调节和控制，是人类所特有的一种注意。如我们在学习上遇到困难或环境中出现种种干扰学习的因素时，我们通过努力，使注意力保持在要学习的内容上，这种注意便是有意注意。

3. 有意后注意

有意后注意也称随意后注意，是有意注意的一种特殊形式，是指有预定目的却不需要意志努力的注意。它是在有意注意的基础上产生的，形成的条件有两个：（1）对活动浓厚的兴趣；（2）活动的自动化。例如，人们熟练地骑车、熟练地打毛衣等活动中的注意都是有意后注意。

二、注意的规律

（一）注意的外部表现

人在注意某个对象时，常常伴随着特定的生理变化和表情动作。

（1）适应性运动。在注意时，有关感官通常会自然地朝向刺激物，并作出相应的动作。当注意一个声音时，耳朵会朝着声源的方向，如"侧耳倾听"；当注视一个物体时，视线会集中在该物体上，如"目不转睛""举目凝视"……这些现象都是注意的适应性运动。

（2）"屏息"现象。人在集中注意力时，呼吸会变得轻微而缓慢；当注意力高度集中时，甚至会出现呼吸暂时停止的状态，即"屏息"现象。

根据上述外部表现可以判断一个人的注意力是否集中。但注意的外部表现与内部状态有时并不一致，如有的学生看上去是在认真听课，实际上却是在注意其他事物。所以，判断一个人是否注意力集中，不能完全靠外部表现，而要根据其活动情况综合分析。

（二）注意产生和维持的条件

1. 引起无意注意的条件

（1）客观条件，即刺激物本身的特点。包括刺激物的强度、刺激物之间显著的对比关系、刺激物的活动变化、刺激物的新异性。

（2）主观条件，即人本身的状态。包括当时的需要、当时的特殊情绪状态、当时的直接兴趣、个体的知识经验。

2. 维持有意注意的条件

（1）加深对目的与任务的理解。

（2）合理组织活动。

（3）对兴趣的依从性。

（4）排除内外因素的干扰。

（三）注意的基本特征（品质）

1. 注意的稳定性

（1）注意的稳定性的概念。

注意的稳定性是指注意保持在某一对象或某一活动上的时间长短。

注意的稳定性有狭义和广义之分。狭义的注意的稳定性是指注意维持在同一对象上的时间。广义的注意的稳定性是指注意保持在同一活动上的时间，即行动所接触的对象和行动本身可以发生变化，但注意的总方向和总任务不变。

（2）注意的起伏和注意的分散。

1）注意的起伏。短时间内注意周期性地不断随意跳跃的现象称为注意的起伏（或注意的动摇），它是由于人的注意不能长时间地保持固定的状态，而是间歇性地加强或减弱造成的。注意的起伏周期一般为 2～12 秒。

2）注意的分散。注意不稳定表现为注意的分散，也叫分心。注意的分散是指由于无关刺激的干扰，注意不自觉地离开当前应当完成的活动任务。

（3）影响注意的稳定性的条件。

1）注意对象的特点。

2）有无坚定的目的。

3）个人的主观状态。

2. 注意的广度

（1）注意的广度的概念。

注意的广度也称注意的范围，是指在同一时间内，人们能够清楚地知觉出的对象的数目。已有研究表明，人的注意的广度一般为 7±2 个方块组，即 5～9 个项目。

（2）影响注意的广度的条件。

1）知觉对象的特点。

2）当时的知觉任务。

3）已有的知识经验。

3. 注意的分配

（1）注意的分配的概念。

注意的分配是指在同一时间内把注意分配到两种或两种以上不同的对象上。

（2）影响注意的分配的条件。

1）在同时进行的两种活动中，必须有一种活动是已经熟练的。

2）同时进行的几种活动都已熟练。

3）几种不同活动已经成为一套统一的组织。

4. 注意的转移

（1）注意的转移的概念。

注意的转移是指根据新的任务，主动地把注意从一个对象转移到另一个对象或由一种活动转移到另一种活动的现象。

（2）影响注意的转移的条件。

1）原有注意的紧张度。

2）新的注意对象的特点。

3）大脑皮层神经兴奋过程和抑制过程相互转换的灵活性。

4）各项活动的目的性或第二信号系统的调节作用。

三、注意规律在教学中的应用

（一）运用注意规律组织教学

（1）根据注意的外部表现了解学生的听课状态。
（2）运用无意注意的规律组织教学。
1）创造良好的教学环境。
2）注重讲演、板书技巧和教具的使用。
3）注重教学内容的组织和教学形式的多样化。
（3）运用有意注意的规律组织教学。
1）明确学习的目的和任务。
2）培养间接兴趣。
3）合理组织课堂教学，防止学生分心。
4）运用多种教学手段。
（4）运用两种注意相互转换的规律组织教学。在教学工作中，单纯依靠无意注意组织教学，会使教学活动缺乏系统性，难以完成教学任务。反之，过分强调依靠有意注意来学习，学生容易疲劳，造成注意的分散。所以教学过程中应注意两种注意的交替使用。

（二）在教学过程中培养学生良好的注意品质

（1）要增强注意的稳定性，就要防止注意的分散。
（2）要扩大注意的广度，需要学生积累本学科相当的知识经验并具备一定的专业素养。
（3）注意的分配在教学中有实践意义。
（4）注意的转移同人的先天神经活动类型有关，但也可以通过外在因素的控制和后天训练加以改善和提高。

四、学生注意力的发展

（一）小学生注意力的发展

小学生无意注意的发展先于有意注意，从无意注意向有意注意过渡。主要表现在：
（1）小学低年级学生的无意注意占主导地位。
（2）注意的有意性由被动向主动发展。

（二）中学生注意力的发展

（1）有意注意发展明显。有意注意最终取代无意注意并占据主导地位是在初中阶段。
（2）不论何种注意，都在不断发展。在小学二年级以前无意注意就已出现，以后迅速发展，到初二达到巅峰，之后又缓慢下降。
（3）注意特征存在个体差异。中学生注意发展存在几种不同的类型：以无意注意占优势的情绪型；以有意注意占优势的意志型；以有意后注意占优势的自觉意志型，即智力型。

第三章

情绪、情感、意志的发展与教育

第一节　情绪、情感

一、情绪、情感及其规律

（一）情绪和情感的概念及关系

1. 情绪和情感的概念

情绪和情感是人对客观事物的态度体验及相应的行为反应。认知是情绪和情感产生的基础，需要是引发情绪和情感的中介。

2. 情绪和情感的关系

（1）区别。

1）从需要的角度来看，情绪是原始的、低级的态度体验，与生理需要是否满足相联系，是人和动物共有的；情感是后续的、高级的态度体验，与社会需要是否满足相联系。例如，婴儿饥渴或身体不舒适时就会有哭的情绪体验，吃完奶会作出"笑"的情绪表现。随着年龄的增长和社会化的进展，他会产生爱父母、爱祖国的情感，并形成理智感、道德感和美感等高级情感体验。

2）从发生的角度来看，情绪可以由对事物单纯的感知觉直接引起，具有情境性和易变性；情感则由对事物复杂意义的理解所引起，具有稳定性和持久性。情绪总是带有情境性，一般由当时的情境所引起，随情境改变而改变；情感则既具有深刻性，又具有稳定性和持久性。例如，孩子的过错可能引起母亲的愤怒，这种情绪具有情境性，但每一位母亲都不会因为孩子的一次过错，就不再爱孩子了，母爱是情感，具有稳定性和持久性。

3）从表现形式来看，情绪具有冲动性和外显性，如高兴时手舞足蹈，愤怒时暴跳如雷等。情感则比较内隐、含蓄，常以内心体验的形式存在。如深厚的爱、殷切的期望等。

（2）联系。

1）情绪是情感的基础，情感离不开情绪。

2）情绪离不开情感，它是情感的具体表现。

（二）情绪和情感的种类

1. 情绪的分类

根据主客体之间关系的不同，情绪可分为快乐、悲伤、愤怒、恐惧；根据情绪发生的强度、持续性和紧张度不同，情绪可分为心境、激情、应激。

（1）心境是一种微弱的、持续时间较长的带有弥漫性的情绪状态。如"忧者见之则忧，喜者见之则喜"。

（2）激情是一种爆发式的、猛烈而时间短暂的情绪状态。如狂喜、暴怒、恐惧、绝望、剧烈的悲痛等。

（3）应激是一种由出乎意料的紧迫情况所引起的急速而高度紧张的情绪状态。

2. 情感的分类

根据情感的社会性内容可以把情感分为道德感、理智感和美感。

（1）道德感是人们根据一定的道德标准评价人的思想、意图和言行时所产生的主观体验。

（2）美感是人们根据一定的标准对自然或社会现象及其在艺术上的表现予以评价时所产生的情感体验。

（3）理智感是人们认识事物和探求真理的需要是否得到满足而产生的主观体验。

（三）情绪和情感的规律

1. 情绪和情感与认识过程的关系

（1）认识过程是情绪和情感的基础，并引导情绪和情感的发展。

（2）情绪和情感伴随着认识活动的发展而发展。

（3）情绪和情感反过来对认识过程起调节作用。

2. 情绪和情感的外部表现

情绪和情感的外部表现是表情，它包括面部表情、姿态表情和语调表情，其中面部表情是鉴别情绪的主要标志。

3. 情绪和情感的功能

（1）适应功能。

（2）动机功能。

（3）组织功能。

（4）信号功能。

（5）健康功能。

（6）感染功能。

二、情绪的调节与控制

（一）情绪与身心健康的关系

积极的情绪能促进人的身心健康，而消极的情绪则会对人的身心健康产生不良影响。

（二）良好情绪的标准

（1）能正确反映一定环境和情境的影响，善于表达自己的感受。

（2）能对引起情绪的刺激作出适当强度的反应。

（3）具备情绪反应的转移能力。

（4）要符合学生的年龄特点。

（三）对学生情绪调节的指导

（1）教会学生形成适宜的情绪状态。

（2）丰富学生的情绪体验。

（3）引导学生正确看待问题。

（4）教会学生调节情绪的方法。

1）认知调节法：艾利斯的"情绪 ABC"理论。

2）合理宣泄法。

3）意志调节法。

4）转移注意法。

5）幽默法。

（5）通过实际锻炼提高学生的情绪调节能力。

三、压力与自我防御机制

（一）压力

1. 压力的概念

个体面对具有威胁性的刺激情境时，伴有躯体机能以及心理活动改变的一种身心紧张状态，也称应激状态。

2. 压力与心理反应

压力可以引起积极的心理反应来使个体应付环境，但压力过度也会带来负面影响。

3. 影响压力的因素

（1）经验。

（2）准备状态。

（3）认知。

（4）环境。

（5）性格。

（二）自我防御机制

自我防御机制为弗洛伊德创立的精神分析学派的专业用语，是指个体在精神受干扰时采用的避开干扰、保持心理平衡的心理机制。

（1）否认。它是指对某种痛苦的现实无意识地加以否定，因为不承认似乎就不会痛苦。

（2）压抑。它是指把意识所不能接受的观念、情感或冲动抑制到无意识中去。

（3）合理化。它又称纹饰作用，是指无意识地用一种似乎有理的解释但实际上却站不住脚的理由来为其难以接受的情感、行为或动机辩护以使其可以接受。

（4）移置。它是指无意识地将指向某一对象的情绪、意图或幻想转移到另一对象或替代的象征物上，以减轻精神负担，取得心理安宁。

（5）投射。它是指自我将不能接受的冲动、欲望或观念归因（投射）于外界事物或他人。

（6）反向形成。它是指对内心的一种难以接受的观念或情感以相反的态度与行为表现出来。

（7）退行。它是指一个人遇到困难的时候放弃已学到的比较成熟的应对技巧和方式，而使用原先比较幼稚的方式去应付困难和满足自己的欲望。

（8）过度代偿。它又称过度补偿，是指一个真正的或幻想的躯体或心理缺陷可通过代偿而得到超乎寻常的纠正。

（9）抵消。它是指一个不能接受的行为象征性地反复地用相反的行为加以显示，以期解除焦虑。

（10）升华。它是一种积极的富有建设性的防御机制。

（11）幽默。它是指对于困难以幽默的方式处理。

（12）认同。它是指在无意识中取他人之长归为己有，作为自己行为的一部分去表达，借以排解焦虑。

四、学生情绪、情感的发展

（一）小学生情绪、情感发展的特点

（1）情绪的调节控制能力增强，冲动性减弱。

（2）情绪和情感的内容不断丰富，社会性成分不断增加。

（3）高级情感进一步发展。

（二）中学生情绪、情感发展的特点

（1）情绪和情感的易感性、冲动性、两级性明显。

（2）反抗情绪与逆反心理增强。

（3）表现出对异性的情感。

第二节　意志

一、意志及其品质

（一）意志的概念

意志是指人自觉地确定目的，有意识地根据目的、动机调节、支配行动，努力克服困难，实现目标的心理过程。

（二）意志的特征

（1）意志行为是人特有的自觉确定目的的行为。

（2）意志对活动具有调节、支配作用，使人的行动能按设定好的目的去改造世界。

（3）克服内部和外部的困难是意志行动最重要的特征。

（4）意志行动以随意动作为基础。

（三）意志过程的规律

（1）意志与认识过程的关系。认识过程是意志形成的前提和基础。

（2）意志与情感过程的关系。情感既可以成为意志行动的动力，也可以成为意志行动的阻力。

（四）意志的品质

1. 意志的自觉性

意志的自觉性是指一个人清晰地意识到自己行动的目的和意义，并且能够主动地支配自己的行动，使之符合既定的目的。

与自觉性相反的意志品质是受暗示性（盲从）和独断性。

2. 意志的果断性

意志的果断性是指一个人善于明辨是非，能够准确把握时机，并且能迅速而合理地采取和执行决定。

与果断性相反的意志品质是优柔寡断和草率武断。

3. 意志的自制性

意志的自制性是指一个人善于控制和支配自己的情绪，并且能很好地约束自己的言行。

与自制性相反的意志品质是任性和怯懦。

4. 意志的坚忍性（坚持性）

意志的坚忍性是指一个人在行动中坚持决定，并且能百折不挠地克服重重困难去达到行动的目的。

与坚忍性相反的意志品质是动摇性和执拗性。

二、意志行动的过程

（一）准备阶段（采取决定阶段/确定决定阶段）

1. 动机斗争

人的行为动机往往以愿望的形式表现出来，由于人的需要多种多样且不断发展，所以在同一时间内往往存在多种动机，几种动机相互矛盾，就形成了动机斗争。动机斗争的形式主要有以下四种：

（1）双趋冲突：从自己同时都很喜爱的两个事物中仅选择其一的心理状态。

（2）双避冲突：从希望回避的两种事物中必取其一的心理状态。

（3）趋避冲突：对同一目的兼具好恶的矛盾心理。

（4）多重趋避冲突：对含有吸引与排斥两种力量的多种目标进行选择时所发生的冲突。

2. 确定目标

目标越明确，人的行动越自觉；目标越远大，它对行动的动力作用越大；目标越深刻，被目标所唤起的意志力也越大。

3. 选择行动方法和制订行动计划

行动方法的选择和行动计划的制订是解决意志行动的决策步骤。通常在熟悉的行动过程中，随着目的的确定，行动方法和行动计划也就随之确定下来。但在许多情况下，达到同一目的的方法和计划不止一种，这时就需要进行选择。行动方法的选择和行动计划的制订就是了解、比较、分析各种方式、方法和方案的优缺点和可能导致的结果，周密思考、权衡利弊而加以抉择的过程。

（二）执行决定阶段

行动计划制订后，执行计划，采取有效的行动，是达到目的的关键步骤。执行决定阶段是意志

 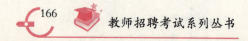

行动的中心环节，是意志努力的集中表现。

三、意志品质的培养

（1）加强生活目的性教育，树立科学的世界观、远大的理想和信念，培养学生行为的目的性，减少其行动的盲目性。

（2）加强养成教育，培养学生的自制能力。

（3）组织实践活动，在困难环境中锻炼学生的意志，让学生取得意志锻炼的直接经验。

（4）教育学生正确地对待挫折。

（5）根据学生意志品质上的差异，采取不同的锻炼措施。

（6）发挥教师、班集体和榜样的模范作用，给予必要的纪律约束。

（7）加强自我锻炼，从点滴小事做起。

第四章
个性发展与教育

第一节　需要、动机与兴趣

一、需要概述

（一）需要及其种类

1. 需要的概念

需要是有机体感到某种缺乏或不平衡状态而力求获得满足的心理倾向，是有机体自身和外部生活条件的要求在头脑中的反映。

2. 需要的种类

（1）生理性需要和社会性需要。

根据需要的起源不同，需要可分为生理性需要和社会性需要。

生理性需要是保存和维持有机体生命和延续种族的需要。

社会性需要是在生理性需要的基础上，在社会实践和教育的影响下形成和发展起来的。

（2）物质需要和精神需要。

根据需要的对象不同，需要可分为物质需要和精神需要。

物质需要是指对衣、食、住、行等有关对象的需要，对学习、工作等有关用品的需要等。

精神需要是指人对社会精神生活及其产品的需要，是人类特有的需要。

（二）马斯洛的需要层次理论

1. 需要层次理论的基本内容

马斯洛根据需要出现的先后及强弱顺序，把需要分成了五个层次，即生理需要、安全需要、归属与爱的需要、尊重需要和自我实现的需要。后期，马斯洛又补充了求知需要和审美需要，将需要由五个层次扩充为七个层次（见下图）。

> **第三十一记：生理安全归属爱，尊重求知审美实**

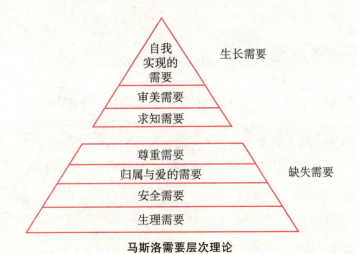

马斯洛需要层次理论

（1）生理需要。生理需要是人对食物、水、空气、睡眠、性等的需要。它是人的所有需要中最基本、最原始也是最强有力的需要，是其他一切需要产生的基础。

（2）安全需要。安全需要是指求得保护与免遭威胁从而获得安全感的需要。

（3）归属与爱的需要。归属与爱的需要也称社交需要，是指每个人都有被他人或群体接纳、爱护、关注、鼓励及支持的需要。

（4）尊重需要。尊重需要是在生理、安全、归属与爱的需要得到基本满足后产生的对自己社会价值追求的需要，包括自尊和受到别人尊重两个方面。

（5）求知需要。它又称认知与理解的需要，是指个人对自身和周围世界的探索、理解及解决疑难问题的需要。

（6）审美需要。它是指对对称、秩序、完整结构以及行为完美的需要。

（7）自我实现的需要。它是最高层次的需要，是在上述几种需要得到满足后产生的。所谓"自我实现"，是指追求自我理想的实现，是充分发挥个人潜能、才能的心理需要，也是一种创造和自我价值得到体现的需要。

2. 对需要层次理论的评价

需要层次理论是一种较为完备的需要理论，它对需要的实质、结构、归属及作用都做了系统的探讨，这对进一步研究"需要"这一课题，建立科学理论，是有积极意义的。

但是，这一理论也存在明显不足：（1）没有认识到高级需要对低级需要的调节作用。（2）马斯洛错误地把人的需要的发展及实现看作人类生物特性的发展和实现。（3）缺乏客观测量指标，缺乏实验支持。（4）自我实现理论的个人主义倾向明星，没有很好地与社会发展需要相结合。

（三）学生的需要与教育

（1）了解学生的需要。

（2）尊重、满足学生的合理需要，抑制其不合理需要。

（3）引导和培养学生新的更高层次的需要，使其个人需要与社会发展需要相结合。

二、 动机概述

（一）动机的概念

动机是激发和维持有机体的行动，并使该行动朝向一定目标的心理倾向或内驱力。

（二）动机的种类

从动机起源的角度可将动机分为生理性动机和社会性动机。

1. 生理性动机

生理性动机是与人的生理需要有关的初级的、原发性动机，也称内驱力。

2. 社会性动机

社会性动机是与人的心理、社会需要有关的后天习得的动机，包括两个层次：（1）比较原始的三种驱动力，即好奇心、探索与操作。（2）人类特有的成就动机、学习动机、权力动机和社会交往动机等。

（三）动机产生的条件

（1）内在条件是需要。

（2）外在条件是诱因。能够引起个体动机并满足个体需要的外在刺激，称为诱因。凡是使个体趋向或接受某种刺激而获得满足的称为正诱因，凡是使个体逃离或躲避某种刺激而获得满足的称为负诱因。诱因可以是物质的，也可以是精神的。

（四）动机的功能

（1）激活功能。

（2）指向功能。

（3）维持和调节功能（强化功能）。

三、兴趣概述

（一）兴趣及其种类

1. 兴趣的概念

兴趣是人对事物的一种认识倾向，伴随着积极的情绪体验，对个体活动，特别是对个体的认知活动有巨大的推动作用。兴趣具有定向和动力功能。

2. 兴趣的种类

（1）直接兴趣和间接兴趣。

直接兴趣是指由事物或活动本身所引起的兴趣。

间接兴趣是指对活动的目的和结果的兴趣。

（2）中心兴趣和广阔兴趣。

中心兴趣是对某一方面的事物或活动有极其浓厚而稳定的兴趣。

广阔兴趣是对多方面的事物或活动表现出兴趣。

（3）个体兴趣和情境兴趣。

个体兴趣是指个体长期指向一定客体、活动和知识领域的一种相对稳定的兴趣。

情境兴趣是指由环境中的某一事物突然激发的兴趣。

（二）学习兴趣的培养和激发

（1）通过各种活动发展学生兴趣。

（2）通过提高教学水平，引发学生兴趣。

 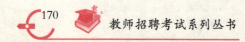

（3）引导学生将广阔兴趣与中心兴趣结合起来。

（4）要根据学生的年龄特征来提高学生的学习兴趣。

（5）要根据学生的知识基础培养学生的学习兴趣。

（6）通过积极的评价使学生的兴趣得以强化。

（7）充分利用原有兴趣进行迁移。

激发学习动机：（1）创设问题情境，实施启发式教学（上课）。（2）根据作业难度，恰当控制动机水平（作业）。（3）利用学习结果的反馈作用（反馈）。（4）合理进行奖惩，维护内部学习动机（奖惩）。（5）正确指导结果归因，促使学生继续努力学习（归因）。

> **第三十二记：情境教学善奖惩，作业反馈要归因**
> **（上课、作业、反馈、奖惩、归因）**

第二节　能　力

一、能力及其类型

（一）能力的定义

能力是直接影响人的活动效率，促使活动顺利完成的个性心理特征。

（二）能力、才能与天才

几种相关的、结合在一起的能力统称为才能。天才是才能高度发展的体现。

（三）能力与知识、技能的关系

1. 能力与知识、技能的联系

（1）能力是掌握知识与技能的前提。

（2）能力是在掌握知识和技能的过程中形成和发展起来的。

2. 能力与知识、技能的区别

（1）能力与知识、技能具有不同的概括水平。

（2）在一个人身上，知识和技能的发展是无止境的，它随着学习内容的不断增加而不断丰富；而能力的发展则有一定的限度。

（3）知识、技能的掌握和能力的发展是不同步的。

（四）能力的分类

1. 一般能力和特殊能力

根据能力适应活动范围的大小，可将能力分为一般能力和特殊能力。

一般能力是指在不同种类的活动中表现出来的能力，是从事一切活动所必备的能力的综合，如观察力、记忆力、抽象概括能力、创造力等，其中抽象概括能力是一般能力的核心。特殊能力是指从事某种专门活动所需要的能力。

2. 模仿能力和创造能力

根据从事活动时创造性程度的高低，可将能力分为模仿能力和创造能力。

模仿能力是指通过观察别人的行为和活动，以相同的方式作出反应的能力。

创造能力是指按照预先设定的目标，利用已有的信息，创造出新颖、独特、具有个人或社会价值的产品的能力。

3. 认知能力、操作能力和社交能力

根据能力的功能不同，可将能力分为认知能力、操作能力和社交能力。

认知能力是指人脑储存、加工和提取信息的能力。

操作能力是指人们支配自己的肢体去完成各项活动的能力。

社交能力是指人们在社会交往活动中所表现出来的能力。

二、 能力结构理论 （智力结构理论）

智力也称智能，是使人顺利完成某种活动所必需的各种认知能力的有机结合，包括观察力、记忆力、注意力、想象力和思维力等，并以思维力为核心。

（一）斯皮尔曼的二因素论

英国心理学家斯皮尔曼首先提出了智力的二因素论。他认为，智力包括两种因素：一般因素（G 因素）和特殊因素（S 因素）。G 因素代表一个人普遍而概括化的能力，参与所有智力活动；S 因素代表一个人的特殊能力，只在某些特殊方面表现出来。

（二）瑟斯顿的群因素论

美国心理学家瑟斯顿认为，智力是由一群彼此无关的"原始心理能力"组成的。各种智力活动可分为不同的组群，每一组群中都有一些基本的因素是共同的。

（三）吉尔福特的智力三维结构论

美国心理学家吉尔福特认为，智力是一个由不同方式对不同信息进行加工的各种能力的综合系统，是一个包括内容、操作和成果的三维结构。

（四）卡特尔的智力结构论

美国心理学家卡特尔根据因素分析的结果，按心智能力功能上的差异，将人的智力分为流体智力和晶体智力。

流体智力是一种以生理为基础的认知能力。受先天遗传因素的影响较大，主要特征是：对不熟悉的事物，能以迅速准确的反应来判断其彼此间的关系。一般人在 20 岁以后，流体智力的发展达到顶峰，30 岁以后随着年龄的增长而降低。流体智力属于人类的基本能力，受教育、文化的影响较少。

晶体智力是以学得的经验为基础的认知能力。它受后天经验的影响较大，与教育、文化有关，在个体差异上与年龄的变化没有密切关系。

（五）加德纳的多元智力理论

1. 多元智力理论的主要内容

美国心理学家加德纳提出了多元智力理论，他认为，人的智力结构中存在着七种相对独立的智力，这七种智力在每个人身上的组合方式是多种多样的，每个人在不同领域的智力发展水平也不是同步的。这七种智力是：

  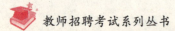

(1) 言语智力。

(2) 逻辑-数学智力。

(3) 视觉-空间智力。

(4) 音乐智力。

(5) 运动智力。

(6) 人际智力（即社交智力）。

(7) 自知智力（即内省智力）。

2. 多元智力理论与新课程改革

(1) 积极乐观的学生观。

(2) 科学的智力观。

(3) 因材施教的教学观。

(4) 多样化的人才观和成才观。

（六）斯腾伯格的三元智力理论

美国心理学家斯腾伯格提出了智力三元理论。该理论包括智力成分亚理论、智力情绪亚理论和智力经验亚理论。

三、能力的测量

（一）一般能力测验

一般能力测验即智力测验。最早的智力测验工具是由法国心理学家比纳和西蒙编制的比纳-西蒙智力量表。他们提出用智力年龄来表示智力水平，简称智龄。所谓智龄是通过对某一年龄组的测验项目来确定的，即通过测验确定儿童的实际智力达到的年龄水平。后经斯坦福大学推孟教授的修订，改名为斯坦福-比纳量表。

后来发展起来的韦克斯勒智力量表，简称韦氏智力量表，它改用离差智商来衡量人们的智力水平。

（二）特殊能力测验和创造力测验

(1) 特殊能力测验是指针对某一特殊能力所包含的各个方面进行测量。常见的特殊能力测验主要有音乐能力测验、美术能力测验和机械能力测验。

(2) 创造力测验主要包括南加利福尼亚大学发散思维测验、托兰斯创造性思维测验和芝加哥大学创造力测验等。

（三）智力测验的标准

评定测验质量优劣的主要技术指标有信度、效度和标准化。

(1) 信度是指一个测量工具的可靠程度。它以反复测验时能否提供相同的结果来说明。

(2) 效度是指一个测量工具希望测到某种行为特征的有效性与准确程度。

(3) 标准化是心理测验最基本的要求。

四、影响能力形成与发展的因素

影响能力形成与发展的因素有：遗传与营养、早期经验、教育与教学、社会实践、主观努力。

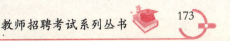

五、 学生能力的培养

（1）注重对学生早期能力的培养。
（2）教学中要加强知识与技能的学习与训练。
（3）教学中要针对学生的能力差异因材施教。
（4）在教学中要积极培养学生的元认知能力和创造能力。
（5）社会实践活动是培养学生能力的基本途径。
（6）要注意培养学生的非智力因素。

第三节　人格

一、人格概述

（一）人格的概念

人格是构成一个人思想、情感及行动的特有模式，这个独特模式包含了一个人区别于他人的稳定而统一的心理品质，即人格是决定个体的外显行为和内隐行为，并使其与他人行为有稳定区别的综合心理特征。

（二）人格的特征

（1）独特性：人心不同，各如其面。
（2）稳定性：江山易改，本性难移。
（3）整合性：各方面相互协调，否则可能会产生人格分裂。
（4）功能性：性格决定命运。
（5）社会性：人是社会动物。

（三）人格的结构

人格主要包括气质、性格、自我调控系统。
自我调控系统是以自我意识为核心的人格调整系统，包括自我认识、自我体验、自我控制。
自我认识是对自己的洞察和理解，包括自我观察和自我评价，其中自我评价是自我调节的重要条件。
自我体验是自我意识在情感上的表现，是伴随自我认识而产生的内心体验。自尊心、自信心是自我体验的具体内容。
自我控制是自我意识在行为上的表现，是实现自我意识调节的最终环节。

（四）弗洛伊德的人格"三我"结构

弗洛伊德把人格结构分成三个层次：本我、自我和超我。
（1）本我。遵循快乐原则。
（2）自我。遵循现实原则，以合理的方式来满足本我的需要。
（3）超我。遵循道德原则。

本我是生物本能我，自我是心理社会我，超我是道德理想我。

二、气质

(一) 气质及其类型

1. 气质的概念
气质是表现在心理活动的强度、速度、灵活性与指向性等方面的一种稳定的心理特征，即我们平时说的脾气、秉性。

2. 气质的类型
(1) 气质的"体液说"。

古希腊著名医生希波克拉底提出，人体内有四种性质不同的体液：血液、黄胆汁、黑胆汁和黏液。罗马医生盖伦从希波克拉底的体液说出发，提出 4 种气质类型，即流行至今的胆汁质、多血质、黏液质和抑郁质。

1) 胆汁质：以精力旺盛、表里如一、刚强、易感情用事为特征。

2) 多血质：以反应迅速、有朝气、活泼好动、动作敏捷、情绪不稳定、粗枝大叶为特征。

3) 黏液质：稳重但灵活性不足；踏实但有些死板；沉着冷静但缺乏生气。

4) 抑郁质：以敏感、稳重、体验深刻、外表温柔、孤独、行动缓慢为特征。

(2) 气质的"神经活动类型说"。

巴甫洛夫用高级神经活动类型学说解释气质的生理基础。他根据神经过程的基本特性，即兴奋过程和抑制过程的强度、平衡性、灵活性，划分了四种类型：强、不平衡 (兴奋型)；强、平衡、灵活 (活泼型)；强、平衡、不灵活 (安静型)；弱 (抑制型)。如下表所示。

高级神经活动类型与气质类型表对照表

高级神经活动类型	高级神经活动过程	气质类型
兴奋型	强、不平衡	胆汁质
活泼型	强、平衡、灵活	多血质
安静型	强、平衡、不灵活	黏液质
抑制型	弱	抑郁质

(二) 气质与教育

(1) 对待学生应克服气质偏见。

(2) 针对学生气质差异因材施教。

(3) 帮助学生进行气质的自我分析、自我教育，培养良好的气质品质。

(4) 要重视胆汁质和抑郁质学生。

(5) 组建学生干部队伍时，应考虑学生的气质类型。

三、性格

(一) 性格概述

1. 性格的概念
性格是指人的较稳定的态度与习惯化了的行为方式相结合而形成的人格特征。

2. 理解性格的概念

（1）性格是人对现实的态度和行为方式概括化与定型化的结果。

（2）性格是指一个人独特的、稳定的个性心理。

（3）性格是个性特征中最具核心意义的心理特征。

3. 性格的结构

（1）性格的态度特征。它在性格结构中具有核心意义。

（2）性格的意志特征。

（3）性格的情绪特征。

（4）性格的理智特征。

4. 性格的类型

（1）理智型、情绪型和意志型。

根据理智、情绪、意志三者在心理机能方面哪一个占优势，可将性格分为理智型、情绪型和意志型。

理智型的人通常用理智衡量一切，并支配自己的行动。

情绪型的人内心体验深刻，外部表露明显，情绪不稳定。

意志型的人行动目标明确，积极主动，不易受外界因素干扰。

（2）外向型和内向型。

按照心理活动的指向，可将性格分为外向型和内向型。

外向型的人心理活动指向外部世界，内向型的人心理活动指向内部世界。内外向的概念是由荣格提出的，他认为，多数人并非典型的内向型或外向型，而是介于两者之间的中间型。

（3）独立型和顺从型。

按照个体活动的独立性程度，可将性格分为独立型和顺从型。

独立型的人善于独立发现问题、解决问题，自主能力强，不易受外界干扰和暗示所影响，能镇定、果断地处理突发事件或危急情况。

顺从型的人依赖性重，容易盲目地接受别人的意见和要求，缺少主见，易受外界干扰或他人暗示的影响，面对复杂或困难情况往往惊慌失措，束手无策。

（二）性格与气质的关系

1. 联系

（1）性格和气质都属于稳定的人格特征。

（2）性格与气质相互渗透，彼此制约，二者相互影响。具体表现在：气质影响一个人对事物的态度和行为方式，因而使性格带上某种气质的色彩和具有某种特殊的形式；气质影响性格的形成和发展，以及形成的速度；性格可以掩蔽和改造气质，指导气质的发展，使它服从于生活实践的要求。

2. 区别

（1）气质受生理影响大，性格受社会影响大。

（2）气质的稳定性强，性格的可塑性强。

（3）气质特征表现较早，性格特征表现较晚。

（4）气质无所谓好坏，性格有优劣之分。气质是人的天性，无好坏之分。性格是人格差异的核心，有好坏、优劣之分，能直接地反映一个人的道德风貌。

（三）影响性格形成与发展的因素

影响性格形成与发展的因素有：家庭、学校教育、同伴群体、社会实践、自我教育、社会文化因素。

（四）学生优良性格的培养

（1）加强人生观、世界观和价值观教育。

（2）及时强化学生的积极行为。

（3）充分利用榜样人物的示范作用。

（4）利用集体的教育力量。

（5）依据性格倾向因材施教。

（6）提高学生的自我教育能力。

> **第三十三记：自我因材人示范，集体强化育三观**

四、人格理论（性格理论）

（一）奥尔波特的人格特质理论

奥尔波特把人格特质分为两种：共同特质和个人特质。

共同特质是指在某一社会文化状态下，大多数人或一个群体所共有的、相同的特质。共同特质是人格的共同部分，反映了社会的习俗和价值。它具有短暂性，随社会标准与习俗的改变而改变。

个人特质是指个体身上所独具的特质。个人特质又可分为三种：首要特质、中心特质和次要特质。首要特质是一个人最典型、最具有概括性的特质，它影响一个人各方面的行为。中心特质是构成个体独特性的几个重要的特质，在每个人身上有 5～10 个。次要特质是个体的一些不太重要的特质，往往只在特殊的情况下才会表现出来。

（二）卡特尔的人格特质理论

该理论的核心是卡特尔关于人格特质的概念。在他看来，特质是人格的因素，是一个相对持久的反应倾向。只有彻底了解一个人的特质，才能预测他在某种情景下将怎样行动。在这个意义上，人格也可以看成是一组特质。

卡特尔用因素分析法对人格特质进行了分析，提出了基于人格特质的一个理论模型。模型分为四层，即个别特质和共同特质，表面特质和根源特质，体质特质和环境特质，动力特质、能力特质和气质特质。

（1）表面特质和根源特质。表面特质是指从外部行为能直接观察到的特质。从表面上看，它们好像是一些相似的特征或行为，实际上却出于不同的原因。根源特质是指那些相互联系而以相同原因为基础的行为特质。表面特质和根源特质既可能是个别特质，也可能是共同特质。它们是人格层次中最重要的一层。"卡特尔 16 种人格因素量表"（16PF）测量的就是 16 种相互独立的根源特质。

（2）体质特质和环境特质。根源特质分为体质特质和环境特质两类。体质特质由先天的生物因素所决定，环境特质则由后天的环境因素所决定。卡特尔曾提出"多元抽象变异分析"（MAVA）来确定各种特质中遗传与环境因素分别影响的程度。

（3）动力特质、能力特质和气质特质。模型的最下层是动力特质、能力特质和气质特质。它们同时受到遗传与环境两方面因素的影响。动力特质是指具有动力特征的特质，它使人趋向某一目标，包括生理驱力、态度和情操。能力特质是表现在知觉和运动方面的差异特质，包括流体智力和晶体智力。气质特质是决定一个人情绪反应速度与强度的特质。

（三）斯普兰格的人格理论

斯普兰格依据人类社会活动的六种形态，将人的性格类型划分为六种。不同的性格类型有不同的价值观成分。这六种类型是：

（1）经济型，这种人注重实效，其生活目的是追求利润和获得财富。

（2）理论型，这种人对探究世界很感兴趣，他们尊重事物的合理性，重视科学探索，以追求真理为人生目的。

（3）审美型，这种人对现实生活不太关注，富有想象力，以感受事物的美作为人生价值。

（4）宗教型，这种人信奉宗教，相信神的存在，把信仰视为人生的最高价值。

（5）权力型，这种人倾向于权力意识和权力享受，支配性强，其全部的生活价值和最高的人生目标就在于满足自己的权力欲望，得到某种权力和地位。

（6）社会型，这种人关心他人，献身社会，乐于助人，以奉献社会为人生的最高目标。

五、人格测验

（一）自陈式人格测验

这是测量人格特点的一种纸笔测验方法，由被试自己作答，又称自陈量表。它采用客观测验的形式，设计出一系列陈述句或问题，要求受试者作出是否符合自己情况的报告。常用的自陈人格量表有：

1. 明尼苏达多相人格量表（MMPI）

此量表是美国明尼苏达大学教授哈茨韦和麦金莱于 1943 年发表的。MMPI 共有 566 个题目，凡年满 16 周岁，具有小学文化水平，没有视觉和书写障碍等生理缺陷的人，均可以参加测量。MMPI 重视被试的主观感受，在编制量表时，以正常和异常两种人为样本，因此，它既可用于临床诊断，也可用于正常人的人格评定。

2. 爱德华个人兴趣量表（EPPS）

EPPS 是由美国心理学家爱德华于 1953 年编制的，并以莫瑞所列举的人类 15 种需要为基础。量表共有 225 个题目，每个题目通常包括两个以"我"开头的陈述句，用"强迫选择法"，要求被试按照自己的喜好选出其中的一个。其主要功能是通过被试对题目的反应，评定他在 15 种心理需求上相对于一般人的强弱程度，然后绘出人格剖面图，从而了解个人的爱好和倾向。

3. 卡特尔 16 种人格因素量表（16PF）

此量表是卡特尔于 20 世纪 50 年代编制的。适用于具有阅读能力的青年人、成年人及老年人。16PF 共有 187 题，分 16 组，每组包括 10～13 个题目，分别用于测量 16 种人格根源特质。每一个特质都可以得一原始分数，通过查常模表将原始分换算成标准分，由此每一特质量的差异就通过分数高低表现了出来。

（二）投射式人格测验

这种测验是一种结构不明确的测验。它的种类很多，主要包括以下几种。

1. 罗夏克墨迹测验

罗夏克墨迹测验是罗夏克于 1921 年提出的，是让受试者在不知不觉中，从一滴墨水中或在欣赏一幅画时流露出的思想感情和对事物的态度中分析、判断受试者的人格特征。

2. 主题统觉测验（TAT）

主题统觉测验是莫瑞和摩尔根于 1938 年编制的，主要用来确定人们的需要和成就动机。它共有 30 张黑白图片。施测时，要求被试根据看到的图片进行自由联想，并依据联想编成故事。测验者通过对被测者所编故事的分析，推测被测者的个性特征。

3. 句子完成测验（SCT）

句子完成测验是以未完成的句子为刺激，让受测者自由地给予言语反应来完成未完成的部分。主试依据受测者的反应内容来判断受测者的感情、态度以及内心冲突。

六、 影响人格形成与发展的因素

遗传决定人格发展的可能性，环境决定人格发展的现实性。

（一）生物遗传因素

根据以往研究，遗传的作用主要有：
（1）遗传是人格不可缺少的影响因素。
（2）遗传因素对人格的作用程度因人格特征的不同而异。通常在智力、气质这些与生物因素联系紧密的特征上，遗传因素较为重要；而在价值观、信念、性格等与社会因素联系紧密的特征上，后天环境因素更重要。
（3）人格发展过程是遗传与环境交互作用的结果，遗传因素影响人格的发展方向。

（二）社会文化因素

每个人都处于特定的社会文化之中，文化对人格的影响是极为重要的，这也历来为人们所认可：社会文化不仅对人格具有重要的作用，特别是后天形成的一些人格特征，而且还决定人格的共同性特征，它使同一社会的人在人格上具有一定程度的相似性。

（三）家庭因素

1. 家庭教养方式
（1）权威型教养方式下成长的孩子易形成被动、懦弱，做事缺乏主动性，甚至形成不诚实等人格特征。
（2）放纵型教养方式下成长的孩子多表现为幼稚、自私、独立性差、唯我独尊等。
（3）民主型教养方式下成长的孩子易形成活泼、快乐、富于合作、思想活跃等积极的人格品质。由此可见，家庭是"人类性格的工厂"，它塑造了人们不同的人格特征。

2. 家庭教养方式对人格的影响
家庭对人格具有强大的塑造力；父母的教养方式恰当与否直接决定孩子能否形成良好的人格特征；父母在养育孩子的过程中，表现出的自己的人格，有意无意地影响和塑造着孩子的人格，形成家庭中的"社会遗传性"。

（四）学校教育因素

学校教育在学龄儿童人格形成和发展中具有重要作用。学生在学校中通过学习、接受潜移默化的影响，形成优良的人格特征。课堂教育使学生形成科学的世界观，这对发展学生良好的人格特质具有重要意义。校风和班风也影响学生人格的形成与发展。良好的校风和班风促使学生养成积极、独立、主动等良好的人格特征，而不好的校风和班风易使学生养成懒散、无组织、无纪律等不良的人格特征。此外，教师的言行对学生的人格也会产生潜移默化的影响。

（五）个人主观因素

社会上各种影响因素，首先要为个人所接受和理解，才能转化为个体的需要，才能推动个体去思考与行动。另外，个体已有的心理发展水平对人格特征形成的作用会随着年龄的增加而日益增强。

七、 自我意识的发展与教育

（一）自我意识概述

1. 自我意识的概念

自我意识是个体对自己（作为客体的我）以及自己与周围事物的关系的意识。一般认为，自我意识包括以下三种成分：自我认识、自我体验和自我监控。

2. 自我意识的发展阶段

个体自我意识的发展经历了从生理自我到社会自我，再到心理自我的过程。

（1）生理自我（自我中心期）。生理自我是自我意识最原始的形态。生理自我在 3 岁左右基本成熟。

（2）社会自我（客观化时期）。儿童在 3 岁以后，自我意识的发展进入社会自我阶段。他们从轻信成人的评价逐渐过渡到自我独立评价。社会自我到少年期基本成熟。

（3）心理自我（主观自我时期）。心理自我在青春期开始发展和形成。

（二）学生自我意识的发展

1. 小学生自我意识的发展

（1）自我意识发展的趋势。

小学生的自我意识随着年龄的增长从低水平向高水平发展，但发展不是匀速的，而是既有快速上升期，又有平稳发展期。

1）小学一年级到三年级发展的速度较快，尤其是小学一、二年级之间发展的速度格外迅速，是主要发展期。

2）小学三年级至五年级自我意识的发展相对平稳，年级间无显著差异。

3）小学五年级至六年级自我意识的发展又出现加速现象，是自我意识发展的第二个上升期。

（2）自我意识发展的特点。

从自我意识的各成分来看，发展并不同步。

1）在自我概念方面。研究发现小学生的自我描述是从比较具体的外部特征的描述向比较抽象的心理术语的描述发展的，他们的自我概念具有很大的具体性和绝对性。而且还发现，小学高年级学生自我概念的发展趋势存在性别差异。

2）在自我评价方面。自我评价能力是自我意识发展的主要成分和主要标志。小学生自我评价能力的发展具体表现在：评价的独立性随着年级的升高而提高；从较笼统的评价发展到对自己某个方面或多个方面的优缺点进行评价；开始具有对内心品质评价的倾向；自我评价的抽象概括性有了提高；自我评价的稳定性有了一定发展。

3）在自我体验和自我调控方面。随着儿童认识水平的不断提高，他们的自我体验也会随之逐步加深。小学生的自我调控落后于自我评价、自我体验的发展。

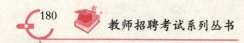

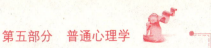

2. 初中生自我意识的发展

（1）自我意识发展的趋势。

青少年期是自我意识发展的第二个飞跃期，其总的发展趋势是：从小学六年级开始到初三，学生的自我意识发展总体上处于平稳期；从初三到高一为显著上升期。

（2）自我意识发展的特点。

1）初中生的自我体验随着年龄的增长不断发展。主要表现在：第一，出现成人感；第二，自尊感增强；第三，出现自卑感。

2）自我开始分化。开始分成"主我""客我"或"理想的自我"和"现实的自我"。

3）能够更自觉地评价别人的和自己的个性品质，但这种能力与高中生相比较，水平还不高，而且也不稳定。

3. 高中生自我意识的发展

（1）自我意识发展的趋势。从总体发展情况来看，高中生的自我意识处于显著上升之后的平稳期。高二是学生自我意识各成分发展普遍提高的阶段。

（2）自我意识发展的特点。

1）自我意识中独立意向的发展。

2）自我意识的组成成分分化。

3）强烈地关心着自己的个性成长。

4）自我形象受到了空前关注。

5）自我评价逐渐成熟。

6）自尊心增强。

7）道德意识高度发展。

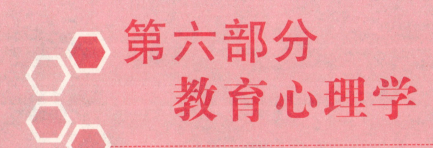

第六部分
教育心理学

第一章
教育心理学概述

第一节　教育心理学的基本概述

一、教育心理学的概念与学科性质

（一）教育心理学的概念

教育心理学是研究教育教学情境中学与教的基本心理规律的学科。

（二）教育心理学的学科性质

教育心理学是教育学与心理学结合产生的交叉学科，既是一门理论性学科，又是一门应用型学科，但以应用为主。

二、教育心理学的研究对象与研究内容

（一）教育心理学的研究对象

教育心理学的研究对象是学校教育、教学情境中人的心理。

（二）教育心理学的研究内容

教育心理学的研究内容是围绕学习与教学相互作用的过程而展开的，学与教相互作用的过程是一个复杂的系统，该系统包含学生、教师、教学内容、教学媒体和教学环境五种要素；包括学习过程、教学过程和评价反思过程，这三种活动过程交织在一起。学习过程是教育心理学研究的核心内容，学习心理是教育心理学的核心。

三、教育心理学与邻近学科的关系

（一）教育心理学与教育学的关系

教育学研究的是以教育事实为基础的教育中的一般问题，而教育心理学则主要研究教育过程中

的心理学问题。

（二）教育心理学与普通心理学的关系

两者之间是个性与共性的关系，普通心理学是教育心理学的基础，教育心理学是普通心理学原理在教育领域的体现。

四、教育心理学的作用

教育心理学对教育实践具有描述、解释、预测和控制的作用，在实际应用中，这些作用往往互相交织在一起。

（1）帮助教师准确地了解问题。

（2）为实际教学提供科学的理论指导。

（3）帮助教师预测并干预学生。

（4）帮助教师结合实际教学进行研究。

第二节　教育心理学的发展

一、 初创时期 （20 世纪 20 年代以前）

瑞士教育家裴斯泰洛齐第一次提出"教育教学的心理学化"。德国教育学家和心理学家赫尔巴特第一个提出把教学理论建立在心理学基础上。1868 年，俄国教育家乌申斯基出版了《人是教育的对象》（也称为《教育人类学》），被誉为"俄国教育心理学的奠基人"。1877 年，俄国教育家和心理学家卡普捷列夫出版了《教育心理学》，这是最早正式以"教育心理学"命名的著作。

1903 年，美国心理学家桑代克出版了《教育心理学》，这是西方第一本以教育心理学命名的专著。桑代克被称为"教育心理学之父"。

二、发展时期 （20 世纪 20 年代到 50 年代末）

教育心理学的发展时期主要经历了以下几个阶段：

（1）20 世纪 20 年代以后，西方教育心理学吸取了心理测验和儿童心理学方面的成果，大大扩充了自己的内容。

（2）20 世纪 30 年代以后，学科心理学高速发展，并成为教育心理学的组成部分。

（3）20 世纪 40 年代，有关儿童的个性和社会适应以及生理卫生问题进入了教育心理学的研究领域。20 世纪 40~50 年代，程序教学和机器教学兴起，同时信息论的思想为许多心理学家所接受。

三、 成熟时期 （20 世纪 60 年代至 70 年代末）

20 世纪 60 年代初，教育心理学的研究由行为主义转向认知范畴。布鲁纳发起课程改革运动，自此，美国教育心理学逐渐重视探讨教学过程、学生心理，重视教材、教学手段的改进。20 世

 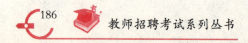

60 年代掀起了一股人本主义思潮，罗杰斯提出了"以学生为中心"的主张。20 世纪 70 年代，奥苏贝尔以认知心理学的观点系统阐述了有意义学习的条件，加涅则对人类的学习进行了系统分类，这两种学习理论为教育心理学发展至成熟阶段奠定了基础。

四、完善时期（20 世纪 80 年代以后）

布鲁纳精辟地总结了教育心理学十几年来的成果，主要包括四个方面：主动性研究、反思性研究、合作性研究、社会文化研究。

五、教育心理学在我国的发展

20 世纪初，我国出现的第一本教育心理学著作是由房东岳翻译的日本小原又一的著作《教育实用心理学》。

1924 年，廖世承编写了我国第一本教育心理学教科书《教育心理学》，该书参考了桑代克等人的教育心理学思想，并结合了我国的教育实践材料。

第三节　教育心理学的研究方法与研究原则

一、教育心理学的研究方法

（一）实验法

实验法是指根据研究目的，改变或控制某些条件，以引起被试某种心理活动的变化，从而揭示特点条件与这种心理活动之间关系的方法。主要包括实验室实验和现场实验。现场实验又称为自然实验法，是在自然情境下，由实验者创设或改变一些条件，以引起被试某些心理活动的变化从而进行研究的方法。实验法是心理学研究中应用最广、成就最大的方法。

（二）观察法

观察法指在教育过程中，研究者通过感官或借助于一定的科学仪器，有目的、有计划地考察和描述个体某种心理活动的表现或行为变化，从而收集相关的研究资料的方法。观察法是教育心理学研究中采用的最基本、最普遍的方法。

（三）调查法

调查法是通过各种途径间接了解被试心理活动的一种研究方法。常采用的有问卷法、访谈法。

（四）个案法

要求对某个人进行深入而详细的观察与研究，收集相关资料，分析其心理特征，以便发现影响其行为和心理的原因。

（五）测验法

测验法是指用一套标准化的问题（量表）来测量被试某种心理品质的方法。

（六）教育经验总结法

教育经验总结法是教育心理学中一个重要的研究方法，它是依据教育实践所提供的事实，按照科学研究的程序，分析和概括教育现象，揭示其内在联系和规律，使之上升为教育理论的一种教育科研方法。

（七）产品分析法

产品分析法又称活动产品分析法或作品分析法，是指通过分析学生的活动产品，了解学生的能力、倾向、技能、情感状态和知识范围。

二、 教育心理学的研究原则

（一）客观性原则

遵循客观性原则是进行科学研究的前提条件。

（二）教育性原则

在研究中所采取的研究手段与方法应能促进被试的心理良性发展，这是所有关于人的心理学研究都应遵从的一个基本伦理道德原则。

（三）发展性原则

要求研究者牢记被试的心理是不断发展变化的，所以应采用动态的、变化的指标进行衡量。

（四）理论联系实际原则

研究应该从主体的实际需要出发，解决教育教学中的实际心理问题。

（五）系统性原则

在研究中，坚持以全面的、发展的和整体的观点去观察、分析和解决问题。

第二章

心理发展及个别差异

第一节　心理发展概述

一、个体的心理发展

（一）心理发展及人生全程发展

1. 心理发展的概念

心理发展是指个体从出生、成熟、衰老直至死亡的整个生命进程中所发生的一系列心理变化。

心理学家将个体的心理发展划分为八个阶段：乳儿期（0～1 岁）、婴儿期（1～3 岁）、幼儿期或学龄前期（3～6、7 岁）、童年期或学龄初期（6、7～11、12 岁）、少年期或学龄中期（11、12～14、15 岁）、青年期（14、15～25 岁）、成年期（25～60 岁）、老年期（60 岁以后）。

2. 人生全程发展

人生全程发展的主要观点：

（1）个体心理发展是整个生命历程中持续不断的变化过程，这个过程由若干发展阶段构成。

（2）发展是多维度、多侧面、多层次的。

（3）个体发展由多种因素决定，且存在极大的可塑性。

（二）个体心理发展的一般规律（基本特征）

1. 连续性与阶段性

个体的心理发展在某些年龄阶段会因为持续发展的积累而出现某种心理特质的突发性变化或新的心理特征阶段。从人的一生看，发展是连续的，各阶段并非彼此孤立，而是重叠、渐进、连续的。

2. 定向性与顺序性

正常条件下，心理的发展总是遵循一定的模式，具有一定的方向性和先后顺序。不可逆、不能逾越。

3. 不平衡性

心理发展可因进行的速度、到达的时间和最终到达的高度而表现出多样化的发展模式。

（1）同一方面的发展速度，不同的年龄阶段发展是不均衡的。例如，人的身高体重有两个发展高峰，第一个高峰出现在出生后的第一年，第二个高峰出现在青春发育期。在这两个高峰期内，身高体重的发展较之其他年龄阶段更为迅速。

（2）不同方面发展的不均衡性。有的方面在较早的年龄阶段就已经达到较高的发展水平，有的则要到较晚的年龄阶段才能达到成熟水平。就儿童发展的整体而言，生理成熟是先于心理成熟的。

> 关键期：个体发展过程中环境影响能起最大作用的时期。
>
> 关键期最早是由奥地利动物习性学家洛伦茨在研究小鸭的习性时发现的。关键期的基本特点是，它只发生在生命中的一个固定的短暂时期。
>
> 心理学家将动物关键期的概念引入儿童行为学习的研究领域。这里所讲的关键期是指个体行为和能力的发展在某个时期对某种刺激特别敏感，过了这一时期，同样的刺激对之影响减弱或没有影响。在教育实践中，我们应抓住关键期的有利时机，及时进行适当的教学，起到事半功倍的效果。

4. 差异性

个体的心理发展总要经历一些共同的发展阶段，但发展起止时间有早晚、发展速度有快慢，最终水平和优势领域也不相同。

（三）中小学生心理发展的阶段特征

1. 童年期

童年期又称学龄初期，是个体一生发展的基础时期，也是生长发育最旺盛、变化最快、可塑性最强、接受教育最佳的时期。四年级（9～10 岁）儿童的思维开始从以具体形象思维为主过渡到以抽象逻辑思维为主，但其抽象逻辑思维仍需以具体形象为支柱。

2. 少年期

少年期大致相当于初中阶段，是个体从童年期向青年期过渡的时期，具有半成熟、半幼稚的特点。少年期为学生生理发育的第二个高峰期，整个少年期充满独立性和依赖性、自觉性和幼稚性相伴随的矛盾。因此这一时期也被称为"心理断乳期"或"危险期"，在这一时期，抽象思维已占主导地位，并出现反省思维，但抽象思维在一定程度上仍要以具体形象为支柱。

3. 青年初期

青年初期又称学龄晚期，相当于高中时期，是个体在生理上、心理上和社会性上向成人接近的时期。这一时期，青年智力接近成熟，抽象逻辑思维由"经验型"向"理论型"转化，开始出现辩证思维。

（四）影响个体心理发展的因素

（1）遗传，这是个体心理发展的生物前提和物质基础。

（2）环境。

（3）教育，它制约着学生心理发展的过程、方向、趋势、速度和程度。

（4）主观能动性，这是个体心理发展的内在动力。

二、心理发展的理论

（一）皮亚杰的认知发展阶段理论

1. 建构主义的发展观

（1）心理发展的实质。

皮亚杰的理论核心是"发生认识论"。他认为，人的知识来源于动作，动作是感知的源泉和思维的基础。心理发展的实质和原因就是主体通过动作完成对客体的适应。适应分为两种：同化和顺应。儿童对环境作出的适应性变化并不是消极被动的过程，而是一种内部结构的积极建构过程，即儿童的认知是在已有图式的基础上，通过同化、顺应和平衡，不断从低级向高级发展。

（2）图式、同化、顺应与平衡。

1）图式。图式是指人在认识周围世界的过程中，形成自己独特的认知结构。儿童最初的图式是遗传所带来的一些本能反射行为，如吮吸反射、定向反射等。

2）同化。同化是指在有机体面对一个新的刺激情境时，把刺激整合到已有的图式或结构中，从而加强和丰富原有图式。

3）顺应。顺应是指当有机体不能利用原有图式接受和解释新刺激时，其认知结构发生改变来适应刺激的影响。

4）平衡。平衡是指同化和顺应之间的"均衡"。平衡不是绝对的，而是相对的。

2. 认知发展的阶段

皮亚杰认为认知发展是一个建构的过程，是在个体与环境的相互作用中实现的。他提出认知发展的阶段理论，将个体的认知发展分为四个阶段：

（1）感知运动阶段（0～2岁）。

1）感觉和动作分化。儿童只有动作层面上的智慧，语言和表象尚未产生。初生时，儿童仅有一些笼统的反射，靠感觉和知觉动作的手段来适应外部环境，在这一阶段后期，感觉和动作出现分化，思维开始萌芽。

2）"客体永久性"（即知道某人或某物虽然看不见但仍然是存在的）的形成。

（2）前运算阶段（2～7岁）。

1）早期的符号功能。

2）自我中心性（中心化）。儿童往往只注意主观的观点，不能向客观事物集中，只能考虑自己的观点，无法接受别人的观点，也不能将自己的观点与别人的观点相协调。

3）不可逆运算。这个阶段的儿童还没有"守恒"能力或没有形成"守恒"的概念。

4）"泛灵论"。将人类的特征赋予无生命的物体。

（3）具体运算阶段（7～11岁）。

这一阶段儿童的思维具有以下特征：

1）去自我中心化（去中心化）。

2）思维的可逆性。

3）掌握了"守恒"能力。

4）能够进行分类。

（4）形式运算阶段（11岁～成人）。

这一阶段是儿童思维发展趋于成熟的阶段。本阶段儿童思维的特征如下：

1）能够看到命题之间的关系。

2) 能进行假设-演绎推理。

3) 能进行类比推理。

4) 抽象逻辑思维接近成人水平。

5) 思维具有可逆性与补偿性。

6) 思维的灵活性不断增强。

7) 形式运算思维逐渐发展。

3. 影响认知发展的因素

（1）成熟。

（2）练习和经验。

（3）社会性经验。

（4）平衡。

（二）维果斯基的最近发展区理论

1. "文化-历史"发展理论的基本观点

（1）维果斯基强调社会文化在认知发展中的作用。他区分了两种心理机能：低级心理机能和高级心理机能。

（2）维果斯基强调，人的思维与智力是在活动中发展起来的，是借助于语言等符号系统不断内化的结果。所谓内化是指个体将外在的事物或他人的心智运作转变成自己内在的表征。

2. 心理发展的实质与"内化说"

维果斯基提出心理发展的实质是在环境与教育影响下，个体在低级的心理机能的基础上逐渐向高级的心理机能转化的过程。内化说是维果斯基心理发展观的核心思想。

3. 最近发展区的概念

维果斯基认为，儿童有两种发展水平：一是儿童现有的发展水平，即由一定的已经完成的发展系统所形成的儿童心理机能的发展水平；二是可能达到的发展水平。这两种水平之间的差异，就是最近发展区。

4. 教育应走在发展的前面

它有以下两层含义：

（1）教学在发展中起主导作用。它决定着儿童的发展，决定着发展的内容、水平、速度和智力活动的特点。

（2）教学创造者最近发展区。

5. 支架式教学

支架式教学是指在学生试图解决超出当前知识水平的问题时给予支持和指导，帮助其顺利通过最近发展区，使之最终能够独立完成任务。

（三）埃里克森的人格发展阶段理论

1. 基本的信任感对基本的不信任感（0～1.5岁）

本阶段的发展任务是发展对周围的世界，尤其是对社会环境的基本态度，培养信任感。这种对人、对环境的基本信任感是个体形成健康个性品质的基础，是其以后各个时期发展的基础，尤其是青年时期发展同一性的基础。

2. 自主感对羞耻感与怀疑（2～3岁）

本阶段的发展任务是培养自主性。儿童初步尝试独立处理事情，如果父母允许儿童去做他们力所能及的事，鼓励幼儿独立探索的愿望，幼儿就会逐渐认识自己的能力，养成主动、自主的性格；

反之，如果父母过分溺爱和保护或过分批评指责，就可能使儿童怀疑自己，对自我和环境的控制能力产生羞耻感与怀疑。

3. 主动感对内疚感（4～5岁）

本阶段的发展任务是培养主动性。由于身体活动能力和语言的发展，儿童有可能把活动范围扩展到家庭之外。儿童喜欢尝试探索环境，承担新的任务。此时，如果父母或教师对儿童的建议给予适当的鼓励或妥善的处理，儿童不仅可发展主动性，还能培养明辨是非的道德感。反之，如果父母对儿童的问题感到不耐烦或嘲笑儿童的活动，儿童就会产生内疚感。

4. 勤奋感对自卑感（6～11岁）

本阶段的任务是培养勤奋感。这个时期，多数儿童已经进入学校，第一次接受社会赋予并期望他们完成的任务。他们追求任务完成时获得的成就感及由此带来的长辈的认可和赞许。如果儿童在学习游戏等活动中不断取得成就并受到成人的奖励，儿童将以成功、嘉奖为荣，形成乐观、进取和勤奋的人格；反之儿童容易形成自卑感。本阶段影响儿童活动的主要因素已由父母转向同伴、学校和其他社会机构，教师在培养勤奋感方面具有特殊作用。敏感、耐心、指导经验丰富的教师有可能使自卑的学生重新获得勤奋感。

5. 自我同一性对角色混乱（12～18岁）

本阶段的任务是培养自我同一性。自我同一性是指个体组织自己的动机、能力、信仰及活动经验形成的有关自我一致性的形象。自我同一性的形成要求谨慎地选择和决策，尤其体现在职业定向、性别角色分化等方面。如果青少年不能整合这些方面和各种选择，或者根本无法在其中进行选择，就会导致角色混乱。

其他三个阶段分别为：亲密感对孤独感（成年早期）、繁殖感对停滞感（成年中期）、自我整合对绝望感（成年晚期）。

第二节　学生的个别差异

一、学生认知差异及教育意义

（一）学生的认知能力差异

研究表明，个体的智力在13岁以前是直线上升的，以后缓慢发展，到25岁时达到最高峰，26～35岁保持高原水平，35岁开始呈现下降趋势。

学生的智力发展存在一定的差异，主要表现在：

1. 智力类型差异

智力类型差异是指构成智力的各种因素存在质的差异，主要表现在知觉、想象、思维的类型和品质方面。

智力类型差异一般不代表智力水平的高低，只影响人们的学习过程和获取知识经验的方式。

2. 智力发展水平差异

智力发展水平差异（即一般能力的差异）是指个体之间或个体内部智力水平高低不同的程度。研究表明，人们的智力水平呈正态分布，大多数人的智力属于中等水平。正态分布函数曲线呈钟形，因此，人们又称之为钟形曲线。一般认为，IQ超过130为智力超常，在人口中大约占4.4%；IQ低于70为智力落后，大约占2.7%；IQ超过140为天才，大约占1.3%。

3. 智力表现早晚的差异

有的人在儿童时期就显露出非凡的智力或特殊能力，这叫人才"早慧"或"早熟"。在人的智力发展过程中，也有不少人的能力表现较晚，这叫"大器晚成"。

4. 智力的群体差异

智力的群体差异是指不同群体之间的智力差异，包括智力的性别差异、年龄差异、种族差异等。其中智力的性别差异表现在：（1）男女智力的总体水平大致相等，但是男性智力分布的离散程度比女性大；（2）男女的智力结构存在差异，各自具有自己的优势领域。

（二）学生的认知方式差异

认知方式，也称认知风格，是指人们在认知活动中所偏爱的信息加工方式。它是一种比较稳定的心理特征，存在很大的个体差异。

1. 场依存型与场独立型

心理学家把外界环境描述为一个场。

场依存型的学生对客观事物的判断常以外部线索为依据，其态度和自我认知易受周围环境或背景（尤其是权威人士）的影响，往往不易独立地对事物作出判断，而是人云亦云，从他人处获得标准；行为常以社会为定向，社会敏感性强，爱好社交活动。

场独立型的学生对客观事物的判断常以自己的内部线索（经验、价值观）为依据，不易受周围环境因素的影响和干扰，倾向于对事物的独立判断；行为常是非社会定向的，社会敏感性差，不善于社交，关心抽象的概念和理论，喜欢独处。

场依存型学生与场独立型学生的学习特点如下表所示：

场依存型学生与场独立型学生的学习特点

	场依存型者	场独立型者
学习兴趣偏好	人文、社会科学	理科、自然科学
学习成绩倾向	理科、自然科学成绩差，人文、社会科学成绩好	理科、自然科学成绩好，人文、社会科学成绩差
学习策略特点	易受暗示，学习欠主动，由外在动机支配	独立自觉学习，由内在动机支配
教学方式偏爱	结构严密的教学	结构不严密的教学

2. 冲动型与沉思型

冲动型的学生在解决认知任务时，总是给出问题的答案，而不习惯对解决问题的各种可能性进行全面思考，有时问题还未弄清楚就开始解答。这种类型的学生认知问题的速度虽然很快，但错误率高，在运用低层次事实性信息解决问题时占优势。沉思型的学生在解决认知任务时，总是谨慎、全面地检查各种假设，在确认没有问题的情况下才会给出答案。这种类型的学生解答认知问题的速度虽然慢，但错误率很低，在解决高层次问题时占优势。冲动与沉思的标准是反应时间和精确性。

3. 具体型和抽象型

具体型的学生在进行信息加工时，善于比较深入地分析某一具体观点或情境，但必须把尽可能多的信息提供给他们，否则，很容易使他们产生偏见。抽象型的学生在对事物进行认知时，能够看到某个问题或论点的众多方面，可以避免刻板印象，能够容忍情境的模糊性并能进行抽象程度较高的思考。

4. 辐合型与发散型

辐合型认知方式是指个体在解决问题过程中常表现出辐合思维的特征，表现为搜集或综合信息与知识运用逻辑规律，缩小解答范围，直至找到唯一正确的解答。发散型认知方式是指个体在解决

 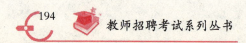

问题过程中常表现出发散思维的特征，表现为个人的思维沿着许多不同 的方向扩展，使观念发散到各个有关方面，最终产生多种可能的答案而不是唯一正确的答案，因而容易产生有创见的新颖观念。

5. 齐平化型与尖锐化型

齐平化型与尖锐化型的认知风格是根据学生在将信息"吸收"进记忆时表现出来的差异进行划分的。具有齐平化风格的学生容易将相似的记忆内容混淆起来，常常放弃记忆内容的细节；尖锐化风格的学生则相反，不会倾向于将记忆中相似的内容混淆，甚至夸大它们之间的小差异。

6. 同时性与继时性

达斯等人根据脑功能的研究，区分了同时性与继时性两种认知风格。左脑优势的个体表现出继时性的加工风格；而右脑优势的个体则表现出同时性的加工风格。

（三）学生认知差异的教育意义

要根据学生认知差异的特点，不断改革教学，因材施教，具体要做到：

（1）创设适应学生认知差异的教学组织形式。

（2）采用适应认知差异的教学方式，努力使教学方式个性化。

（3）运用适应认知差异的教学手段。

二、学生的性格差异及教育意义

（一）学生的性格差异

1. 性格特征差异

关于性格特征差异，心理学家一般从四个方面进行分析：

（1）性格的态度特征。

（2）性格的理智特征。

（3）性格的情绪特征。

（4）性格的意志特征。

2. 性格类型差异

性格类型是指在一类人身上所共有的性格特征的独特结合。常见的分类学说有向性说和独立顺从说。依据个人心理活动的倾向性，可把人的性格分为外向型和内向型；依据一个人独立或顺从的程度，可以把人的性格分为独立型和顺从型。

（二）学生性格差异的教育意义

（1）性格虽然不会决定学习是否发生，但它会影响学生的学习方式。

（2）为了促进学生的全面发展，学校教育应更重视情感因素的作用，使教育内容的选择和组织更好地适应学生的性格差异。

第三章

学习理论

第一节　学习概述

一、学习及其分类

（一）学习的内涵

1. 学习的概念

学习是个体在特定情境下由于练习和反复经验而产生的行为或行为潜能的比较持久的变化。

2. 理解学习的内涵

（1）学习实质上是一种适应活动。

（2）学习是人和动物共有的普遍现象。

（3）学习是由反复经验引起的。

（4）学习是有机体后天习得经验的过程。

（5）学习的过程可以是有意的，也可以是无意的。

（6）学习引起的是相对持久的行为或行为潜能的变化。

（二）学习的分类

1. 加涅关于学习的划分

（1）按学习水平分类。

根据学习情境由简单到复杂、学习水平由低到高的顺序，心理学家加涅把学习分为以下八类：

1）信号学习：学习对某种信号做出某种反应，其过程是：刺激—强化—反应。

2）刺激-反应学习：是操作性条件作用，与经典性条件作用不同，其过程是：情景—反应—强化，即先有情景，做出反应动作，然后得到强化。

3）连锁学习：是一系列刺激—反应的联合。

4）言语联想学习：也是一系列刺激—反应的联合，但它是由言语单位所联结的连锁化。

5）辨别学习：学会识别多种刺激的异同，并对之做出不同的反应。

6）概念学习：对刺激进行分类时，学会对一类刺激做出同样的反应，也就是对事物的抽象特征的反应。

7）规则或原则学习：规则指两个或两个以上概念的联合。规则学习即了解两个或两个以上概念之间的关系。

8）解决问题学习：在各种情况下，使用所学规则去解决问题。

（2）按学习结果分类。

按学习结果，加涅将学习分为五种类型，即言语信息、智慧技能、认知策略、运动技能、态度。

2. 奥苏贝尔关于学习的划分（见下图）

有意义 学习	弄清概念 之间的关系	听导师精心 设计的指导	科学研究
	听讲演 或看材料		例行的研究 或智慧的"生产"
		学校实验 室实验	
机械 学习	记乘法表	听导师精心 设计的指导	尝试与错误 "迷宫"问题解决
	接受学习	有指导的 发现学习	独立的发现学习

3. 其他关于学习的分类

（1）从学习的主体来说，学习可以分为动物学习、人类学习和机器学习。

（2）按学习的意识水平，美国心理学家阿瑟·雷伯将学习分为内隐学习和外显学习。

（3）按学习的内容，我国把学习分为知识的学习、技能的学习、行为规范的学习。

二、学生学习的特点

（1）学习形式：接受学习是学习的主要形式。

（2）学习过程：是主动建构过程，具有自主性、策略性和风格性，是师生互动的过程。

（3）学习内容：以系统学习人类的间接知识经验为主，具有间接性。

（4）学习目标：具有全面性。

（5）学生的学习具有一定程度的被动性。

第二节 行为主义学习理论

一、巴普洛夫的经典性条件反射学说

（一）巴普洛夫的经典性条件作用

俄国生理学家巴普洛夫在研究狗的进食行为时发现：狗吃到食物时会分泌唾液。这是自然的生理反应，不需要学习，这种反应叫无条件反射，引起这种反应的刺激是食物，称为无条件刺激。如果在狗每次进食时发出铃声，一段时间后，狗只要听到铃声也会分泌唾液，这时作为中性刺激的铃声由于与无条件刺激联结而成了条件刺激，由此引起的唾液分泌就是条件反射，这种单独呈现条件刺激即能引起唾液分泌的反应称作条件反应，后人称之为"经典条件作用"。

（二）巴普洛夫的经典性条件作用理论的主要规律

1. 泛化与分化

机体与条件刺激相似的刺激做出条件反应，属于刺激的泛化。如果只对条件刺激做出条件反应，而对于其他相似刺激不做反应，则出现了刺激的分化。

泛化是对事物相似性的反应，分化则是对事物差异性的反应。

泛化和分化是一个互补的过程。泛化是对事物相似性的反应，分化则是对事物差异性的反应。泛化能使我们的学习从一种情境迁移到另一种情境，而分化能使我们对不同的情境做出不同的恰当反应，从而避免盲目行动。

2. 消退

在条件刺激与无条件刺激之间建立联结的过程称作条件反射的习得过程。条件反射形成以后，如果得不到强化，条件反应则会逐渐减弱，直至消失，称为消退现象。例如：在上课时，如果有学生捣乱，教师不理睬，即属于消退。

3. 恢复

消退现象发生后，如果个体得到一段时间的休息，条件刺激再度出现，这时条件反射可能又会自动恢复。这种未经过强化而条件反射自动重现的现象被称为恢复。

二、华生的行为主义学习理论

（1）学习的实质是刺激与反应之间牢固的联结的过程，从而形成习惯。

（2）习惯形成所遵循的规律：习惯的形成遵循频因律和近因律。

华生的学习理论也称为"替代-联结"学说。他认为环境在学习过程中起着极其重要的作用，他是一个环境决定论者。

三、桑代克的联结-试误学习理论

（一）学习的实质——形成情境与反应的联结

学习的实质在于形成情境与反应之间的联结。桑代克认为刺激与反应之间的联结是直接的，并不需要中介作用。学习过程就是形成刺激与反应之间联结的过程，而联结是通过尝试错误的过程建立的。

（二）学习的过程——一种渐进的、盲目的、尝试错误的过程

学习的过程是一种渐进的、盲目的、尝试错误的过程，又被称为尝试错误论，简称试误论。在此过程中随着错误反应的逐渐减少和正确反应的逐渐增加，而最终在刺激和反应之间形成牢固的联结。

（三）学习要遵循三原则——准备律、练习律、效果律

（1）准备率：指联结的加强或削弱取决于学习者的心理准备和心理调节状态。

（2）练习律：指刺激与反应之间的联结会由于重复或练习而加强，不重复或不练习，联结的力量就会减弱。练习律分为应用率和失用率两个层次。

（3）效果率：指刺激和反应之间的联结可因导致满意的结果而加强，也可因导致烦恼的结果而减弱。

（四）联结-试误说的教育意义

这一理论特别强调"做中学"，即在实际的操作过程中学习有关的概念、原理、技能和策略。

（1）在这一过程中，教师应该允许学生犯错误，并鼓励学生多尝试，从错误中学习，这样获得的知识才会更牢固。

（2）任何学习都应该在学生有准备的状态下进行，不能经常搞"突然袭击"。（准备律）

（3）在学习过程中，应加强合理的练习，并注意学习结束后不时地进行练习。（练习律）

（4）在识记教育过程中，教师应努力使学生的学习能得到自我满足的积极结果，防止一无所获得到消极的后果。（效果律）

（五）对联结-试误学习理论的评价

桑代克的联结说是教育心理学史上第一个较为完整的学习理论。桑代克超越巴普洛夫之处在于他提出：在某个行为之后出现的刺激影响了未来的行为。

但他以试误概括所有的学习过程，忽视了认知、观念和理解在学习中的作用，抹杀了人类学习与动物学习的本质区别。

四、斯金纳的操作性条件作用理论

斯金纳把人和动物的行为分为两类：应答性行为和操作性行为。应答性行为是由特定刺激所引起的，是不随意的反射性反应；操作性行为则不与任何特定刺激相联系，是有机体自发做出的随意反应。日常生活中，人的大部分行为都是操作性行为。经典性条件反射理论可以解释应答性行为的产生，而操作性条件反射可以解释操作性行为的产生。

（一）巴普洛夫的经典性条件反射与斯金纳的操作性条件反射

1. 联系

（1）两者的实质都是刺激与反应联结的形成。

（2）两者条件反射形成的关键都需要通过强化。

（3）有关条件反射的一些基本规律对两者都起作用，如消退、恢复、强化、分化和高级反射等。

2. 区别

（1）从条件反射产生的实质，即刺激与反应之间的关系来看，经典性条件反射未刺激代替反射，即反射之所以形成，是条件刺激代替了无条件刺激；而操作性条件反射产生的实质是形成情境与反应的联结。

（2）从个体反应的性质来看，经典性条件反射中的条件反射与无条件反射极其相似（都是分泌唾液）；但在操作性条件反射中，这两种反射却截然不同，如在斯金纳箱中的白鼠，条件反射是按杠杆，而无条件反射却是吃食物。

（3）从条件反射的发生来看，经典性条件反射中的条件反射是诱发性行为，而操作性条件反射中的条件反射属于自发性行为。前者是被动的，所以被称为反应性行为；后者是主动的，所以被称为操作性行为。

（4）适用条件不同。前者主要用于解释人们的各种情绪性反应，内脏或腺体的反应是如何与各种中性刺激建立联系的，其内在机制是怎样的；后者主要解释如何有效地建立、形成新的行为，尤其是如何利用强化手段来形成良好的行为或改变不良行为。

两种条件作用的比较

比较范围	经典性条件作用	操作性条件作用
主要代表人物	巴普洛夫	斯金纳
行为	无意的、情绪的、生理的	有意的
顺序	行为发生在刺激之后	行为发生在刺激之前
学习的发生	中性刺激与无条件刺激的匹配	行为后果影响随后的行为
例子	学生将课堂（开始是中性的）与教师的热情联系在一起，课堂引发出积极情绪	学生回答问题后受到表扬，以后回答问题的次数增加

（二）操作性条件作用的基本规律

1. 强化

强化是采用适当的强化物而使机体反应频率、强度和速度增加的过程。凡是能增强行为出现频率的刺激或事件称作强化物。

强化有正强化与负强化之分。正强化是通过呈现个体想要的愉快刺激来增强反应频率；负强化是通过消除或终止厌恶、不愉快刺激来增强反应频率。

2. 逃避条件作用和回避条件作用

逃避条件作用是指当厌恶刺激出现时，有机体做出某种反应，从而逃避了厌恶刺激，则该反应在以后的类似情境中发生的概率便增加的一类条件作用。如看见路上的垃圾后绕道走开。

回避条件作用是指当预示厌恶刺激即将出现的刺激信号呈现时，有机体可以自发地做出某种反应，从而避免了厌恶刺激的出现，则该反应在以后类似情境中发生的概率便增加的一类条件作用。

逃避条件作用和回避条件作用都是负强化的条件作用类型。

3. 消退

消退是指条件刺激形成后，如果得不到强化，条件反应则会逐渐减弱直至消失的现象。

4. 惩罚

惩罚是当有机体做出某种反应后，呈现一个厌恶刺激，以消除或抑制此类反应发生的过程。

（三）强化理论对学习的意义

1. 强化的应用

在学习过程中，强化物有很多种类，如表扬、奖励、自我强化等。在对学生行为进行奖励时，应注意避免外部奖励对内部兴趣的破坏。奖励虽然是塑造行为的有效手段，但是奖励的运用必须得当，否则便会强化不良行为。

2. 消退的应用

消退的应用不是去强化而是去淡化，既可消除不正确的行为，又不会带来诸如惩罚等导致的感情受挫的副作用。因此，消退是减少不良行为、消除坏习惯的有效方法。

3. 惩罚的应用

惩罚的应用必须谨慎，惩罚一种不良行为应与强化一种良好行为结合起来，方能取得预期的效果。惩罚紧跟在错误行为之后，与错误的行为之间建立联结。在惩罚时，最好选择一样替代反应进行强化，即指出正确的行为方式，在孩子做出正确的行为后给予强化。

（四）斯金纳关于程序教学、行为塑造的意义

1. 程序教学

（1）基本原理。程序教学是一种个别化的教学形式，将要学习的大问题分解为一系列小问题，并将其按照一定的程序编排和呈现给学生，要求学生学习并回答问题，学生回答问题后及时得到反馈。

（2）原则。程序教学遵循以下原则：小步子原则、积极反应原则、自定步调原则、及时反馈原则、低错误率原则等。

2. 行为塑造

塑造是通过小步强化帮助学生达到目标。在塑造行为时要注意：学生必须在他们能力所及的范围内得到强化，同时这些行为又必须能向新的技能延伸。

五、班杜拉的社会学习理论

（一）班杜拉的三元交互作用理论

班杜拉总结了影响学习的三类因素：环境（资源、行动结果、他人与物理条件）、个体（信念、期望、态度与知识）和行为（个体行动、选择和言语表述）。他认为这三因素互为因果，相互作用。

（二）学习的实质——观察学习

学习是个体通过对他人的行为及其强化性结果的观察，获得某些新的行为反应或已有的行为反应得到修正的过程。观察学习的特点有：不依赖与直接强化；不一定有外显的行为反应；具有认知性。

（三）观察学习的过程

班杜拉把观察学习的过程分为注意、保持、复现和动机四个子过程。

（四）对强化的重新解释

（1）直接强化，是指观察者因表现出观察行为而受到的强化。

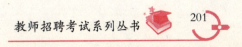

（2）替代强化，是指观察者因看到榜样的行为被强化而受到的强化。

（3）自我强化，是指对自己表现出的符合或超出标准的行为进行自我奖励。

（五）对社会学习理论的评价

班杜拉的社会学习理论注重观察学习中的认知中介因素，将认知过程引进中介的理论，融合了行为主义和认知学习理论的思想。但其研究成果缺乏教育情境中的实际观察学习，且对教学中运用示范问题并没有进行专门的深入研究，因此他的示范教学观还不成熟。

第三节　认知派学习理论

一、格式塔学派的完形-顿悟学习理论

苛勒等通过著名的黑猩猩实验，对学习中个体产生变化的实质及原因做出了解释。他们关于学习本质的观点如下。

（一）学习的实质——形成新的完形

从学习的结果看，学习并不是形成刺激-反应的联结，而是形成了新的完形。

（二）学习的过程——顿悟过程

从学习的过程看，学习是通过顿悟过程实现的。首先，学习不是简单地形成由此到彼的神经通路的联结活动，而是在头脑中主动积极地对情境进行组织的过程；其次，学习过程这种知觉的重新组织，不是渐进的尝试错误的过程，而是突然的顿悟。因此，学习不是一种盲目的尝试，而是由于对情境顿悟而获得的成功。所谓顿悟，就是领会到的动作和情境，特别是和目的物之间的关系。

（三）桑代克的联结-试误说与苛勒的完形-顿悟说

格式塔学派对学习理论的发展做出了重要贡献，肯定了主体的能动作用，把学习视为主动构造完形的过程，强调观察、顿悟和理解等认知功能在学习中的作用，同时也批判了桑代克的尝试-错误说。

二、托尔曼的符号学习理论

（一）基本观点

托尔曼是一位受格式塔学派影响的行为主义者，他提出的认知学习理论和内部强化理论对现代认知学习理论的发展有一定的贡献。他认为学习不是简单的 S-R 的联结，而是 S-O-R 的过程（O 代表有机体的内部变化）。他关于学习的主要观点包括：首先，学习是有目的的，是期望的获得。学习的目的性是人类学习区别于动物学习的主要标志。期望是托尔曼学习理论的核心概念。其次，学习是对完形的认知，是形成认知地图的过程。

（二）"潜伏学习"对教学实践的启示

潜伏学习是指动物在没有强化的条件下也会发生学习，只不过结果不太明显，是"潜伏"的。一旦受到强化，具备了操作的动机，这种结果才通过操作而明显表现出来。

 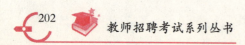

三、布鲁纳的认知-发现学习理论

（一）学习观

1. 学习的实质在于主动形成认知结构

认知结构是指一种反映事物之间稳定联系或关系的内部认识系统，或者说，是某一学习者的观念的全部内容与组织。

2. 学习过程包括获得、转化和评价

学习活动首先是新知识的获得。其次，是将新知识转化成另外的形式，再将信息纳入我们的认知结构中，以适应今后的新任务，并获得更多的知识。最后，评价是对知识转化的一种检查。通过评价可以核对我们处理知识的方式是否适合新任务，或者运用的是否恰当。

（二）教学观

1. 教学的目的在于理解学科的基本结构

由于布鲁纳强调学习的主动性和认知结构的重要性，所以他主张教学的最终目标是促进学生对学科的基本结构的一般理解。

2. 掌握学科的基本结构的教学原则

（1）动机原则。
（2）结构原则。
（3）程序原则。
（4）强化原则。

（三）发现学习

布鲁纳认为，发现是教育儿童的主要手段，学生掌握学科的基本结构的最好方法是发现学习。发现学习是指给学生有关的学习材料，让学生通过探索、操作和思考，自行发现知识、理解概念和原理的教学方法。

四、奥苏贝尔的有意义言语学习理论

（一）奥苏贝尔的接受学习

奥苏贝尔认为，学生的学习主要是接受学习。接受学习不同于发现学习。接受学习的特征是要把学习的全部内容或多或少地以定论的形式呈现给学习者，不需要学习者任何形式的独立发现，只需要他们把学习材料加以内化，把新旧材料的内容有机地结合，即将新学习的内容与认知结构中的有关内容融为一体，并储存下来。接受学习未必都是机械学习，它可以而且也应该是有意义的学习。

（二）有意义学习

有意义学习的本质就是以符号为代表的新观念与学习者认知结构中原有的适当观念建立起非人为的和实质性的联系的过程，是原有观念对新观念加以同化的过程。所谓实质性的联系，即非字面的联系，是指表达的词语虽然不同，但却是等值的。一旦新旧知识建立这种实质性的联系，学习者就可以用不同的形式表达相同的意思。所谓非人为的联系，即有内在联系而非任意性的联想或联

系，指新知识与原有认知结构中的有关观念建立了某种合理或逻辑基础上的联系。

（三）有意义学习的条件

（1）客观条件，是指学习材料本身性质的影响。

（2）主观条件，是指学习者自身因素的影响。学习者认知结构中必须具有能够同化新知识的适当的认知结构，以便与新知识建立联系。学习者必须具有有意义学习的心向，即学习者必须积极主动地将符号所代表的新知识与认知结构中适当的知识加以联系的倾向性。

（四）组织学习的原则与策略

（1）逐渐分化原则。

（2）整合原则。

（3）先行组织者策略。所谓先行组织者，是先于学习任务本身呈现的一种引导性材料，它的抽象、概括和综合水平高于学习任务，并且与认知结构中原有的观念和新的学习任务相关联。"先行组织者"的目的在于，为新的学习任务提供观念上的固着点，增加新旧知识之间的可辨别性，以促进学习的迁移。也就是说，通过呈现"先行组织者"，在学习者已有知识与需要学习的内容之间架设一道桥梁，使学生能更有效地学习新材料。

五、加涅的信息加工学习理论

（一）加涅的信息加工学习观

1. 学习结构模式

加涅认为学习过程就是一个信息加工的过程。他描绘出了如下学习结构模式图。

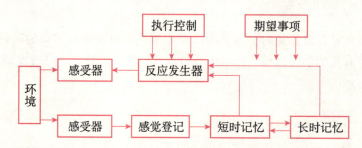

2. 学习过程的阶段性

学习包括外部条件和内部条件，学习过程实际上就是学习者头脑中的内部活动。与此相应，加涅把学习过程划分为八个阶段：动机阶段、了解阶段、获得阶段、保持阶段、回忆阶段、概括阶段、操作阶段、反馈阶段。

（二）加涅对教学心理学的贡献

1. "九五矩阵"教学

九过程：引起注意、告诉学习者目标、刺激对先前学习的回忆、呈现刺激材料、提供学习指导、诱导学习表现、提供反馈、评价表现、促进记忆和迁移。

五目标：智慧技能、认知策略、言语信息、动作技能、态度。

2. 课堂教学阶段的划分

加涅把学习过程划分为八个阶段，并将与其有关的教学分成了相应的八个阶段，强调了每个阶段教师应该做的工作。

第四节 人本主义学习理论

一、人本主义学习理论的主要内容

（一）有意义的自由学习观

1. 无意义学习

无意义学习是指学习没有个人意义的材料，不涉及感情或个人意义，仅仅涉及经验积累与知识增长，容易遗忘。

2. 有意义学习

有意义学习是指一种涉及学习者是完整的人，使个体的行为、态度、个性以及在未来选择行动方针时发生重大变化的学习，是一种与学习者各种经验融合在一起的、使个体全身心地投入其中的学习。

有意义学习包含四个要素：

（1）学习是学习者自我参与的过程，整个人都要参与到学习之中，既包括认知参加，也包括情感参与。

（2）学习是学习者自我发起的，内在动力在学习中起主要作用。

（3）学习是渗透性的，它会使学生的行为、态度及个性等都发生变化。

（4）学习的结果由学习者自我评价，他们知道自己想学什么和学到了什么。

3. 罗杰斯的有意义学习与奥苏贝尔的有意义学习的区别

两种有意义学习的比较

比较范畴	现代认知的有意义学习	人本主义的有意义学习
代表人物	奥苏贝尔	罗杰斯
基本概念	有意义学习指符号所代表的新知识与学习者认知结构中已有的适当观念建立实质性的和非人为的联系。	有意义学习是指所学的知识能够引起变化、全面渗入人的人格和人的行为之中的学习。
概念范畴	认知范畴	知情统一
学习结果	在对事物理解的基础之上，依据事物的内在联系所进行的学习，即将新的学习材料如何纳入已有的知识系统之中。	学习不限于知识的简单积累，而是渗入个人行为之中，渗入未来选择的一系列活动中，是行为、情感和态度为一体的人格教育和价值观的熏陶。
举例说明	如果让学生在课堂上学习"烫"这个词的意义，教师必须要提供和学生生活相联系的学习材料，这样学生才能够理解"烫"。	当一个儿童接触取暖器时，他就可以学到"烫"这个词的意义，同时也学会了对以后的所有取暖器都要当心，迅速学到的这些内容会长期保留在儿童的记忆中。

（二）学生中心的教学观

人本主义的教学观是建立在其学习观的基础之上的。它认为，教师的任务不是教学生学习知识（这是行为主义所重视的），也不是教学生如何学习（这是认知主义重视的），而是为学生提供各种学习资源，提供一种促进学习的氛围，让学生自己决定如何学习。学生中心模式又称为非指导性教学模式，在此模式中，教师最富有意义的角色不是权威，而是"助产士"和"催化剂"。

二、人本主义学习理论对新课改的启示

（一）课程目标层次

罗杰斯主张课程"以学生为中心"，应培养"完整的人"，培养具有独立人格和创造性，能适应时代变化的人。

（二）课程结构层面

人本主义要求学习设立并行课程和整合课程，着眼于整体人格的发展。

（三）课程内容层面

罗杰斯强调课堂内容要与学生的生活与体验发生联系，使学生尝试有意义的学习和自发的经验学习。

（四）课程实施层面

罗杰斯强调非指导性教学，并把良好的人际关系作为课程实施的重要影响因素。

（五）课程评价层面

罗杰斯主张让学生自我评价，教师只是起到辅助作用，他反对一切外部评价，特别是测验与考试。

第五节　建构主义学习理论

一、建构主义学习理论的主要内容

（1）建构主义知识观。建构主义在一定程度上对知识的客观性和确定性提出质疑，强调知识的动态性。

（2）建构主义学习观。建构主义强调学习的主动构建性、社会互动性和情境性。

（3）建构主义学生观。建构主义强调学生已有的经验结构。

二、建构主义学习理论对当前教育实践的启示

（1）从建构主义的知识观出发，教师应当更加重视学生的个性化特点，因材施教，要让每个学生能够按照他本身的知识经验建构出新的知识内容。

（2）从教学的角度来看，要求在教学中注意学生的有意义建构，通过教学策略启发学生能够自主建构认知结构。

（3）从学习者的角度出发，要求在教学过程中除了教授传统知识外，还应当充分发挥学生的主体地位，强调学生的自主性和能动性，在学习过程中能够主动发现、分析、解决问题。

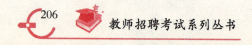

第四章
学习心理

第一节　学习动机

一、学习动机概述

（一）学习动机的概念

学习动机是指激发个体进行学习活动，维持已引起的学习活动，并使其行为朝向一定学习目标的一种心理倾向或内部动力。学习动机是直接推动学生进行学习的内部动力。

（二）学习动机的成分

学习动机的两个基本成分是学习需要与学习期待，两者相互作用形成学习的动机系统。

1. 学习需要与内驱力
学习需要是指个体在学习活动中感到有某种欠缺而力求获得满足的心理状态。它包括学习的兴趣、爱好和学习的信念等。内驱力也是一种需要，但它是动态的。从需要的作用来看，学习需要即为学习的内驱力，即学习驱力。

2. 学习期待与诱因
学习期待是个体对学习活动所要实现的目标的主观估计。学习期待是学习目标在个体头脑中的反映。

诱因是指能够激起有机体的定向行为，并能满足某种需要的外部条件或刺激物。学习期待是静态的，诱因是动态的。因此，学习期待就其作用来说就是学习的诱因。

3. 学习需要和学习期待的关系
学习需要在学习动机结构中占主导地位，学习需要是产生学习期待的前提之一，因此学习期待也是学习动机结构中必不可少的成分。

（三）学习动机的分类

1. 内部学习动机和外部学习动机
根据动机产生的诱因来源，学习动机分为内部学习动机和外部学习动机。

内部动机是指由个体内在的需要引起的动机，例如学生的求知欲、学习兴趣、改善和提高自己能力的愿望等内部动机因素。

外部动机是由个体以外的诱因引起的学习动机，例如物质奖励、外部声誉、地位等。

研究表明，具有内部动机的学生渴望获得有关的知识经验，具有自主性、自发性；具有外部动机的学生的学习具有诱发性、被动性，他们对学习内容本身的兴趣较低。当然，内部动机和外部动机的划分并非绝对的。

2. 高尚的学习动机与低级的学习动机

根据学习动机内容的社会意义，学习动机可以分为高尚的动机与低级的动机。

高尚的、正确的学习动机是指学生把自己的学习与国家、民族的利益相联系，核心是利他主义的；错误的或低级的动机是指学生的学习动机只来自自身的利益，不考虑国家和社会，核心是利己的、自我中心的。

3. 近景的直接性动机和远景的间接性动机

根据动机的作用与学习活动的关系远近，学习动机可分为近景的直接性动机和远景的间接性动机。

近景的直接性动机是指与近期目标或学习活动直接相联系的，来源于对学习内容或学习结果的兴趣。这类动机作用的效果明显，但稳定性较差，容易受到环境或一些偶然因素的影响。远景的间接性动机是与学习的社会意愿和个人的前途相连的。通常来说，高尚的、正确的间接性动机的作用比错误的、低下的直接性动机的作用更为持久和稳定。

4. 认知内驱力、自我提高内驱力和附属内驱力

根据学校情境中的学业成就动机，奥苏贝尔等人将学习动机分为认知内驱力、自我提高内驱力和附属内驱力。

认知内驱力：指要求了解、理解和掌握知识以及解决问题的需要。在有意义学习中，认知内驱力是最重要而稳定的动机；认知内驱力属于内部动机。

自我提高内驱力：指个体因为自己的胜任或工作能力而赢得相应地位的需要，属于外部动机。

附属内驱力：个体为了获得长者（家长、教师等）的赞许或认可而表现出把工作做好的一种需要，属于外部动机。

二、学习动机对学习的作用

学习动机是学习活动顺利进行的支持性条件。学习动机对学习的作用表现在两个方面：影响学习进程、影响学习效果。

（一）学习动机对学习过程的影响

学习动机对于学习过程的影响主要表现在：学习动机对学习行为有启动、定向、维持作用。

（二）学习动机与学习效果的关系

学习动机是影响学习行为、提高学习效果的一个重要因素，但却不是决定学习活动的唯一条件。

学习动机与学习效果关系图

	正向一致	负向一致	负向不一致	正向不一致
学习动机	＋	－	＋	－
学习行为	＋	－	－	＋
学习结果	＋	－	－	＋

注："＋"表示好或积极；"－"表示坏或消极。

 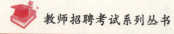

因此，学习动机是影响学习行为、提高学习效果的一个重要因素，但却不是决定学习活动的唯一条件。

"耶克斯-多德森定律"表明，动机不足或过分强烈都会影响学习效果。

（1）动机的最佳水平随任务性质的不同而不同。在比较容易的任务中，学习效果随动机的提高而上升；随着任务难度的增加，动机的最佳水平有逐渐下降的趋势。

（2）一般来讲，最佳水平为中等强度的动机。

（3）动机水平与行为呈倒 U 型曲线。

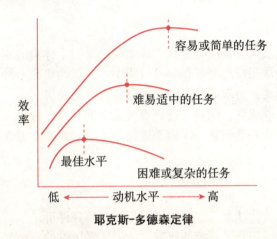

耶克斯-多德森定律

（三）学习效果对学习动机的影响

学习效果反作用于学习动机。所学的知识增多，学习成就的取得，可以进一步激发学生的好奇心、求知欲，进一步提高学生的自信心等，从而增强学生进一步学习的动机。

（四）影响学习动机形成的因素

1. 主观因素

（1）需要与目标结构。

（2）成熟与年龄特点。

（3）性格特征与个别差异。

（4）志向水平与价值观。

（5）焦虑程度。

2. 客观因素

（1）家庭环境与社会环境。

（2）学校教育。

三、学习动机理论

（一）强化理论

行为主义有关学习动机的基本看法是，行为是由驱力所推动的，而驱力则由生理上的需要产生，强化是引起动机的重要因素。人的学习行为倾向完全取决于某种行为与刺激因强化而建立的稳固联系，受到强化的行为比没有受到强化的行为更倾向于再次出现。

行为主义的学习动机理论对学校教育的实际活动有着广泛的影响，主要表现为采用强化原则，通过奖励与惩罚的措施来维持学生的学习动机。在教育上广为流行的程序教学与计算机辅助教学的心理基础，就是通过强化原则来维持学生的学习动机。

（二）需要层次理论

需要层次理论说明，在某种程度上学生缺乏学习动机可能是由于某种缺失性需要没有得到充分满足而引起的。因此，教师不仅要关心学生的学习，更应该关心学生的生活和情感，以排除影响学习的一切干扰。

（三）成就动机理论

成就动机理论的主要代表人物是阿特金森。成就动机是指个体努力克服障碍，施展才能，力求又快又好地解决某一问题的愿望或趋势。在学习过程中，成就动机是一种主要的学习动机。阿特金森把个体的成就动机分为两类：力求成功的动机和避免失败的动机。

力求成功者的目的是获取成就，倾向于选择难度适中的目标和课题。

避免失败者为了防止自尊心受伤害，倾向于选择非常容易或非常困难的目标和课题。

（四）成败归因理论

1. 基本观点

归因是人们对自己或他人活动及其结果的原因所做的解释评价。

美国心理学家韦纳对归因进行了系统的研究。他把人经历过的事情的成败归因为六种原因：能力、努力程度、工作难度、运气、身体状况、外界环境。又把上述六种因素按各自的性质，分别归入三个维度：内部归因和外部归因、稳定性归因和非稳定性归因、可控制归因和不可控制归因。

韦纳成败归因理论中的六因素与三维度

维度 \ 因素	成败归因维度					
	稳定性		因素来源		可控性	
	稳定	不稳定	内在	外在	可控	不可控
能力	✓		✓			✓
努力程度		✓	✓		✓	
工作难度	✓			✓		✓
运气		✓		✓		✓
身心状况		✓	✓			✓
外界环境		✓		✓		✓

2. 成败归因理论的教育启示与意义

（1）启示：根据成败归因理论，学生将成败归因于努力比归因于能力会产生更强烈的情绪体验。努力而成功，体验到愉快；不努力而失败，体验到羞愧；努力而失败，也应受到鼓励。

（2）意义：韦纳的归因理论在教育上具有重要的意义。教师根据学生的自我归因可以预测其此后的学习动机。学生自我归因虽未必正确，但却是重要的。因为归因促使学生在从了解自己到认识别人的过程中，建立起明确的自我概念，促进自身的成长。而如果学生有不正确的归因，则更表明他们需要教师的辅导与帮助。长期消极的归因不利于学生的个性成长，这就需要教师利用反馈的作用，并在反馈中给予学生鼓励和支持，帮助学生正确归因，重塑自信。

（五）自我效能感理论

1. 自我效能感理论的内涵

自我效能感理论由班杜拉首次提出。自我效能感是指人对自己能否成功从事某一成就行为的主观判断。班杜拉指出，人的行为受行为的结果因素与先行因素影响。行为的结果因素就是通常所说的强化。行为的先行因素是人在认识到行为与强化之间的依随关系之后产生的对下一步强化的期待。期待包括结果期待和效能期待。结果期待：人对自己的某一行为会导致某一结果的推测。效能期待：人对自己能够进行某一行为的实施能力的推测或判断，它意味着人是否确信自己能够成功地进行带来某一结果的行为。

2. 自我效能感的作用

（1）决定人们对活动的选择，以及对该活动的坚持性。

（2）影响人们在困难面前的态度。

（3）影响新行为的获得和习得行为的表现。

（4）影响活动时的情绪。

3. 自我效能感的影响因素

（1）个人自身行为的成败经验。

（2）替代经验。

（3）言语暗示。

（4）情绪唤醒。

四、学习动机的激发与培养

（一）学习动机的激发

（1）创设问题情境，激发兴趣，维持好奇心。兴趣和好奇心是内部动机最核心的成分，是培养和激发学生内部学习动机的基础。

（2）设置合适的目标。

（3）控制作业的难度，恰当控制动机水平。

（4）表达明确的期望。

（5）提供明确的、及时的、经常性的反馈。

（6）合理运用外部奖赏。

（7）有效运用表扬。

（8）对学生进行竞争教育，适当开展学习竞争。

（二）内部学习动机的激发与培养

（1）激发兴趣，维持好奇心。

（2）设置合适的目标。

（3）培养恰当的自我效能感。

（4）训练归因。

（三）学习动机的培养

（1）了解和满足学生的需要，促进学习动机的产生。

（2）重视立志教育，对学生进行成就动机训练。

（3）帮助学生确立正确的自我概念，获得自我效能感。

（4）培养学生努力导致成功的归因观。

（5）培养学生对学习的兴趣。

（6）利用原有动机的迁移，使学生产生学习的需要。

第二节　学习策略

一、学习策略及其种类

（一）学习策略的概念与特征

1. 学习策略的概念

学习策略是指学习者为了提高学习的效果和效率，有目的、有意识地指定有关学习过程的复杂的方法。

学习方法是学习策略的知识和技能基础，是学习策略的一个重要组成部分，而不是学习的全部，因此不能把二者完全等同。

2. 学习策略的特征

（1）学习策略是学习者为了完成学习目标而积极主动地使用的。

（2）学习策略是有效学习所需的。

（3）学习策略是有关学习过程的。

（4）学习策略是学习者制订的学习计划，由规则和技能构成。

（二）学习策略与自我调节学习

自我调节学习：指学生为了保证学习的成功、提高学习效果、达到学习目的，主动地运用与调控元认知、动机与行为的过程。

1. 自我调节学习的条件

（1）能够自己确立学习目标。

（2）能够意识到自己拥有的学习策略并确信其对自己学习的价值。

（3）确信自己能够成功地进行自我调节学习。

（4）具有为自己学习的意识、愿望与动机，并把学业作为一个积极的过程去探究、追求与享受。

2. 教师在自我调节学习中的作用

（1）唤起学生有意识的自我监控。

（2）通过演示自我调节和策略选择的方法程序，教给学生自我调节的技巧。

（3）鼓励学生积极进行自我监控，以达到改进自我调节策略的目的。

（三）学习策略的种类

1. 认知策略

认知策略是学习者信息加工的方法和技术。认知策略的基本功能有以下两个方面：一方面是对信息进行有效的加工与整理；另一方面是对信息进行分门别类的系统储存。认知策略可分为以下三种：

（1）复述策略。

复述策略：指在工作记忆中为了保持信息，运用内部言语在大脑中重现学习材料或刺激，以便将注意力维持在学习材料上的学习方法。它是短时记忆进入长时记忆的关键。

常用的复述策略有：在复述的时间上，采用及时复习、分散复习；在复述的次数上，强调过度学习；在复述的方法上，包括排除相互干扰、运用多种感官协同记忆、复习形式多样化等。

（2）精加工策略。

精加工策略：指把新信息与头脑中的旧信息联系起来从而增加新信息意义的深层加工策略。

精加工策略有以下几种：记忆术、做笔记、提问、生成性学习、运用背景知识联系客观实际。

1）记忆术。即把那些枯燥无味但又必须记住的信息"牵强附会"地赋予意义，使记忆过程变得生动有趣。具体方法如下：

第一，位置记忆法，最早被古希腊演讲家使用，是通过与你熟悉的某种地点顺序相联系来记忆一些名称或者客体顺序的方法。对记忆有顺序的系列项目特别有用。

第二，缩简和编歌诀。

第三，谐音联想法。记忆年代时运用比较多，如马克思出生日、李渊建立唐朝的时间、清朝入关的时间。

第四，关键词法。将新词或概念与相似的声音线索词，通过视觉表象联系起来。例：将"tiger"联想为"泰山上的一只虎"。

第五，视觉想象。视觉联想就是通过心理想象来帮助人们记忆。例："飞机""大树"可以这样联想："飞机撞到大树上"。想象的形象越鲜明越具体越好，形象越夸张越奇特越好，形象之间的逻辑关系越紧密越好。

2）做笔记。做笔记策略是使用较为普遍的精加工策略。

3）提问。利用提问"谁""什么""哪儿""如何"等问题，让学生评估自己的理解状态。

4）生成性学习。这种方法训练学生对他们所阅读的东西产生一个类比或表象，如图形、图像、表格和图解等，以加强其深层理解。

5）运用背景知识联系客观实际。对于意义性较强的学习材料可以通过新旧信息之间的连接，用头脑中已有的图式使新信息内化。

（3）组织策略。

组织策略是指将经过精加工提炼出来的知识点加以构造，形成知识结构的更高水平的信息加工策略。主要有两种：一种是归类策略，用于概念、语词、规则等知识的归类整理；另一种是纲要策略，主要用于对学习材料结构的把握。

2. 元认知策略

（1）元认知。

元认知：指对认知的认知，即个体对认知活动的自我意识与调节，主要包括元认知知识、元认知体验和元认知监控。

（2）元认知策略。

学习的元认知策略：是指学生对自己整个学习过程的有效监视及控制的策略。大致可分为以下三种：

1）计划策略：是指根据认知活动的特定目标，在认知活动开始之前计划完成任务所涉及的各种活动、预计结果、选择策略，设想解决问题的方法，并预估其有效性。

2）监控策略：是指在认知过程中，根据认知目标及时检测认知过程，寻找两者之间的差异，并对学习过程及时进行调整，以期顺利实现有效学习的策略。

3）调节策略：是指在学习过程中根据对认知活动监视的结果，找出认知偏差，及时调整策略或修正目标。

3. 资源管理策略

（1）时间管理策略。

（2）环境管理策略。

（3）努力管理策略。

（4）学业求助策略。

二、学习策略的训练与教学

（一）学习策略的训练原则

> **第三十四记：监控效能特定性，主体内化始生成。（主化生，特监效）**

学习策略的训练原则有：主体性原则、内化性原则、特定性原则、生成性原则、有效监控原则、个人效能感原则。

（二）训练学习策略的教学

1. 训练学习策略的一般要求

（1）注重对元认知监控和调节的训练。

（2）有效运用教学反馈。

（3）提供足够的教学时间。

2. 训练学习策略的教学模式

（1）指导教学模式。

（2）程序化教学模式。

（3）完形训练模式。

（4）交互教学模式。

（5）合作学习模式。

第三节　学习迁移

一、学习迁移及其种类

（一）学习迁移的概念

学习迁移也称训练迁移，是指一种学习对另一种学习的影响，或习得经验对完成其他活动的影响。"举一反三""触类旁通"就是典型的迁移形式。

（二）学习迁移的种类

1. 正迁移、负迁移和零迁移

根据迁移的性质和结果，学习迁移可分为正迁移、负迁移和零迁移。

正迁移也称"助长性迁移"，是一种学习对另一种学习的促进作用。

负迁移也称"抑制性"迁移，是指一种学习对另一种学习的阻碍作用。

两种学习也可能不发生影响，这种状态称为零迁移。

2. 顺向迁移和逆向迁移

根据迁移发生的方向，学习迁移可分为顺向迁移和逆向迁移。

顺向迁移是指先前学习对后继学习产生的影响，"举一反三"就是顺向迁移的例子。

逆向迁移是指后继学习对先前学习产生的影响。

3. 水平迁移和垂直迁移

根据迁移内容的抽象和概括水平不同，学习迁移可分为水平迁移和垂直迁移。

水平迁移也称横向迁移，是指处于同一概括水平的经验之间的相互影响。

垂直迁移也称纵向迁移，是指将一种学习中习得的具体的、特殊的经验直接迁移到另一种学习中去，或经过某种要素的重新组合迁移到新情境中去。

4. 一般迁移和具体迁移

根据迁移内容的不同，学习迁移可分为一般迁移和具体迁移。

一般迁移也称非特殊迁移，是指在一种学习中所习得的一般原理、原则和态度对另一种具体内容学习的影响，即将原理、原则和态度具体化，运用到具体的事例中。

具体迁移也称特殊迁移，是指将一种学习中习得的经验要素重新组合并移用到另一种学习中。

5. 近迁移和远迁移

根据迁移范围的不同，学习迁移可分为近迁移和远迁移。

近迁移是指将已习得的知识或技能在与原先学习相似的情境中加以运用。

远迁移是指已习得的知识或技能在新的不相似的情境中的运用。

6. 低路迁移和高路迁移

根据迁移的路径，学习迁移可分为低路迁移和高路迁移。

低路迁移是一种自发的或自动的方式所形成的技能的迁移，是通过在各种情境中的练习获得的，其发生几乎是不需要或很少需要意识参与的。

高路迁移是指有意识地将某种情境中学到的抽象知识应用于另一种情境中的迁移。

7. 同化性迁移、顺应性迁移和重组性迁移

根据迁移过程中所需的内在心理机制的不同，学习迁移可分为同化性迁移、顺应性迁移和重组性迁移。

（三）学习迁移的作用

（1）迁移对于提高解决问题能力具有直接的促进作用。

（2）迁移是习得经验得以概括化、系统化的有效途径，是能力与品德形成的关键环节。

（3）迁移规律对于学习者、教育工作者及有关的培训人员有重要指导作用。

二、学习迁移理论

（一）早期的迁移理论

1. 形式训练说

形式训练说是最早的关于迁移的理论，以官能心理学为基础，主张迁移要经历一个形式训练过程才能产生，迁移的发生是无条件的、自发的。

2. 相同要素说

桑代克认为，迁移是非常具体的、有条件的，需要有共同的要素，只有当两个机能的因素中有相同要素时，一个机能的变化才会改变另一个机能的习得。

3. 概括化理论

概括化理论也称经验类化说，由美国心理学家贾德提出，主要观点是一个人只要对自己的经验

进行了概括，就可以完成从一个情境到另一个情境的迁移。贾德在 1908 年所做的"水下击靶"实验，是概括化理论的经典实验。

4. 关系理论

格式塔心理学家提出关系转换说，认为迁移是学习者突然发现两个学习经验之间关系的结果，是对情境中各种关系的理解和顿悟，而非由于具有共同成分或原理而自动产生。他们认为学生"顿悟"情境之间的关系，特别是手段-目的之间的关系，是实现迁移的根本目的。苛勒所做的"小鸡觅食"实验是支持关系转换说的经典实验。

（二）当代的迁移理论

1. 情境性理论

格林诺认为迁移问题主要是说明在一种情境中学习去参与某种活动，将如何影响在不同情境中参与另一种活动的能力。迁移就在于如何以不变的活动结构或动作图式来适应不同的情境。

2. 认知结构迁移理论

认知结构迁移理论指出：学生学习新知识时，认知结构可利用性高、可辨别性大、稳定性强，就能促进对新知识学习的迁移。

3. 产生式迁移理论

产生式迁移理论是针对认知技能的迁移提出的。其基本思想是：前后两项学习任务产生迁移的原因是两项任务之间产生式的重叠，重叠越多，迁移效果越好。产生式的相似是迁移产生的条件。

三、迁移与教学

（一）影响学习迁移的因素（条件）

1. 学习材料的特点

如果两种学习材料本身彼此相似，则学习者很容易对相似的刺激予以同样的反应，有助于迁移的发生。如教儿童称与母亲年龄差不多的女士为阿姨，是非常容易的事；学习代数可能有助于学习几何，学生物有助于学生理卫生，更是人们所熟知的。当然，学习材料相似，学习者又不能辨别其差异，也可能导致混淆，学习形近字、同音字时，就易出现相互干扰的情况。

2. 原有的认知结构

（1）学习者是否拥有相应的背景知识，是迁移产生的基本前提条件。

（2）原有的认知结构的概括水平对迁移起到至关重要的作用。

（3）学习者是否具有相应的认知技能或策略以及对认知活动进行调节、控制的元认知策略对迁移的产生有重要影响。

3. 对学习情境的理解

学习迁移常常产生于两个相似的学习情境之间。例如，具有相同的学习场所、相似的环境布置、相同的教师，学习迁移较易产生，在"天时、地利、人和"的条件下，学生的水平有可能发挥得较为充分，成绩较佳。所以，创造适合的学习情境，能够促进学习迁移。

4. 学习的心理准备状态

学习定式在迁移研究中是最典型的一种心理准备状态。所谓定式是指重复先前的操作所引起的一种心理准备状态，它将支配人以同样的方式对待同类后续活动。这种状态有积极的促进作用，也有消极的阻碍作用。

5. 学习策略的水平

学习策略对迁移的影响主要表现在发展水平、学习策略的丰富程度以及依据情境的变化灵活运用等方面。

6. 智力与能力

多数心理学家同意，智力较高的学生，较能发现两者间的关系，较能将先前的学习应用于后来的学习中。虽然智力影响迁移，但"勤能补拙"。前面我们已述及原学习熟练的重要性。因此学生如能勤于练习，即使智力平平，亦能有所收获，将一学习正迁移至另一学习中。

7. 教师的指导

教师在教学过程中，有意识地引导学生发现不同知识之间或不同情境之间的共同点，启发学生进行概括，指导学生运用已学到的原理、知识去解决具体问题，要求学生将所学的知识举一反三，这都有利于促进积极迁移的产生。

（二）促进学生有效的迁移

> **第三十五记：一寻找二培养三利用（新旧能力教学法，多向定式思启发）**

在教学中促进迁移的方法如下：
（1）寻找新旧知识的最佳联系点，促进有意义学习。
（2）从培养学生能力入手，促进迁移向有效方面发展。
（3）利用启发、类比、联想等多种教学方法，提高迁移速度。
（4）利用思维定式积极作用。
（5）利用适当教学方法，培养学生学习兴趣。
（6）培养学生多向思维，开阔视野。

第四节　知识的学习

一、知识学习概述

（一）知识的概念

知识是指主体通过与环境相互作用而获得的信息及组织。其实质是人脑对客观事物的特征与联系的反映，是客观事物的主观表征。

（二）知识的分类

1. 陈述性知识和程序性知识

陈述性知识也称描述性知识，是个人能用言语直接描述的知识，主要用于区别和辨别事物。它的学习过程包括获得、保持和提取。

程序性知识亦称操作性知识，是一种经过学习后自动化了的关于行为步骤的知识，表现在信息转换活动中进行具体操作。它的学习过程是从陈述性知识转化为自动化的技能，主要由陈述性阶段、程序化阶段、自动化阶段构成。

2. 感性知识和理性知识

感性知识是对活动的外部表征和外部联系的反映，可分为感知和表象两种水平。

理性知识反映的是活动的本质特征与内在联系，包括概念和命题两种形式。

3. 策略性知识

策略性知识是关于如何学习和如何思维的知识，即个体运用陈述性知识和程序性知识去学习、记忆、解决问题的一般方法和技巧。

（三）知识的表征

知识的表征是指信息在人脑中的存储和呈现方式，它是个体知识学习的关键。不同的知识类型在头脑中具有不同的表征方式。陈述性知识主要以命题和命题网络的形式进行表征，表象和图示也是其表征的重要形式；程序性知识主要以产生式和产生式系统进行表征。

（四）知识学习的类型

1. 符号学习、概念学习和命题学习

根据知识本身的存在形式和复杂程度，知识学习可分为符号学习、概念学习和命题学习。

（1）符号学习又称表征学习，是指学习单个符号或一组符号的意义。它的主要学习内容是词汇学习。

（2）概念学习是指掌握概念的一般意义，其实质是掌握一类事物的共同的本质属性和关键特征。

（3）命题学习是指获得由几个概念构成的命题的复合意义，实质上是学习表示若干概念之间的判断。

2. 下位学习、上位学习和并列结合学习

奥苏贝尔根据新知识与原有认知结构的关系，将知识学习分为下位学习、上位学习和并列结合学习。

（1）下位学习又称类属学习，是一种把新的观念归属于认知结构中原有观念的某一部分，并使之相互联系的过程。下位学习包括派生类属学习和相关类属学习。派生类属学习和相关类属学习的主要区别在于学习之后原有观念是否发生本质属性的变化。

（2）上位学习又称总括学习，是在学生掌握一个比认知结构中原有概念的概括和包容程度更高的概念或命题时产生的。

（3）并列结合学习又称组合学习，是在新命题与认知结构中特有的命题，既非下位关系又非上位关系，而是在一种并列的关系时产生的。

（五）知识学习的作用

（1）知识的学习和掌握是学校教学的主要任务之一。
（2）知识的学习和掌握是学生各种技能形成和能力发展的重要基础。
（3）知识学习是创造性产生的必要前提。
（4）知识的学习和掌握是学生的态度和品德形成的因素之一。

二、 知识学习的过程

（一）知识的获得

1. 知识的感知

（1）知识直观。
1）实物直观，指在感知实际事物的基础上提供感性材料的直观教学方式。

2）模象直观，指观察与教材相关的模型与图像（如图片、图表、幻灯片、电影、录像、电视等），形成感知表象。

3）言语直观，指在形象化的语言作用下唤起学生头脑中的表象，以提供感性材料的直观方式。

（2）知识直观效果的提高。

1）灵活选用实物直观和模象直观（一般认为模象直观的教学效果优于实物直观）。

2）加强词（言语直观）与形象（实物和模象直观）的配合。

3）运用感知规律，突出直观对象的特点。

> 感知规律有如下几个：
>
> 强度律：直观对象必须达到一定强度，才能为学习者清晰的感知，因此教师语言应尽量抑扬顿挫。
>
> 差异律：指对象和背景的差异影响人们的感知效果，对象和背景差异越大，将对象从背景中区分出来越容易。比如：板书设计。
>
> 活动律：指活动的对象较静止的对象容易感知。比如：通过多媒体模拟植物的生长过程。
>
> 组合律：指空间上接近、时间上连续、形状上相同、颜色上一致的事物，易于构成一个整体为人们所清晰的感知。比如：教材编排分段分节。

4）培养学生的观察能力。

5）让学生充分参与直观过程。

2. 知识的理解

（1）知识概括。

概括是指主体通过对感性材料的分析、综合、比较、抽象、概括等深度加工改造，从而获得对一类事物的本质特征与内在联系的抽象的、一般的、理性的认识的过程。

1）感性概括，又称直觉概括，它是在直观的基础上自发进行的一种低级的概括形式。

2）理性概括是在前人认识的指导下，通过对感性知识经验进行自觉的加工改造，来揭示事物的一般的、本质的特征与联系的过程。理性概括是一种高级的概括形式，它所揭示的是事物的一般因素与本质因素，是思维水平的概括。

（2）有效地进行知识概括。

1）配合运用正例和反例。正例指包含着概念或规则的本质特征和内在联系的例证；反例指不包含或只包含了一小部分概念或规则的主要属性和关键特征的例证。例如，用麻雀作为正例，说明"前肢有翼、无齿有喙"是鸟的本质特征；用蝙蝠作为反例，说明"会飞"是鸟的无关特征。

2）正确运用变式。所谓变式，就是用不同形式的直观材料或事例说明事物的本质属性，即变换同类事物的非本质特征，以便突出本质特征。

3）科学地进行比较。同类比较是关于同类事物之间的比较。异类比较即不同类但相似、相近、相关的事物之间的比较。

4）启发学生进行自觉概括。教师启发学生进行自觉概括的最常用方法是鼓励学生主动参与问题的讨论。

（二）知识的保持

1. 记忆系统及其特点

现代认知心理学把人的记忆系统分为瞬时记忆、短时记忆和长时记忆三个子系统。

（1）瞬时记忆（又称感觉记忆或感觉登记）。

1）概念：客观刺激停止作用后，感觉信息在一个极短的时间内保存下来，这种记忆叫瞬时记忆，是记忆系统的开始阶段。

2）特点：第一，时间极短。瞬时记忆的贮存时间为 0.25～2 秒。第二，容量较大。第三，形象鲜明。第四，信息原始，记忆痕迹容易衰退。

3）编码方式：瞬时记忆的编码方式有图像记忆和声像记忆。图像记忆是瞬时记忆的主要编码形式。

（2）短时记忆（又称工作记忆）。

1）概念：它是指人脑中的信息在 1 分钟之内加工与编码的记忆，是信息从感觉记忆到长时记忆的过渡阶段。处在工作状态中的短时记忆，或者在完成当前任务时起作用的短时记忆，就是工作记忆。

2）特点：第一，时间很短。第二，容量有限。短时记忆的容量为 7±2 个组块，即 5～9 个项目。第三，意识清晰。第四，操作性强。第五，易受干扰。

3）编码形式：有听觉编码和视觉编码，主要是听觉编码。

4）存储：复述是短时记忆中信息存储的有效方法。

（3）长时记忆（又称永久性记忆）。

1）概念：它是指信息经过充分的和有一定深度的加工后，在头脑中长时间保留下来。

2）特点：第一，容量无限。第二，信息保持时间长久。

3）编码形式：以意义编码为主。

4）存储：认知心理学认为，长时记忆中贮存着程序性记忆和陈述性记忆。

2. 知识的遗忘及其原因

（1）痕迹衰退说。

主要代表人物有亚里士多德、桑代克等。该观点认为遗忘是由记忆痕迹的衰退所引起的，消退随着时间的推移自动发生。

（2）干扰说。

该观点在记忆领域一直占据着非常重要的地位。它强调新旧材料之间互相干扰，遗忘是由于记忆材料互相抑制，使所需要的材料不能提取出来。主要包含两种情况：前摄抑制和后摄抑制。前者是指先学习的材料对后学习的材料所发生的干扰作用，后者是指后学习的材料对之前学习的材料所产生的干扰作用。

（3）同化说。

代表人物：奥苏伯尔。该理论认为遗忘的实质就是指知识的组织与认知结构简化的过程。

（4）压抑说。

代表人物：弗洛伊德。该理论认为由于某种动机所引起的遗忘，是人们压抑痛苦的或不愉快的事，以免引起焦虑的后果。

3. 运用记忆规律，促进知识保持

（1）明确记忆目的，增强学习的主动性。

（2）理解学习材料的意义。

（3）对材料进行精细加工，促进对知识的理解。

（4）运用组块化学习策略，合理组织学习材料。

（5）运用多重信息编码方式，提高信息加工处理的质量。

（6）有效运用记忆术。

（8）适当过渡学习。

（9）重视复习方法，防止知识遗忘。

第五节　技能的形成

一、技能及其种类

（一）技能的概念

技能是个体运用已有知识经验，通过练习而形成的合乎法则的活动方式。

（二）技能的特点

（1）技能是学习得来的，不是本能行为。
（2）技能是一种活动方式，不同于知识。
（3）技能是合乎法则的活动方式，不同于一般的随意运动。

（三）技能与习惯

习惯是个体在一定情境下自动化地进行某种动作的需要或特殊倾向。

技能和习惯的区别之处在于：

（1）技能是越来越向一定的标准动作体系提高，而习惯则越来越保持原来的动作组织情况。习惯是保守的，技能则不断向一个标准趋近。

（2）技能有高级、低级之分，但没有好坏之别。习惯则不同，它根据对个人和社会的意义有好坏之分。

（3）技能和一定的情境、任务都有联系，而习惯只和一定的情境相联系。技能是主动的，需要时出现，不需要时不出现，习惯则是被动的。

（4）技能要与一定的客观标准进行对照，而与习惯进行对照的，则只是上一次的动作。就是说，技能形成中除了自己的动作反馈外，还需要别的反馈，如外部感觉等。

（四）技能的种类

技能按其本身的性质和特点，可分为操作技能和心智技能。

1. 操作技能

操作技能又叫运动技能、动作技能，是通过学习而形成的合乎法则的操作活动方式。具有客观性、外显性、展开性的特点。

2. 心智技能

心智技能也称认知技能、智能技能，是通过学习而形成的合乎法则的智力活动方式。具有动作对象的观念性、动作进行的内隐性、动作结构的简缩性等特点。

二、操作技能的形成

（一）操作技能的形成阶段

（1）操作定向：这是了解操作活动的结构与要求，在头脑中建立起操作活动的定向映像的过程。

（2）操作模仿：这是掌握操作技能的开端，需要以认知为基础。

（3）操作整合：只有通过整合，各动作成分之间才能协调联系，动作结构才趋于合理，动作的初步概括才得以实现。

（4）操作熟练：这是操作技能掌握的高级阶段。

（二）操作技能形成的标志

操作技能形成的标志是达到熟练操作。

熟练操作具有以下几个主要特征：

（1）意识调控减弱，动作自动化。

（2）能利用细微的线索。

（3）动觉反馈作用加强。

（4）形成运动程序的记忆图式。

（5）在不利条件下维持正常操作水平。

（三）操作技能的培训要求

（1）准确地示范与讲解。

（2）必要而适当地练习。

（3）充分而有效地反馈。

（4）建立稳定清晰的动觉。

高原现象：是指学生在学习过程中出现一段时间的成绩和学习效率停滞不前，甚至学过的知识感觉模糊的现象。

三、心智技能的形成

（一）心智技能的形成阶段

1. 原型定向

原型定向即了解原型的活动结构，从而使主体明确活动的方向，知道该做哪些动作和怎样去完成这些动作。

2. 原型操作

原型操作即根据智力活动的实践模式，把学生头脑中建立起来的活动程序以外显的操作方式付诸实施。

3. 原型内化

原型内化即智力活动的实践模式向头脑内部转化，由物质的、外显的、展开的形式变成观念的、内潜的、简缩的形式的过程。该阶段开始借助言语来对观念性对象进行加工，是原型在学习者头脑中转化为心理结构内容的过程，是心智技能的完成阶段。

（二）心智技能形成的特征

（1）对象脱离了支持物。

（2）进程压缩。

（3）应用的高效率。

（三）心智技能的培养要求

（1）确立合理的智力活动原型。

（2）教师利用示范和讲解，并有效进行分阶段练习。

（3）知识影响技能的形成。

（4）注意培养学生认真思考的习惯和独立思考的能力。

第六节　问题解决与创造性

一、问题解决概述

（一）问题与问题解决

所谓问题，就是个体不能用已有的知识经验直接加以处理并因此而感到疑难的情境。问题分两类：有结构问题和无结构问题。任何问题都有三个基本成分：一是初始状态，二是目标状态，三是存在的限制或障碍。

问题解决是为了从问题的初始状态到达目标状态，从而采取一系列具有目标指向性的认知操作过程。问题解决具有以下特征：目的性、认知性、序列性。

（二）问题解决的过程

问题解决是一种极其复杂的心理过程，可分为以下几个阶段。

1. 发现问题

发现问题是问题解决的开端，有时发现问题比寻找问题的答案更困难，因为生活中所遇到的各种问题并非都是显而易见的。这正如有的科学家说的："提出正确的问题，往往等于解决了问题的一半"。

人对活动的态度越积极，知识经验越丰富，求知欲越强，就越容易发现和提出问题。

2. 明确问题

如果说，发现问题是提出问题的过程，那么明确问题就是分析问题的过程。分析问题就是把问题分解为局部的、具体的问题，使思维活动更有指向性。

明确问题在很大程度上取决于已有的知识经验。知识经验越丰富，就越容易抓住问题的关键和核心。例如，当一个学生成绩突然大幅度下降时，有经验的老师往往很快就能找出这个学生成绩下降的原因。

3. 提出假设

在明确问题的基础上，人们将寻找解决问题的方法，提出解决问题的策略。所谓假设，就是对解决问题的途径方法做出推测。在科学发展史上有很多科学理论，最初也是以假设的形式提出来的。例如，门捷列夫的元素周期表，哥白尼的太阳中心说等。

4. 检验假设

当人们头脑中设想出一个问题的解决方案之后，还需要对它的正确性进行评价，检验它是否与实际相符合。

检验的方法视具体情况而定，一般有两种方法：一种是在实践中通过活动加以检验；另一种是通过思维活动即推理加以检验。生活中许多事情若用实践结果来验证，很可能会带来无法挽回的后果；同时也有许多事情是无法直接付诸实践的。因此，有些假设需要人们运用已有的知识经验，通过合乎逻辑的推理加以检验。比如在教育过程中，不能用学生来检验所教知识的正确与否，否则将会给学生的成长带来极为不利的影响。

（三）问题解决的策略

1. 算法式

算法式是将所有可能的针对问题解决的方法都一一列举出来并进行尝试，直到最终从根本上解决问题。

2. 启发式

启发式是指依据经验或直觉选择解法，即基于一定的经验，根据现有问题状态与目标状态之间的内在联系，采用较少搜索而找到解决问题途径的一种策略。常用的启发式策略有以下几种：

（1）手段-目的分析法。

手段-目的分析法是指将需要达到的问题的目标状态分成若干个子目标，通过实现一系列的子目标而最终实现总目标。

（2）爬山法。

爬山法是采用一定的方法逐步降低初始状态和目标状态的距离，以解决问题的一种方法，与手段-目的分析法类似。

（3）逆推法。

逆推法是从问题的目标状态开始搜索直至找到通往初始状态的方法。

（四）影响问题解决的因素

1. 问题情境

问题情境就是指问题呈现的知觉方式。问题情境对问题的解决有重要的影响。

（1）情境中物体和事物的空间排列不同，会影响问题的解决。

（2）问题元素的空间几何方式不同，问题解决的难易程度也不一样。

（3）问题情境中所包含的物件或事实太少或太多都不利于问题的解决。

2. 定式与功能固着

思维定式有时也称定式，是指由先前的活动所形成并影响后继活动趋势的一种心理准备状态，通常表现为以最熟悉的方式做出反应或者解决问题。定式在问题解决中有积极作用，也有消极影响，如定式会使解决问题的思维刻板化。

功能固着是指个体在解决问题时往往只看到某种事物的通常功能，而看不到事物其他方面可能有的功能。这是人们长期以来形成的对某些事物的功能或用途的固定看法。例如，对于电吹风，一般人只认为它是吹头发用的，其实它还有多种功能，可以做衣服、墨迹等的烘干器；砖，它的主要功能是用来建筑，然而我们还可以用它来当武器、坐凳等。

3. 原型启发

原型启发是指在其他事物或现象中获得的信息对解决当前问题的启发。其中具有启发作用的事物或现象称作原型。作为原型的事物或现象多种多样，存在于自然界、人类社会和日常生活之中。

 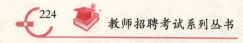

4. 已有知识经验

已有知识经验在问题解决中起着重要的作用。研究表明，专家和新手在知识的数量及组织形式上的差别，可能是造成问题解决效率不同的主要原因。

5. 情绪与动机

情绪状态对问题解决有一定的影响。紧张、烦躁、悲伤等消极情绪会阻碍问题的解决，而乐观、平静的积极情绪则有助于问题的解决。

比如考试时一个性格内向的学生，若发现监考老师站在自己旁边则会感到紧张而难以思考任何问题，从而影响问题的解决。怯场是情绪影响问题解决的典型事例。

（五）学生问题解决能力的培养

（1）提高学生知识储备的数量和质量。

1）帮助学生牢固地记忆知识。

2）提供多种变式，促进知识的概括。

3）重视知识间的联系，建立网络化结构。

（2）教授与训练解决问题的方法和策略。

1）结合具体学科，教授思维方法。

2）外化思路，进行显性教学。

（3）提供多种练习机会。

（4）培养思考问题的习惯。

1）鼓励学生主动发现问题。

2）鼓励学生多角度提出假设。

3）鼓励自我评价和反思。

（5）训练逻辑思维能力，提高思维水平。

二、 创造性及其培养

（一）创造性的概念

创造性是指根据一定目的，运用已知信息，产生出某种新颖、独特、有社会价值的产品的能力或特征，也称创造力。

（二）创造性的特征

创造性思维具有流畅性、变通性和独创性三个特征。

1. 流畅性

流畅性是指智力活动灵敏迅速、畅通少阻，能在较短时间内发表较多的关键，它是发散思维的量的指标。

2. 变通性

变通性是指思维灵活，触类旁通，随机应变，不受功能固着、定式的约束。

3. 独创性

独创性是指产生不寻常的反应和不落常规的能力，此外，还有重新定义或按新的方式对我们的所见所闻加以组织的能力。

（三）创造性的结构

（1）创造性认知品质。其中创造性思维是创造性认知品质的核心。

（2）创造性人格品质。

（3）创造性适应品质。

（四）影响创造性的因素

（1）环境。

（2）智力。创造性与智力的关系并非简单的线性关系，二者既有独立性，又在某种条件下具有相关性，其基本关系表现在以下几个方面：1）低智商不可能具有创造性。2）高智商可能有高创造性，也可能有低创造性。3）低创造性的智商水平可能高，也可能低。4）高创造性者必须有高于一般水平的智商。上述关系表明，高智商虽非高创造性的充分条件，但可以说是高创造性的必要条件。

（3）个性。高创造性者一般具有以下个性特征：具有幽默感；有抱负和强烈的动机；能够容忍模糊与错误；喜欢幻想；具有强烈的好奇心。

（五）创造性的培养

（1）培养创造性认知能力。

（2）注重创造性个性的塑造：保护好好奇心；解除个体对答错问题的恐惧心理；鼓励独立性和创造性精神；重视非逻辑思维能力；给学生提供具有创造性的榜样。

（3）创设有利的社会环境：创设宽松的心理环境；给学生留有充分选择的余地；改革考试制度与考试内容。

（4）培养创造型的教师队伍。

第七节　态度与品德的形成

一、态度与品德的实质与结构

（一）态度的实质与结构

1. 态度的实质

态度是通过学习而形成的影响个人行为选择内部准备状态或反应的倾向性。

2. 态度的结构

态度包括认知成分、情感成分和行为成分。认知成分是指个体对态度对象所具有的带有评价意义的观念和信念；情感成分是指伴随态度的认知成分而产生的情绪或情感体验，是态度的核心成分；行为成分是指准备对某对象做出某种反应的意向或意图。

（二）品德的实质与结构

1. 品德的实质

品德又称道德品质，是个体依据一定的社会道德准则规范自己行动时所表现出来的稳定的心理倾向和特征。

  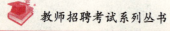

2. 品德的心理结构

品德的心理结构包括四种相辅相成的基本心理成分：道德认知、道德情感、道德意志和道德行为，简称知、情、意、行。

（1）道德认知。

道德认知是指对于行为规范及其意义的认识，是人的认知过程在品德上的表现。道德认知是个体品德的基础，是道德情感、道德意志产生的依据，对道德行为具有指向意义，是行为的调节机制。品德的核心是道德认知。

（2）道德情感。

道德情感是人的道德需要是否得到实现及其所引起的一种内心体验，也就是人在心理上所产生的对某种道德义务的爱憎、喜恶等情感体验。

（3）道德意志。

道德意志是个体自觉地调节道德行为，克服困难，以实现预定道德目标的心理过程。

（4）道德行为。

道德行为是品德形成的最终环节，是指个体在一定的道德意识支配下表现出来的对他人和社会的有道德意义的活动。道德行为是衡量道德品质的重要标志。

二、品德发展的阶段理论

（一）皮亚杰的道德发展理论

皮亚杰发现并总结出了儿童道德认知发展的总规律，即儿童道德的发展经历从他律到自律的认识、转化的发展过程。他认为，10岁是儿童从他律道德向自律道德转化的分水岭。

皮亚杰把儿童品德发展划分为下述四个阶段。

1. 自我中心阶段（2～5岁）

这一阶段是从儿童能够接受外界的准则开始的。

2. 权威阶段（也称为他律阶段或道德实在阶段）（6～8岁）

该时期的儿童服从外部规则，接受权威指定的规范，把人们规定的准则看作固定的、不可变更的，而且只根据行为后果来判断对错。

3. 可逆性阶段（自律或合作道德阶段）（8～10岁）

这一阶段的儿童不把准则看成是不可改变的，而把它看作同伴间共同约定的。同伴间的可逆关系的出现，标志着品德由他律开始进入自律阶段。

4. 公正阶段（10～12岁）

这一阶段的公正观念是从可逆的道德认知中脱胎出来的。他们开始倾向于主持公正、公平等。

（二）科尔伯格品德发展阶段理论

科尔伯格扩展了皮亚杰的理论和方法，提出了人类品德发展的顺序原则，并提出了他的品德发展阶段理论。他采用"道德两难法"进行研究，最典型的就是"海因茨偷药"的故事。

科尔伯格将道德判断分为三水平和六阶段。

1. 前习俗水平

特征：个体着眼于人物行为的具体结果及其与自身的利害关系，认为道德的价值不决定于人及准则，而是决定于外在的要求。

该水平包括以下两个阶段：

（1）服从与惩罚的道德定向阶段。

（2）相对功利的道德定向阶段。

2. 习俗水平

特征：个体着眼于社会的希望和要求，能够从社会成员的角度去思考道德问题，开始意识到人的行为必须符合群体或社会的准则，能够了解、认识社会行为规范，并遵守、执行这些规范。

该水平包括以下两个阶段：

（1）好孩子的道德定向阶段。

（2）维护权威或秩序的道德定向阶段。

3. 后习俗水平

特征：个体不只是自觉遵守某些行为规则，还认识到法律的人为性，并在考虑全人类的正义和个人尊严的基础上形成某些超越法律的普遍准则。

该水平包括以下两个阶段：

（1）社会契约的道德定向阶段。

（2）普遍原则的道德定向阶段。

三、中小学品德发展的基本特征

（一）小学生品德的发展

小学生品德的发展具有明显的形象性、过渡性和协调性。

（1）小学生品德发展的形象性。小学生的品德发展，尽管在原则性、抽象性概括上有了一定程度的发展，但在很大程度上带有生活经验的特点，容易受到行为情境的制约，离不开直观的感性形象的支持，带有明显的形象性，处于由形象到抽象逻辑性发展的过程中。

（2）小学生品德发展的过渡性。它主要体现在：由简单、低级向复杂、高级过渡，由具体形象向抽象概括过渡，由生活适应性水平向伦理性水平过渡，由依附性向独立性过渡，由他律向自律过渡，由服从向习惯过渡。

（3）小学生品德发展的协调性。它主要体现在品德心理各种成分之间的协调；主观愿望与外部要求、约束的协调。

（二）中学生品德的发展

（1）逐渐从他律变成自律。

（2）品德发展由起伏向成熟过渡。

四、态度与品德学习的一般过程与条件

（一）态度与品德学习的一般过程

1. 依从

依从是指表面上接受规范，按照规范的要求来行动，但对规范的必要性或根据缺乏认识，甚至有抵触情绪。它是规范内化的初级阶段，是态度与品德建立的开端。依从包括从众与服从。

2. 认同

认同是指思想、情感、态度和行为上主动接受规范，从而试图与之保持一致。

3. 内化

内化是指在思想观点上与社会规范及其价值一致，将自己所认同的思想和自己原有的观点、信念融为一体，构成一个完整的价值体系。

（二）影响态度与品德学习的一般条件

1. 外部条件
（1）家庭教养方式。
（2）社会风气。
（3）同伴群体。

2. 内部条件
（1）认知失调。
（2）态度定式。
（3）道德认知。

五、态度与品德的培养

（一）态度与品德的培养方式

1. 有效地说服

教师经常应用言语来说服学生改变态度，在说服的过程中，教师要向学生提供某些证据或信息，以支持或改变学生的态度。对于理解能力有限的低年级学生，教师最好只提供正面论据，以免学生产生困惑，无所适从。对于理解能力较强的高年级学生，教师可以考虑提供正反两方面的论据，使学生产生客观、公正的感觉，从而相信教师所言，改变态度。当学生没有相反的观点时，教师应只呈现正面观点，不宜提出反面观点，以免转移学生的注意，误导学生怀疑正面观点。当学生原本就有反面观点时，教师应该主动呈现两方面观点，以增强学生对错误观点的免疫力。当说服的任务是解决当务之急的问题时，应只提出正面观点，以免延误时间。当说明的任务是培养学生长期稳定的态度时，应提出正反两方面的材料。

教师的说服不仅要以理服人，还要以情动人。一般而言，说明开始时，富有情感色彩的说服内容容易引起学生的兴趣，然后教师再用充分的材料进行说理论证，比较容易产生稳定的、长期的说服效果。对于低年级的学生来说，情感因素作用更大些。通过说服也可以引发学生产生某些负向的情绪体验，如恐惧、焦虑等，这对于改变作弊、吸烟、酗酒等简单的态度有一定的效果。教师进行说服时，还应考虑学生原有的态度。若原有的态度与教师所希望达到的态度之间的差距较大，教师不应急于求成，不要提出过高的不切实际的要求，否则将难以改变学生的态度，而且还容易使学生产生对立情绪。教师应该以学生原有的态度为基础，逐步提高要求。

2. 树立良好的榜样

班杜拉的社会学习理论以及大量的实践经验都证明，社会学习是通过观察、模仿而完成的，态度与品德作为社会学习的一项内容，也可以通过观察、模仿榜样的行为而习得。

3. 利用群体约定

经集体成员共同讨论决定的规则、协定，对其成员有一定的约束力，使成员承担执行的责任。一旦某成员出现越轨或违反约定的行为，则会受到其他成员有形或无形的压力，迫使其改变态度。教师则可以利用集体讨论后做出集体约定的方法，来改变学生的态度。

4. 价值辨析

研究者认为，人的价值观刚开始不能被个体清醒地意识到，必须经过一步步地辨别和分析，才能形成清晰的价值观念并指导自己的道德行动。在价值观辨析的过程中，教师引导学生利用理性思维和情绪体验来检查自己的行为模式，鼓励他们努力去发现自身的价值观，并根据自己的价值选择来行事。有多种策略可以促进辨析，如大组或小组讨论，解决假定的与真实的两难问题，交谈等。针对个体时，教师应抓住个别学生表示某种态度、志向、目的、兴趣及活动的时机，做出适当而简短的言语反应，以促使学生对自己的所说所为做进一步的反省与探讨，达到辨析并形成自己的价值观的目的。针对团体时，可通过讨论，让每个人都公开表示自己的意见，了解其他人持某种价值观的理由，以促进学生的道德认知形成并做出正确的道德抉择。

5. 给予恰当的奖励与惩罚

奖励和惩罚作为外部的调控手段，不仅影响着认知、技能或策略的学习，而且对个体的态度与品德的形成也起到一定的作用。

（二）学生不良行为的矫正

一般认为矫正主要经历醒悟阶段、转变阶段和自新阶段三个过程。

矫正的心理学策略主要有：

（1）改善人际关系，消除疑惧心理和对立情绪。

（2）保护自尊心，培养集体荣誉感。

（3）讲究谈话艺术，提高道德认识。

（4）锻炼与诱因做斗争的毅力，巩固新的行为习惯。

（5）注重个别差异，运用教育机制。

第五章
教学心理

第一节　教学设计

教学设计是指在实施教学之前由教师对教学目标、教学方法、教学评价等进行规划和组织并形成设计方案的过程。教学设计既是每位教师都要完成的一项教学的基本环节，又是教育心理学研究的基本内容之一。

一、教学目标设计

（一）教学目标的概念及作用

教学目标：是指在教学活动中所期待得到的学生的学习结果。教学目标是整个教学设计中最重要的部分。其主要作用有：一是选择教学方法的依据；二是进行教学评价的依据；三是具有指引学生学习的作用。

（二）教学目标的分类

1. 布鲁姆的教学目标分类

美国教育心理学家布鲁姆将教学目标分为认知、情感和动作技能三个领域，每一领域的目标又从低级到高级分成若干层次。其中认知领域的教学目标分为知识、领会、运用、分析、综合和评价；情感领域的教学目标分为接受、反应、形成价值观、组织价值观念系统、价值体系个性化；运动技能目标包括知觉、模仿、操作、准确、连贯、习惯化。

2. 加涅的教学目标分类

加涅将学生的学习结果或教学目标分为五类：言语信息、智力技能、认知策略、动作技能和态度。

二、教学策略设计

（一）教学策略的概念

教学策略是指教师采取的达到有效教学目的的一切活动计划，包括教学事项的顺序安排、教学方法的选用、教学媒体的选择、教学环境的设置以及师生相互作用设计等。

（二）可供选择的教学策略

1. 以教师为中心的教学策略

（1）直接教学。它是以学习成绩为中心，在教师指导下使用结构化的有序材料的课堂教学策略。

（2）接受学习。它是奥苏贝尔所提倡的，是在他提出的认知结构同化理论的基础上提出来的，也是我们通常所提的讲授式教学策略。与直接教学不同的是，直接教学可能更适合于教授程序性的知识与技能，如算术、集合等，而对于陈述性的知识，如历史、文学等，更适合采用接受学习。接受学习中最重要的概念是先行组织者。接受学习过程有三个环节：呈现先行组织者；提供学习任务和学习材料；增强认知结构。

2. 学生中心取向的教学策略

（1）发现学习。它是指给学生提供有关的学习材料，让学生通过探索、操作和思考，自行发现知识、理解概念和原理的教学方法。发现学习的教学要经过以下四个阶段：1）创设问题情境，使学生在这种情境中发现其中的矛盾，提出问题。2）促使学生利用教师所提供的某些材料，针对所提出的问题，提出解答问题的假设。3）从理论上或实践上检验自己的假设。4）根据实验获得的一些材料或结果，在仔细评价的基础上引出结论。

（2）情境教学。它是指在应用知识的具体情境中进行知识的教学的一种教学策略。

（3）合作学习。它是指学生们以主动合作学习的方式代替教师主导教学的一种教学策略。

3. 个别化教学

个别化教学是指让学生以自己的水平和速度进行学习的一种教学模式。个别化学习的模式大都结合了行为主义和认知心理学。

（1）程序教学。这是一种能让学生以自己的速度和水平自学，以特定顺序和小步子原则安排材料的个别化教学方法。斯金纳提出了编制程度的五条基本原则：小步子、积极反应、及时强化（反馈）、自定步调、低错误率。

（2）掌握学习。这是由美国心理学家布鲁姆提出来的一种适应学习者个别差异的教学方法。该方法将学习内容分成若干小的单元，学生每次学习一个小的单元并参加单元考试，直到学生以80%～100%的掌握水平通过考试，才能进入下一个单元的学习。

（3）计算机辅助教学。

三、教学媒体设计

（一）教学媒体的概念

教学媒体是指在教学过程中传递信息的物质工具。

（二）教学媒体的选择

教师要综合权衡教学情境、学生的学习特点、教学目标以及教学媒体的特性等因素。

（三）信息技术与教学

计算机辅助教学（CAI）是指使用计算机作为一个辅导者，呈现信息，给学生提供练习机会，评价学生的成绩以及提供额外的教学。

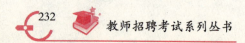

CAI 的优越性：交互性，及时反馈，以生动形象的手段呈现信息，自定步调等。

四、教学评价设计

（一）教学评价的类型

（1）按对教学评价的处理方式不同，分为常模参照评价与标准参照评价。

（2）按教学评价中使用测验的来源不同，分为标准化学业成就测验和教师自编测验。

（二）教学评价的方法与技术

（1）量化教学评价的方法。学校教学评价中使用最多的是教师自编测验。

（2）质化教学评价的方法。质化教学评价方法包括观察评价和档案评价。观察评价是指教师在教学过程中对学生的学习表现和学习行为进行自然观察，并对所观察到的现象做客观、翔实的记录，然后根据这些观察和记录对教学效果做出评价。观察评价设计常采用行为检查单、轶事记录和等级评价量表等方式进行。档案评价又称文件夹评价或成长记录评价，是依据档案袋收集的信息对评价对象进行的客观、综合的评价。档案评价的实施过程分为组织计划、资料收集和成果展示三个阶段。

（三）教学评价结果的处理

（1）评分。评分可分为相对评分和绝对评分。相对评分就是以其他学生的成绩为依据，按照统计学上的常态分布原理，将学生分数按比例分为五个等级。绝对评分与其他同学的分数没有关系，相当于我们平常说的"百分制"。绝对评分简单易懂，但不利于了解某个学生在班级中的相对位置。

（2）报告。

第二节　课堂管理

一、课堂管理概述

（一）课堂管理的概念及功能

课堂管理：是指教师为有效利用时间、创造愉快的和富有建设性的学习环境以及减少问题行为而采取的组织教学、设计学习环境、处理课堂行为等一系列活动与措施。

课堂管理的主要功能有以下几个：

（1）维持功能。这是指课堂管理能够在课堂教学中，持久地维持良好的学习环境，有效地排除各种干扰因素，使学生充分地参与到学习活动中。维持功能是课堂管理的基本功能。

（2）促进功能。这是指良好的课堂管理能够增强、提升课堂教学的效果，促进学生的学习。

（3）发展功能。课堂管理本身可以教给学生一些行为准则，促进学生从他律走向自律，帮助学生获得自我管理能力，使学生逐步走向成熟。

（二）课堂管理的目标

课题管理具有以下三个重要目标：

（1）为学生争取更多的学习时间。

（2）增加学生参与学习活动的机会。

（3）帮助学生形成自我管理能力。

（三）影响课堂管理的因素

（1）教师的领导风格。

（2）班级规模。

（3）班级的性质。

（4）对教师的期望。

二、课堂群体管理

（一）群体的概念、特征及对个体的作用

1. 群体的概念

群体是指人们为了实现共同的目标，以一定方式的共同活动为基础而结合起来的联合体。

2. 群体的特征

（1）群体成员有共同的活动目标。

（2）群体具有一定的结构。

（3）成员在心理上有依存关系和共同感。

3. 群体对个体的作用

（1）社会助长和社会惰化。

社会助长是指个体与别人在一起活动或有别人在场时，个体的行为效率提高的现象。

社会惰化主要指当群体一起完成一件工作时，群体中的成员每人所付出的努力会比个体在单独情况下完成任务时偏少的现象。

（2）去个性化。

去个体化是由费斯廷格等人提出的。他们认为，在群体中，人们有时会感到自己被湮没在群体之中，于是个人意识和理解评价感丧失，个体的自我认同被群体的行动与目标认同所取代，个体难以意识到自己的价值与行为，自制力变得极低，结果导致人们加入重复的、冲动的、情绪化的，有时甚至是破坏性的行动中去，这种现象称作去个体化。

（3）群体的决策行为。

1）群体极化。所谓群体极化，是指群体成员中原已存在的倾向性，通过群体的作用而得到加强，使一种观点或态度从原来的群体平均水平加强到具有支配性水平的现象。

2）群体思维。高凝聚力的群体在进行决策时，成员的思维会高度倾向于一致，以致其他变通行动路线的现实性评估受到压抑。这种群体决策时的倾向性思维方式称作群体思维。

（4）从众与服从。

从众是指个体在群体的压力下，放弃自己的意见而采取与大多数人一致的行为的社会现象。

服从是指在权威命令下、社会舆论或群体气氛的压力下，放弃自己的意见而采取与多数人一致的行为。

（5）模仿与暗示。

模仿是指个体有意无意效仿他人的言行而引起的与之相类似的行为活动。

暗示是指用含蓄或间接的方法，使某种信息在他人的心理与行为方面产生影响，从而使他按照

一定的方式行动或接受某种信念与意见。

（二）正式群体与非正式群体

1. 正式群体

正式群体是指在校行政部门、班主任和社会团体的领导下，按一定章程组成的学生群体。班级、小组、少先队都属于正式群体。正式群体的发展要经历松散群体、联合群体和集体三个阶段，集体是群体发展的最高阶段。

2. 非正式群体

非正式群体是在同伴交往过程中，一些学生自由结合、自发形成的小群体。

（三）群体动力

不管是正式群体还是非正式群体，其中都有群体凝聚力、群体规范、群体气氛以及群体成员的人际关系。所有这些影响群体与个人行为发展变化的力量的总和就是群体动力。

1. 群体凝聚力

群体凝聚力是指群体对成员的吸引力和成员之间的相互吸引力。凝聚力是衡量一个班集体成功与否的重要标准。

2. 群体规范

群体规范是约束群体内成员的行为准则，包括成文的正式规范和不成文的非正式规范。

3. 课堂气氛

（1）课堂气氛的概念。

课堂气氛是指在课堂上占有优势地位的态度和情感的综合状态。

（2）课堂气氛的类型。

课堂气氛可分为积极的课堂气氛、消极的课堂气氛、一般的课堂气氛、对抗的课堂气氛等类型。

（3）创设积极的课堂气氛的方法。

1）发挥教师的主导作用。

2）尊重学生的主体地位。

3）构建和谐的师生关系。

4. 课堂中的人际关系与人际交往

（1）人际关系。

人际关系是指人与人在相互交往过程中所形成的心理距离或心理关系。

中小学生的人际关系主要包括亲子关系、师生关系和同伴关系。

（2）人际交往。

人际交往是指人与人之间传递信息、沟通思想和交流情感等方面的联系过程。

学生之间的人际交往与人际关系表现：吸引与排斥、合作与竞争。

师生之间的人际交往与人际关系表现：单向交往；双向交往；师生保持双向交往；以教师为中心的师生之间的双向交往。

三、课堂纪律管理

（一）课堂纪律概述

课堂纪律是指为保障或促进学生学习而设置的行为标准及施加的控制。课堂纪律一般可分为以下四类：（1）教师促成的纪律；（2）集体促成的纪律；（3）自我促成的纪律；（4）任务促成的纪律。

（二）课堂结构与课堂纪律

学生、学习过程和学习情境是课堂的三大要素，这三大相对稳定的组合模式就是课堂结构。课堂结构包括课堂情境结构和课堂教学结构。

1. 课堂情境结构

课堂情境结构包括班级规模的控制、课堂常规的建立、学生座位的分配。

分配学生座位时，最值得教师关注的应该是对人际关系的影响。

2. 课堂教学结构

课堂教学结构包括教学时间的合理利用、课程表的编制、教学过程的规划。

（三）维持课堂纪律的策略

（1）建立有效的课堂规则。

（2）合理组织课堂教学。

（3）做好课堂监控。

（4）培养学生的自律品质。

（四）课堂问题行为及其应对

1. 课堂问题行为的概念

课堂问题行为是指学生在课堂中做出违反课堂规则，妨碍及破坏课堂教学活动正常进行的行为。

2. 课堂问题行为的原因

（1）学生的人格特点、生理因素、挫折经历。

（2）教师的教学技能、管理方式、威信。

（3）校内外的环境，如大众传媒、家庭环境、课堂座位编排。

3. 课堂问题行为的处置和矫正

课堂问题行为的处置和矫正方式有：预防、非言语暗示、表扬、言语提醒、有意忽视、转移注意等。

第六章

心理健康与教师职业心理

第一节　心理健康概述

一、心理健康的内涵

（一）心理健康的概念

健康指的是有机体的一种机能状态，一般指机能正常，没有缺陷和疾病。世界卫生组织指出，健康应包括生理健康、心理健康、社会适应和道德健康等。

心理健康是一种良好的、持续的心理状态与过程，表现为个体具有生命的活力，积极的内心体验，良好的社会适应能力，能够有效地发挥个人身心潜力以及作为社会一员的积极的社会功能。

（二）理解心理健康的概念

心理健康包括两层含义：一是无心理疾病；二是有一种积极发展的心理状态。
心理健康水平可分为以下三个等级：
（1）一般常态心理。
（2）轻度失调心理。
（3）严重病态心理。

（三）心理健康的标准

心理健康的标准为：自我意识正确、人际关系协调、性别角色分化、社会适应良好、情绪积极稳定、人格结构完整。

二、心理评估

（一）心理评估的概念

心理评估是指依据用心理学方法和技术收集得来的资料，对学生的心理特征与行为表现进行评鉴，以确定其性质和水平并进行分类诊断的过程。

（二）心理学评估的两种参考架构

心理学评估的两种参考架构包括疾病模式和健康模式。

（三）主要的心理评估方法

主要的心理评估方法有心理测验和评估性会谈。此外，观察法、自述法也是心理评估的常用方法。

三、心理健康教育

（一）心理健康教育的意义

（1）心理健康教育是预防精神疾病，保障学生心理健康的需要。
（2）心理健康教育是提高学生心理素质，促进其人格健全发展的需要。
（3）心理健康教育是学校日常教育教学工作的配合与补充。

（二）心理健康教育的目标、任务和途径

1. 目标

提高全体学生的心理素质，充分开发他们的潜能，培养学生乐观、向上的心理品质，促进学生人格的健全发展。

心理健康教育的具体目标：
（1）使学生不断认识自我，增强调控自我、承受挫折、适应环境的能力。
（2）培养学生健全的人格和良好的个性品质。
（3）提高学生的心理健康水平，增强自我教育能力。
（4）对少数有心理困扰或心理障碍的学生，给予科学有效的心理咨询和辅导，使他们尽快摆脱障碍。

2. 任务

（1）全面推进素质教育，增强学校德育工作的针对性、实效性和主动性。
（2）帮助学生树立在出现心理行为问题时的求助意识，促进学生形成健康的心理素质，维护学生的心理健康，减少和避免对他们心理健康的各种不利影响。
（3）培养身心健康，具有创新精神和实践能力，有理想、有道德、有文化、有纪律的一代新人。

3. 途径

（1）心理健康教育活动课。
（2）学科渗透。
（3）班主任工作。
（4）学校心理咨询与心理辅导。
（5）家庭教育。
（6）环境教育。
（7）社会磨砺。
（8）其他途径（少先队、板报、广播等）。

（三）学校心理健康教育

（1）开设心理健康教育的有关课程和心理辅导的活动课。

（2）在学科教学中渗透心理健康教育的内容。学科教学是学校教育最主要、最基本的活动形式。

（3）结合班级、团队活动开展心理健康教育。

（4）个别心理辅导或咨询。

（5）小组辅导（团体辅导）。

第二节　学生心理辅导

一、心理辅导及其目标

（一）心理辅导的内涵

心理辅导是指学校教育者根据学生心理发展的特征与规律，在一种新型的、建设性的人际关系中，运用心理学等专业知识技能，设计与组织各种教育性活动，以帮助学生形成良好的心理素质，充分发挥个人潜能，进一步提高心理健康水平的过程。

（二）心理辅导的目标

学会调适和寻求发展。前者是基本目标，后者是高级目标。两个目标分别是要引导学生达到基础层次的心理健康和高层次的心理健康。

二、影响学生行为改变的方法

（一）行为改变的基本方法

行为改变的基本方法有强化法、代币奖励法、行为塑造法、示范法、惩罚法（惩罚/撤销奖励）、自我控制法。

（二）行为演练的基本方法

行为演练的基本方法有全身松弛训练、系统脱敏疗法、肯定性训练。

（三）改善学生认知的方法

改善学生认知的方法有认知疗法、来访者中心疗法、理性-情绪疗法。

三、学生心理问题产生的原因

学生心理问题产生的原因有生理因素、家庭因素、社会因素、学校因素、心理因素。

四、中小学生常见的心理问题

中小学生常见的心理问题如下：

（1）儿童多动综合征。

儿童多动综合征是小学生常见的一种以注意力缺陷和活动过度为主要特征的行为障碍综合征。

高峰发病年龄为 8～10 岁。

特征：活动过多；注意力不集中；冲动行为。

产生原因：先天体质上的原因；社会因素。

治疗方法：在医生的指导下采用药物治疗；行为疗法；自我指导训练的方法。

（2）学习困难。

学习困难又称学习障碍，即学习技能缺乏，指在知识的获取、巩固和应用的过程中缺乏策略和技巧，也就是我们常说的没有掌握学习方法。

（3）焦虑症和考试焦虑。

焦虑症是以客观威胁不相适应的焦虑反应为特征的神经症。学生中常见的焦虑症是考试焦虑。考试焦虑是指在一定的应试情境下，受个体认知评价能力、人格倾向与其他身心因素制约，以担忧为基本特征，以防御或逃避为行为方式，通过一定程度的情绪反应所表现出来的心理状态。

考试焦虑的治疗方法：采用肌肉放松、系统脱敏方法；运用认知矫正程序，指导学生在考试中使用正向的自我对话；锻炼学生的性格，提高挫折应对能力；往最好的方向努力，不要计较最后结果；考前注意调节情绪。

（4）儿童厌学症。

（5）恐怖症。它是指对特定的无实际危害的事物与场景的非理性的惧怕。可以分为单纯恐怖、广场恐怖和社交恐怖。系统脱敏法是恐怖症最常用的治疗方法。

（6）强迫症。儿童正常的强迫行为包括反复玩弄手指，摇头，走路时喜欢反复数栏杆等。

（7）抑郁症。抑郁症是以持久性的心境低落为特征的神经症。

（8）人际交往问题。

（9）自我意识方面的问题。

（10）性偏差。

（11）网络成瘾。

（12）人格障碍。人格障碍是长期固定的适应不良的行为模式，这种行为模式由一些不成熟的不适当的压力应对或问题解决方式所构成。

五、 学生心理健康的维护

（1）学生个体进行积极的自我调适。

（2）学校通过多种方式进行心理健康教育，维护学生心理健康。

（3）与家长合作构建社会支持网络。

第三节　教师职业心理

一、教师的职业角色心理

（一）教师角色的概念

教师角色是指由教师的社会地位决定的，并为社会所期望的行为模式。

（二）现代教师角色观

（1）学习的引导者和促进者。

（2）行为规范的示范者。

（3）班集体的管理者。

（4）心理健康的管理者。

（5）学生成长的合作者。

（6）教学的研究者。

（三）教师职业角色的形成阶段

（1）教师角色的认知。

（2）教师角色的认同。

（3）教师角色的信念。

二、教师的职业心理特征

（一）教师的认知特征

教师的认知特征分为教学认知能力、教学操作能力、教学监控能力。

（二）教师的人格特征

教师的人格特征中，有两个特征对教学效果有显著影响：一是教师的热心和同情心，二是教师富于激励和想象的倾向。

（三）教师的行为特征

教师行为的衡量标准是：教师行为的明确性、教学方法的多样性、任务取向、学生参与、启发性、评估教学效果的能力。

教师期望效应也称罗森塔尔效应或皮革马利翁效应，即教师的期望或明或暗地传送给学生，会使学生按照教师所期望的方式来塑造自己的行为。教师期望效应的发生，既取决于教师自身因素，也取决于学生的人格特征、原有认知水平、归因风格和自我意识等心理因素。

三、　教师的职业成长心理

（一）专家型教师和新手型教师的区别

（1）课前计划的差异。

（2）课堂教学过程的差异。

（3）课后评价的差异。

（4）其他差异（师生关系、人格魅力、职业道德等）。

（二）教师成长的阶段和途径

（1）成长的历程。福勒和布朗根据教师的需要和不同时期所关注的焦点问题不同，把教师的成长计划分为关注生存、关注情境和关注学生三个阶段。

（2）成长的途径。教师成长与发展主要有以下两个基本途径：一是通过师范教育培养新教师作为教师队伍的补充，二是通过实践训练提高在职教师的素质。教师主要的成长途径有：观摩和分析优秀教师的教学活动（见贤思齐）；开展微格教学（微格教学）；进行专门训练（专门训练）；反思教学经验（勤于反思）。布鲁巴奇等人于 1994 年提出了四种反思方法：反思日记、详细描述、交流讨论、行动研究。

第三十六记：微格教学见贤齐，专门训练勤反思

四、 教师的职业心理健康

（一）教师心理健康的标准

（1）能积极地悦纳自我。
（2）有良好的教育知识水平。
（3）热爱教师职业，积极地爱学生。
（4）具有稳定而积极的教育心境。
（5）能控制各种情绪与情感。
（6）和谐的教育人际关系。
（7）能适应和改造教育环境。
（8）具有教育独创性。

（二）影响教师心理健康的主要因素

（1）主观方面。教师的心理健康受其人格特征、心理因素等自身因素制约。
（2）客观方面。家庭、学校、社会环境的影响不容忽视。

（三）职业压力与职业倦怠

1. 职业压力
教师的职业压力主要是由工作引起的，是教师对来自教学情境的刺激产生的情绪反应。
2. 职业倦怠
长期的职业压力会导致教师的职业倦怠。职业倦怠是个体在长期的职业压力下，缺乏应对资源和应对能力而产生的身心耗竭状态。教师的职业倦怠是在长期工作压力和自身心理素质的互动下形成的，并带来生理、情绪、认知和行为等方面的问题，导致教师出现严重的身心疾病。

（四）教师心理健康的维护

教师心理健康的维护主要体现在学习、社会及教师自身三个方面。其中，学校和社会的关心与重视是维护教师心理健康的必要外部因素和前提条件，而教师自身积极、主动和科学的自我维护则是保障教师心理健康状态的内部动因和根本途径。

附录 教综重要人物及观点（考前必背）

姓名	国籍	主要理论及观点
孔子	春秋鲁国人	(1)《论语》："学""思""习""行"。 (2) 为人师表（榜样示范）："其身正，不令其行；其身不正，虽令不从"。 (3) "学而时习之，温故而知新"——巩固性教学原则。 (4) "弟子三千，贤人七十"——个别教学形式。 (5)《论语》中"不愤不启，不悱不发"——启发式教学。 (6) 最早提出"因材施教"。 (7) "学而不思则罔，思而不学则殆"——学思结合。 (8) "学而不厌，诲人不倦"——教师的教育教学能力。
荀子	战国末赵国	(1) 学习是"闻""见""知""行"的过程。 (2) 性恶论，与孟子的"性善论"相对。
乐正克	战国鲁国人	(1)《学记》是第一本教育教学专著，比西方早300多年。 (2)《学记》中，"君子欲化民成俗，其必由学乎"，"古之王者，建国君民，教学为先"反映了教育和政治的关系。 (3) "学不躐等"——循序渐进的教育原则。 (4) "开而弗达则思"——启发性教育原则。 (5) "教学相长""长善救失"——出自《学记》。
蔡元培	中国	(1) "思想自由，兼容并包"。 (2) "以美育代宗教说"。 (3) 对大学精神的解释："大学者，囊括大典，网罗众家之学府也"。 (4) 被毛泽东颂为"学界泰斗，人世楷模"。 （同时代我国著名的近代教育家有杨贤江、蔡元培、陶行知、黄炎培、徐特立）
陶行知	中国	(1) 提出了"生活即教育""社会即学校""教学做合一"三大主张，生活教育理论是陶行知教育思想的理论核心。著作有：《中国教育改造》《古庙敲钟录》《斋夫自由谈》《行知书信集》《行知诗歌集》。 (2) 崇尚科教救国的思想。 (3) "大学之道，在明明德，在亲民，在止于至善"有力地推动了民主教育的进程。 (4) "捧着一颗心来，不带半根草去"。
杨贤江	中国	(1) 是我国第一个研究和传播马克思主义教育思想的教育理论家。 (2)《教育史ABC》是中国第一部以历史唯物主义观点写成的教育史。 (3)《新教育大纲》是我国第一部用马克思主义观点论述教育问题的著作。
廖世承	中国	1924年出版《教育心理学》教科书，该书是我国第一本教育心理学教科书。
李吉林	中国	情境教学法：情境教学法是指在教学过程中，教师有目的地引入或创设具有一定情绪色彩的、以形象为主体的生动具体的场景，以引起学生一定的态度体验，从而帮助学生理解教材，并使学生的心理机能得到发展的教学方法。情境教学法的核心在于激发学生的情感。
苏格拉底	古希腊	(1) "美德即知识"。 (2) "产婆术"，倡导用启发智能的问答使学生获得真理。 (3) "美德是否可教"。
亚里士多德	古希腊	(1) 第一个提出按年龄进行教育（即第一个提出"教育遵循自然"学说）。 (2) 将心理学引入教育的第一人。 (3) 著有《论灵魂》，是百科全书式的学者。

续前表

姓名	国籍	主要理论及观点
柏拉图	古希腊	(1)《理想国》——教育应当因人而异。（社会本位的教育目的论） (2)"遗传决定论"的儿童发展观——"龙生龙，凤生凤，老鼠生来会打洞"。 (3) 按照智、情、意的发展优势规划培养目标。
昆体良	古罗马	(1) 著有《雄辩术原理》，该书是世上第一部研究系统的教学方法论著。 (2) 被公认为是西方教育史上的伟大教育家，是第一位教学理论家和教学法专家。 (3) 最早提出分班教学的思想。
杜威 克伯屈	美国	(1) 提出实用主义教育学，杜威出版《民主主义与教育》《经验与教育》，克伯屈出版《设计教学法》，提倡活动课。思想：强调儿童的主体地位；教育即生活，教育即生长；教育社会化；做中学；教育即经验的不断改造。反对教师中心论，提出儿童中心、经验中心和活动中心。 (2) 现代教育代言人，现代教育的主要特点是民主。 (3) 教育无目的论："教育是一个社会过程"。 (4) 教学过程五阶段：困难、问题、假设、验证、结论。
桑代克	美国	(1) 1903年出版西方第一本《教育心理学》，标志着教育心理学成为一门独立的学科。 (2) 学习理论之联结派的学习理论——联结学习：尝试-错误说（小猫"迷箱"试验）。试误成功条件：练习律、准备律、效果律。 (3) 教育心理学体系（现代教育心理学）和联结主义学习心理学创始人，被誉为教育心理学之父。 (4) 学习迁移理论之联结主义的相同要素说（代表人物：桑代克、伍德沃斯）。 1) 桑代克：相同要素说，即学习上的迁移是相同联结的转移。 2) 伍德沃斯：共同成分说，即两种学习活动含有共同成分，则发生迁移，学习也就更容易。 3) 以刺激-反应联结理论为基础。只有当学习情境和迁移情境存在共同成分时，才能产生迁移。即材料相似性是决定迁移的条件。 (5) 现代教育测验之父。 (6) 智力水平越高，迁移越大。 (7) 问题解决理论之试误说，又称联结说（小猫"迷箱"实验）。问题的解决过程是通过刺激情境与适当反应之间的联结完成的，联结的建立是通过尝试错误完成的。
贾德	美国	学习迁移理论之机能心理学的经验泛化说——"水下击靶"实验。（他认为一个人对他的经验进行了概括，就可以完成从一个情境到另一个情境的迁移。概括就等于迁移，原理、法则等概括化的理论知识对迁移作用很大）
沃尔夫	德国	学习迁移理论之官能心理学的形式训练说。（他把迁移的实质理解为新的官能经训练发展而来，认为促进迁移的条件与学习内容无大关系而偏重于形式）
韦特海默、 苛勒、 考夫卡	德国	(1) 学习理论之认知派学习理论——格式塔的顿悟学习理论（黑猩猩取香蕉实验）：学习是一个顿悟的过程，是突然察觉到解决问题的办法。主要代表人物：韦特海默、苛勒和考夫卡。 (2) 学习迁移理论之格式塔学派的关系转换说（代表人物：苛勒）——"小鸡啄米实验"。强调"顿悟"是迁移的一个决定因素。强调个体的作用，愈能加以概括化，愈易产生迁移。 (3) 问题解决理论之顿悟说（苛勒）——黑猩猩取香蕉实验。 (4) 格式塔心理学（完形心理学）创始人韦特海默、苛勒和考夫卡。研究内容是意识体验，论点是"整体大于部分之和"。解决问题是从整体把握全部问题情境和认知结构的豁然改组，而不是一次次经验的积累。 反对元素分析，认为每一个心理现象都是一个整体，是一个格式塔，是一个完形学习。实质在于构造完形，刺激与反应之间的联系，而且需要意识作为中介。

续前表

姓名	国籍	主要理论及观点
布鲁纳	美国	（1）结构化教材和发现学习模式： 明确结构，掌握课题，提供资料→建立假说，推测答案→验证→做出结论。 （2）领导美国20世纪60年代的结构主义课程改革，主张突出学科基本结构，让学生通过发现法学习，重视智力发展（动机原则、结构原则、程序原则、反馈原则）。 （3）学习理论之现代认知学习理论——认知发现理论。 强调认知学习和认知发展，提倡发现学习。学习的核心内容是各门学科的基本知识结构。 教学方法：发现学习，新课标中也叫"探究学习"。即教师提出课题和一定的材料，引导学生自己进行分析、综合、抽象、概括等一系列活动，最后得到学习结果。 （4）提出假设考验说，研究人工概念的形成（人需要利用已有的知识主动提出一些可能的假设，即猜想这个概念是什么）——人工概念是人为的、在程序上模拟的概念，这种方法最早是赫尔于1920年首创的。 （5）强调非特殊成分的迁移，也叫普遍迁移。即学习基本的普遍的概念或原理，可作为学习其他类似知识的基础。 （6）强调原理的迁移，即领悟事物之间基本关系、掌握概念或原理越透彻，越能实现迁移。 （7）概念形成的假设检验模型。 基本模式为：假设→检验→再假设→再检验……直到成功。 （8）认知结构迁移说。 产生式迁移说。 产生式迁移理论是针对认知技能的迁移提出的，其基本思想是：前后两项学习任务产生迁移的原因是两项任务之间产生式的重叠，重叠越多，迁移量越大。两项任务之间的迁移，是随其共有的产生式的多少而变化的。所谓产生式就是有关条件和行动的规则，简称C-A规则。 产生式迁移理论是根据安德森的思维适应性控制理论（ACT）发展而来。 根据ACT理论，技能的学习分为两个阶段：首先，规则以陈述性知识的形式进入学习者的命题网络，然后经过变式练习转化为以产生式表征的程序性知识。当两项任务之间有共同的产生式或产生式的重叠时，迁移就会发生。学习是类别及其编码系统的形成，迁移就是把习得的编码系统用于新的知识。正迁移就是把适合的编码用于新知识，负迁移就是把不适当的编码错误地用于新知识。
奥苏伯尔	美国	（1）学习理论之现代的认知学习理论——认知同化论：关注学校课堂情境中学生的学习规律，学生的学习有特殊性，是一种有意义的接受学习。 （2）学习理论之现代认知学习理论——认知建构论：关注如何应用原有的认知结构和信念来建构新的知识，强调学习的主动性、社会性和情境性。对新知识的建构，对已有知识的改造和重组。 （3）根据概念的抽象程度分为初级概念和二级概念。 初级概念是通过亲身直接经验获得的，二级概念是通过掌握概念的定义获得的。 （4）概念形成知识是入学前儿童获得概念的主要方式，而学生获得概念的主要方式是概念同化。 提出认知结构迁移理论。 （5）概念同化论的三种模式：类属性同化、总括性同化、并列结合性同化。 （6）积极的遗忘（用意义同化的观点解释遗忘的原因，即知识在头脑中的组织与认知结构的简化过程，这是一种积极的遗忘）。 （7）学习迁移理论之认知派的认知结构说。 学习的迁移以认知结构和新知识学习的相互作用为前提。强调先前的学习经验，但认为过去的经验对当前的学习影响是间接发生的。认知结构有助于迁移。 影响迁移的认知结构变量：1）可利用性；2）可辨别性；3）稳定性（包括清晰性）。 （8）利用认知结构促进学习迁移——"先行组织者"。 先行组织者：是一个引导性材料，它通常先用学生能懂的语言在介绍学习材料本身以前呈现出来，以便建立有意义学习的形象。 一切有意义学习都是在原有知识结构的基础上产生的。 一切有意义的学习必然包括迁移，迁移是以认知结构为中介进行的。 （9）发表《教育过程》，认为知识是独立的，可以形成不同的结构知识体系，反对杜威的实用主义教学观。

续前表

姓名	国籍	主要理论及观点
布鲁姆	美国	(1) 从教育目标和教育任务出发，将学习分为认知、情感、动作技能三大领域。 (2) 掌握学习模式，与卡罗尔一起提出。主张提高教学质量，促进个别化指导。其程序为：单元目标测试设计→前测→基本教学→形成性测验→终结性测验。 (3) 人的智力发展，在早期很快，如果以17岁的智力水平为100%的话，那么儿童在4岁左右就可达到50%，在10岁左右可达到80%，到16岁才达到100%。 (4) 强调原有知识的巩固，前面的学习要掌握到80%～90%，才能开始新的学习，以免产生负迁移。
赫尔巴特	德国	(1) 教育科学之父，科学教育学的奠基人。著有《普通教育学》，该书被誉为第一本现代教育学著作。 (2) 真正为课程论建立起心理学基础（教师中心、课堂中心、教材中心）。 (3) 四段教学法：明了、联想、系统、方法。 (4) 第一个提出教学具有教育性。 (5) 不承认"无教育的教学"，提出教育的最高目标是道德，即德育的教育性。 (6) 传统教育学派代表人物。 (7) 使教育学成为一门规范的、科学的学科。
夸美纽斯	捷克	(1) "泛智教育"思想，探讨"把一切事物教给一切人类的全部艺术"。 (2) 神学的教育目的论（从宗教立场出发）。 (3) 最先在《大教学论》中对"班级授课制"进行论述，奠定了现代班级授课制教学基本形式的基础，宣传泛智教育思想。 (4) 《大教学论》标志着教育学成为一门独立的学科。 (5) "教师是阳光下最神圣的职业"。
凯洛夫	苏联	(1) 1939年主编《教育学》，该书是对我国影响最大、流传最广的书。 (2) 传统教学论，偏重知识和技能的训练。 (3) 提出"课的类型"，以传授系统知识为主要任务，将课划分为单一课和综合课。
苏霍姆林斯基	苏联	(1) 《给教师的一百条建议》——采用教育经验总结法。 (2) 教育思想的核心——"全面发展"。 (3) 《把整个心灵献给孩子》。 (4) 把青少年培养成为"全面和谐发展的人，社会进步的积极参与者"。"使智育、体育、德育、劳动教育和审美教育深入地相互渗透和相互交织在一起，使这几个方面的教育呈现一个统一的完整的过程"。 (5) 关于德育，他明确指出："和谐全面发展的核心是高尚的道德"。
维果茨基	苏联	提出发展性教学的主张"最近发展区"，认为学生的发展有两种水平：一种是学生的现有水平，指独立活动时所能达到的解决问题的水平；另一种是学生可能的发展水平，也就是通过教学所获得的潜力。两者之间的差异就是最近发展区。教学应着眼于学生的最近发展区，为学生提供带有难度的内容，调动学生的积极性，发挥其潜能，超越其最近发展区而达到其困难发展到的水平，然后在此基础上进行下一个发展区的发展。
马卡连柯	苏联	(1) "要尽量多地要求一个人，也要尽量可能地尊重一个人"。 (2) 建设学生集体应该从善于向学生提出要求开始，集体教育与个别教育相结合，即平行教育理论。
华莱士	英国	(1) 创造性思维四阶段：1) 准备阶段；2) 孕育阶段；3) 明朗阶段；4) 验证阶段。 (2) 问题解决步骤的四阶段模式：1) 准备阶段；2) 孕育阶段；3) 明朗阶段；4) 验证阶段。

续前表

姓名	国籍	主要理论及观点
加涅	美国	(1) 学习层次分类： 1) 信号学习；2) 刺激-反应学习；3) 连锁学习；4) 言语联想学习；5) 辨别学习； 6) 概念学习；7) 规则学习；8) 解决问题的学习。 (2) 学习结果分类： 1) 智力技能；2) 认知策略；3) 言语信息；4) 运动技能；5) 态度。 (3) 阐述陈述性知识和程序性知识的区别，即"是什么"和"怎么办"的区别。 (4) 强调教材组织系列化，确保从已知到未知。 (5) 教育课程的重要的最终目标就是要教学生解决问题。
梅伊曼、拉伊	德国	(1) 实验教育学。 (2) 梅伊曼《实验教育学纲要》，拉伊《实验教育学》，提倡把实验心理学的研究方法运用于教育研究。
泰勒	美国	(1) 课程设计模式，1944 年出版《课程与教学的基本原理》，其中提出关于课程编制的四个问题（达到哪些教育目标；提供哪些教育经验去实现目标；怎样有效组织教育经验；怎样确定这些目标正在实现），称为泰勒原理。 (2) 将评价引入课程编制过程，被称为"教育评价之父"。 评价四程序：确定评价目标；确定评价情境；确定评价手段；利用评价结果。
洛克	英国	(1) "白板说""教育万能论"，1693 年出版《教育漫画》。 (2) "我们敢说日常所见的人中，十之八九都是他们的教育所决定的"。
华生	美国	(1) 人的心理发展的环境决定论："给我一打健康的婴儿……各类型的人"。 (2) 行为主义心理学代表人物，受巴甫洛夫学说影响，否认心理、意识，强调行为。 "后天环境影响人的一切行为。"——古典行为主义
朗格朗	法国	著有《终身教育导论》，提出"终身教育"。 终身教育："人凭借某种固定的知识和技能度过一生"这种观念正在迅速消失，现代社会需要终身教育。终身教育意味的，并不是指一个具体的实体，而是泛指某种思想或原则，或者说是指某种一系列的关系与研究方法。概括而言，也即指人的一生的教育与个人及社会生活全体的教育的总和。
赞科夫	苏联	(1) 提出"一般发展理论"，以尽可能大的教学效果来促进学生的一般发展。其教学原则有高难度原则、高速度原则、理论知识起主导作用原则、使学生理解学习过程的原则、使所有学生包括差生都得到一般发展的原则。 (2) 个体的发展以智力发展为核心，而智力发展又以思维能力发展为核心。 (3) 著有《教学与发展》，提倡缩短学制。
罗杰斯	美国	(1) 非指导教学模式：反对教师中心，注入知识，主张"学生中心的教学""学习的自由"（原则：以学生为中心；让学生自发地学习；排除对学习者自身的威胁；给学生安全感）。其核心是学习自由、特点及基本原则。提出学习过程应始终以人为本，必须重视学习者。 (2) 在课堂背景中的人际关系构成要素有：包容、情感、支配。 (3) 学习迁移理论。 (4) 学习理论之人本主义的学习理论：1) 学习是有意义的过程；2) 有意义的学习是在"做"中学得；3) 学习过程以人为本，即学生是学习活动的主体。 (5) 创造活动的一般条件是"心理自由"和"心理安全"，建立民主的教学环境，改变教师全能的观念，促进创造性的培养。 (6) 从人本主义心理学理论出发，提出情感型的师生关系理论。 重视人际关系，发掘人类隐藏着的先天潜能，实现"自我"为核心的个性理想，培养"完整的人"。 在课堂背景中的人际关系（师生关系）构成要素是：1) "真诚"，表里如一——第一要素；2) "接受"，也称"信任、奖励"；3) "理解"——师对生的移情性理解。 (7) 人本主义心理学，代表人物（马斯洛、罗杰斯）。注重人的独特性，人是自由的、有理性的，人的行为受自我意识的支配。强调了人的社会性特点。

续前表

姓名	国籍	主要理论及观点
马斯洛	美国	（1）提出需要层次理论（人本主义理论），分为五个层次：生理需要、安全需要、归属与爱的需要、尊重需要、自我实现需要。 （2）与米特曼一起提出心理健康的标准。 （3）长期研究"自我实现的人"，就冲突的致病性将冲突分为威胁性和无威胁性。
瓦根舍因	德国	（1）范例教学模式： 解释作为范例的个别事物→解释范例的类和属→掌握规律范畴→获得对自我或人类的理解。 （2）范例教学法。范例的基本特征：基本性、基础性、范例性。
卢扎洛夫	保加利亚	暗示教学法：广泛利用环境的暗示信息，充分利用人的可暗示性，使理智与感情统一，有意识功能和无意识功能统一，尤其是调动和发掘大脑无意识领域的潜能，使学生在愉快的气氛中不知不觉地接收信息。
冯特	德国	（1）被称为"心理学的始祖"。1879年在德国莱比锡大学建立世界上第一个心理实验室，用自然科学的方法研究各种最基本的心理现象，使心理学成为一门独立学科，标志着科学心理学的诞生。 （2）他认为心理学的对象是心理、意识，即人对于直接经验的觉知。 （3）"构造主义心理学"的代表人物。
铁钦纳	英国	构造主义心理学的又一个代表人物，主要研究意识的结构，强调内省。
霍尔	美国	（1）主张复演说，提倡用问卷法研究儿童心理内容，1882年发表关于儿童说谎的文章，被称为美国教育心理学的先锋。 （2）人的心理发展是遗传因素决定的。 （3）对梦的内容的分析，梦的特征：与自己、生活环境、睡眠环境有关。
加德纳	美国	（1）提出"多元智力理论"。 认为智力的内涵是多元的，由7种相对独立的成分构成：1）言语智力；2）逻辑-数学智力；3）空间智力；4）音乐智力；5）身体运动智力；6）人际智力；7）内省智力。 （2）承认智力是由同样重要的多种能力而不是一两种核心能力构成。
比纳、西蒙	法国	（1）1905年，提出比纳-西蒙智力量表：智力年龄（M.A.）/实际年龄（C.A.）×100＝IQ，这是世界上第一个正式的智力测验。 （2）斯坦福-比纳测验是一种个别施测的标准化智力测验。
斯金纳	美国	（1）学习理论之联结派的学习理论——操作性条件反射论（白鼠迷箱实验）： 在某种情境中，由于个体的自发的反应产生的结果而导致反应强度的增加，并最终与某一刺激间建立起新的联系的过程。（强化是该理论的核心） （2）程序教学创始人。 （3）行为主义心理学新行为主义的又一代表人物。 他认为任何有机体都倾向于重复指向积极后果的行为，不去重复消极的。
弗洛伊德	奥地利	（1）人的性本能是最基本的自然本能。 （2）最早提出动机遗忘理论，也称压抑说。他认为人们之所以趋于遗忘那些令人不快的事情，是由于这些记忆内容被沉入下意识中去了，或者说被压抑住了。 （3）精神分析学派：强调心理学研究无意识现象。 （4）首先提出，人的心理可以划分为意识、无意识和潜意识三个层面。梦是使欲望得到满足的一个途径。 （5）"凡人皆无法隐瞒私情，尽管他的嘴可以保持缄默，但他的手指却多嘴多舌。"——手势表情。 （6）人格测验法之投射法，以弗洛伊德心理分析的人格理论为依据，强调人的行为由无意识的内驱力所推动。

续前表

姓名	国籍	主要理论及观点
卡特尔	美国	（1）提出流体智力和晶体智力理论。 流体智力：一般的学习和行为能力，由速度、能量、快速适应新环境的测验度量，20岁左右到达顶峰，成年后保持一段时间后，逐渐下降。 晶体智力：已获得的知识和技能，由词汇、社会推理以及问题解决等测验度量。成年期不下降，以后还有增长。 （2）人格特质说代表人物，提出了根源特质。1949年用因素分析方法制定《卡特尔16种人格因素测验》。
奥尔波特	美国	1937年首次提出了人格特质理论。把人格特质分成共性特质和个性特质。 个性特质又分成三种：首要特质、中心特质、次要特质。
罗森塔尔、雅各布森	美国	也叫皮格马利翁效应：由美国心理学家罗森塔尔和雅各布森在小学教学上予以验证提出，亦称"罗森塔尔效应"或者"期望效应"，是说人心中怎么想，怎么相信就会如此成就。它告诉我们，当我们怀着对某件事非常强烈的期望的时候，我们所期望的事物就会出现。
艾宾浩斯	德国	（1）最早采用实验方法研究人类高级心理过程的心理学家。 （2）解释遗忘的进程——艾宾浩斯遗忘曲线：遗忘在学习之后立即开始，而且遗忘的进程并不是均匀的。最初遗忘速度很快，以后逐渐缓慢。他认为"保持和遗忘是时间的函数"。
韦克斯勒	美国	（1）运用统计学原理，推测出智商在全人口中基本呈正态曲线分布。智商在70以下属智力落后，在130以上为发展优异（智障70以下，超常140以上）。大多数人处在90到109之间。 （2）韦克斯勒智力测验（韦氏儿童智力量表、韦氏学龄前儿童智力量表、韦氏成人智力量表）——世界上使用最多的智力测量工具。摒弃了心理年龄的概念，保留了智商概念。 （3）在母婴的积极交往中，在母亲的指导下，婴儿学会了大量的社会行为规范，形成了许多良好的社会行为。
皮亚杰	瑞士	（1）重视儿童发展的自主能动的自我调节作用，认为儿童在发展中起关键作用。 （2）认知发展阶段理论。 1）感知运动阶段（0～2岁）；2）前运算阶段（2～7岁）；3）具体运算阶段（7～12岁）；4）形式运算阶段（12岁以后）。 1～3岁是口头言语发展的关键期，小学四年级10～11岁是具体思维向抽象思维转变的关键期。 道德发展他律道德-自律道德论。道德教育的首要任务是提高儿童的道德判断能力。 儿童的道德发展必须经过各个阶段，不能跨越，但不是所有儿童都能达到最高阶段。儿童只有达到自律的水平，才能具有真正的道德。 （3）儿童道德认知和智力有正相关，具体阶段有： 1）自我中心阶段（2～5岁）； 2）权威阶段（6～7、8岁）； 3）可逆阶段或互惠阶段（8～10岁）； 4）公正阶段（10～12岁）。 采用临床叙述法或对偶故事法。人的道德是否成熟主要表现在尊重准则和社会公正感。 （4）儿童道德性发展，又称互惠道德或道德相对论。 1）前道德阶段（0～4岁）（大多数时候不考虑这一阶段）； 2）他律阶段（4～8岁）（10岁以前）； 3）自律阶段（8～12岁）（10岁以后）。 （5）认知心理学，即要想充分了解一个人的行为必须研究他的内部心理活动，因为同一个行为可以由不同的动机引起且指向不同的目的。
科尔伯格	美国	儿童的道德性发展三水平六阶段论："道德两难故事法"或道德判断晤谈法——海因兹偷药。 （1）前习俗水平：惩罚和服从定向；工具性的享乐主义定向。 （2）习俗水平："好孩子"定向；权威和维护社会秩序定向。 （3）后习俗水平（又称原则水平）：社会契约定向；良心或原则定向。

续前表

姓名	国籍	主要理论及观点
埃里克森	瑞典	人格发展理论八阶段。 他认为,人的自我意识发展持续一生,他把自我意识的形成和发展过程划分为八个阶段,这八个阶段的顺序是由遗传决定的,但是每一阶段能否顺利度过却是由环境决定的,所以这个理论可称为"心理社会"阶段理论。每一个阶段都是不可忽视的。 (1) 婴儿期(0~1.5岁):基本信任和不信任的冲突; (2) 儿童期(1.5~3岁):自主与害羞和怀疑的冲突; (3) 学龄初期(3~5岁):主动对内疚的冲突; (4) 学龄期(6~12岁):勤奋对自卑的冲突; (5) 青春期(12~18岁):自我同一性和角色混乱的冲突; (6) 成年早期(18~25岁):亲密对孤独的冲突; (7) 成年期(25~65岁):生育对自我专注的冲突; (8) 成熟期(65岁以上):自我调整与绝望期的冲突。
威特金	美国	(1) 将认知风格分为场依存性和场独立性。 场依存性:依赖外在环境和参照物。 场独立性:依赖个人内在的认知线索和参照系统。 (2) 性格的分类,根据个体场依存性的不同分为:场依存性占优势型(顺从型)和场独立性占优势型(独立型)。
韦纳	美国	(1) 个体对成功或者失败的归因:三维度论,即原因源(内外性)、稳定性、可控性。 (2) 学生成就结果归因基本上有四种:能力、努力程度、任务难度和机遇。
班杜拉	美国	(1) 最早提出自我效能感理论:指个体对自己是否有能力为完成某一行为所进行的推测与判断。这种理论认为,即便人的行为没有对自己产生强化,但由于人对行为结果所能带来的功效产生期望,可能会主动地进行那一活动。自我效能感理论克服了传统心理学重行轻欲、重知轻情的倾向,日益把人的需要、认知、情感结合起来研究人的动机,具有极大的科学价值。但迄今仍然没有形成一个比较完整的、统一的理论框架。 (2) 学习理论之联结认知派的学习理论——社会学习理论,又称观察学习理论。强调研究自然的社会情境中人的行为,直接经验和间接经验都能产生学习,强调榜样的示范作用和替代强化。 三种强化形式:外部强化、替代强化、自我强化(只强调了引起学习行为的外部力量,忽视了学习行为的自觉性与主动性)。 观察学习的过程:注意—保持—动作复现—动机。 (3) 道德形成条件之社会学习理论:道德是通过观察学习可以获得的,也是可以改变的,决定影响道德行为的是环境。"交互作用论":人、行为和环境三种因素是相互作用、交互决定的。 (4) 他认为模仿是人们彼此之间相互影响的重要方式,是实现个体行为社会化的基本历程之一。
托尔曼	美国	(1) 学习理论之联结认知派的学习理论——认知目的说。他认为学习所建立的联结是S-O-R,O是中介量。 (2) 认为:1)一切学习都是有目的的活动;2)强化不是必要条件,"潜伏学习"。
耶克斯、多德森	美国	耶克斯-多德森定律(倒U曲线):是指中等程度的动机激起水平最有利于学习效果的提高。最佳的动机激起水平与作业难度密切相关:任务较容易,最佳激起水平则较高。 在比较容易的任务中,工作效率随动机的提高而上升;随着任务难度的增加,动机的最佳水平有逐渐下降的趋势。一般来讲,最佳水平为中等强度的动机。
乌申斯基	俄国	(1) 出版《人是社会的对象》,被认为是"俄罗斯教育心理学奠基人"。 (2) "只有个性才能作用于个性的形成和发展,只有性格才能养成性格"——教师的性格对教学的影响。

续前表

姓名	国籍	主要理论及观点
加里宁	苏联	教师是人类灵魂的工程师。
卢梭、康德、萨特	法国	（1）教育目的个人本位论。 （2）卢梭出版《爱弥儿》，提出"自然教育"，认为教育的根本目的是求得儿童顺其自然的发展。
梅耶	法国	根据一般信息加工模式提出学习过程模式：（强调新旧知识之间的相互作用） （1）注意；（2）原有知识；（3）新知识的内部联系；（4）新旧知识之间的联系；（5）新知识进入长时记忆。
培根	英国	1623年，在《论科学的价值和发展》的科学分类中，首次把"教育学"作为一门独立的科学提了出来。
涂尔干	法国	社会本位的教育目的论：主张以社会的稳定和发展为教育的最高宗旨，教育目的应当依据社会的要求来决定。 人是社会的产物，教育就是要使受教育者成为社会需要的人，教育的根本目的在于使受教育者掌握社会的知识和规范。
裴斯泰洛奇	瑞士	（1）在《林哈德和葛笃德》中，首次提出"使人类教育心理学化"。 （2）个人本位的教育目的论：强调自然本性，希望教育按照人的本性。（卢梭、福禄贝尔） （3）师范教育奠基人。
斯宾塞	英国	（1）社会本位论：实用性知识和杜威教育即是生活本身。 （2）教育要为未来的生活做准备。 认为知识是在实际生活或者活动中所附带的，所以课程内容不应该是系统的知识体系，而应该是社会基本活动。 （3）科学主义的课程。
斯滕伯格	美国	（1）1996年提出三元智力论：元成分（最重要的成分和核心）、操作成分、知识习得成分。 （2）"成功智力"理论、心理自我调控理论。
巴甫洛夫	苏联	（1）学习理论之联结派的学习理论——经典性条件反射论（狗唾液分泌反应实验）。例如，望梅止渴、画饼充饥、谈虎色变。 （2）神经联系学说（联系就是联想、理解）。 （3）巴甫洛夫学说，把遗忘看作是一种暂时联系的衰退抑制，即原来建立的条件联系，由于得不到强化而衰退。
利托尔诺、沛西·能	法国、英国	（1）主张教育学的生物起源论，认为教育不仅存在于人类社会，甚至存在于动物界，生存竞争的本能是教育的基础，生物的冲动是教育的主流。 （2）教育生物起源论，是教育学史上第一个正式提出的有关教育起源的学说。
孟禄	美国	主张教育学的心理起源论：教育产生于儿童对成人的无意识模仿，而这种模仿不是习得的而是遗传。
克伯屈	美国	《设计教学法》基本观点。
安德森	美国	（1）认知结构迁移理论；心智动作形成三阶段理论；思维适应性控制理论。 （2）产生式就是有关条件和行动的规则，简称C－A规则。 前后两项任务产生迁移的原因是任务之间产生式的重叠。
麦克里兰德	美国	（1）成就动机观：社会成员动机水平的高低关系到社会经济与科技发展的速度快慢。 （2）个体发展关系到社会发展，教师任重道远。
阿特金森	美国	"期望-价值"模型：某种行为趋向（T）是动机（M）、主观上期望达到目标的可能性或概率（P）以及完成任务的诱因价值（I）三者的乘积，数学公式为$T＝M×P×I$。任务越难，成功率越大，动机、期望值、诱因价值越大，成功的行为趋向越强。 动机是一种稳定的人格特质，由两种相反的内容组成，即趋向成功和回避失败。

续前表

姓名	国籍	主要理论及观点
奥斯本	美国	创造性思维的训练之"头脑风暴法"，即群策群力，互相启发，集思广益。核心是激励被试。
戈登	美国	创造性思维的训练之隐喻训练法，即集体研究，找替代物进行比较。 隐喻活动的三种类型：（1）个人类推；（2）直接类推；（3）强迫冲突。
吉尔福特	美国	（1）依据思维进程的方向，将思维分成发散思维和辐合思维。创造性的最主要表现是发散思维。 （2）创造性思维的特点：1）敏感性；2）流畅性；3）灵活性；4）独创性；5）再定义性；6）洞察性。 （3）创造性思维的训练之多重策略法：1）拓展问题；2）分解问题；3）常打问号；4）快速联想和中止评判；5）延长努力；6）列举属性；7）形成人为联想；8）尝试灵感。 （4）智力结构论——三维度论（内容、操作、产物）。
舒尔茨	美国	提出人力资本理论，第一次以计量方法把教育的经济贡献揭示出来。 人力资本理论的基本观点。 舒尔茨认为，人力资本是体现在劳动者身上的一种资本类型，它以劳动者的数量和质量，即劳动者的知识程度、技术水平、工作能力以及健康状况来表示，是这些方面价值的总和。人力资本是通过投资而形成的，像土地、资本等实体性要素一样，在社会生产中具有重要的作用。 在人力资本的形成过程中，投资是非常关键的。舒尔茨指出，区分消费支出和人力资本投资支出，无论是在理论上还是在实践上都是很困难的。但大概可以将人力资本投资渠道划分成为：营养及医疗保健费用、学校教育费用、在职人员培训费用、个人和家庭为适应就业机会的变化而进行的迁移活动等。这些投资一经使用，就会产生长期的影响，也就是说，投资所形成的劳动者素质的提高将在很长的时期内对经济增长做出贡献。 主要观点之一：人力资本的积累是社会经济增长的源泉。 主要观点之二：教育也是使个人收入的社会分配趋于平等的因素。
加里培林	苏联	（1）认知技能的五阶段理论：1）活动定向阶段；2）物质或物质化阶段；3）有声言语阶段；4）无声的"外部"言语阶段；5）内部言语阶段。 （2）活动理论：动作是学习的基本单位，学习是通过动作形成的。
阿虚	美国	三垂线实验。从众：当个人与群体中多数人的意见或行为不一致时，会感到压力，这时人们往往放弃自己的意见和行为而"随大流"。个体在群体压力下表现出与群体中多数人一致的意见或行为的现象，也称遵众。
特里普利特	美国	社会助长：在做某些工作时，和别人一起做往往做得又多又好，比一个人单独做事效率高。这种个体在群体活动增值增量的倾向，也称社会促进作用。反之，是社会干扰。
哈萨威 麦克金里	美国	人格测验法之明尼苏达多相人格测验，适用于 16 岁以上具有小学文化水平以上的群体（重视被试的主观感受）。
爱德华	美国	1953 年，编制人格测验法之《爱德华个人兴趣量表》（EPPS）。
舒茨	美国	人际交往：人际需要的三维理论。 | 倾向三种基本的人际需要	主动性	被动性
包容需要	主动与他人交往	期待与他人交往
支配需要	支配他人	期待他人支配
情感需要	主动表示友好	期待他人的情感表达	